国家自然科学基金青年科学基金项目"大学衍生企业向产业网络嵌入的非契约治理机制：基于学术印记的网络惯例构建"（项目编号：71802196）

中南民族大学基本科研业务费专项资金项目"基于网络惯例演化的创新联合体隐性知识共享机制研究"（项目编号：CSQ23019）

大学技术转移价值网络、要素与模式创新

李雯 著

中国社会科学出版社

图书在版编目(CIP)数据

大学技术转移价值网络、要素与模式创新/李雯著. —北京：中国社会科学出版社，2023.10
ISBN 978-7-5227-2539-0

Ⅰ.①大⋯ Ⅱ.①李⋯ Ⅲ.①高等学校—科技成果—成果转化—研究—中国 Ⅳ.①G644

中国国家版本馆CIP数据核字(2023)第165966号

出 版 人	赵剑英
责任编辑	王　曦
责任校对	赵雪姣
责任印制	戴　宽

出　　版	中国社会科学出版社
社　　址	北京鼓楼西大街甲158号
邮　　编	100720
网　　址	http://www.csspw.cn
发 行 部	010-84083685
门 市 部	010-84029450
经　　销	新华书店及其他书店

印刷装订	北京君升印刷有限公司
版　　次	2023年10月第1版
印　　次	2023年10月第1次印刷

开　　本	710×1000 1/16
印　　张	16
插　　页	2
字　　数	219千字
定　　价	89.00元

凡购买中国社会科学出版社图书，如有质量问题请与本社营销中心联系调换
电话：010-84083683
版权所有　侵权必究

前　言

创新是引领经济和社会发展的第一动力，是建设现代化经济体系的战略支撑。我国经济已由高速增长阶段转向高质量发展阶段，经济发展和民生改善均需科技创新的支撑与引领。

创新链和产业链的深度融合是科技创新驱动产业迈向全球价值链中高端的前提，是推动区域创新和经济持续健康发展的强大引擎和动力，也是实现区域高质量稳定发展的基础。然而，由于价值导向、技术能力、创新环境等现实因素的差异和制约，创新链和产业链之间常常脱节与断裂，形成一条科技与市场之间的巨大鸿沟，俗称"死亡之谷"，大量的基础研究和科技成果还未进入市场就已夭折，导致科技资源并没有产生应有的经济价值，对经济的促进作用难以得到有效发挥。

大学作为科技创新成果的发源地，其技术转移的模式、效率是创新链与产业链融合的关键。"十四五"规划提出要支持企业牵头组建创新联合体，促进各类创新要素向企业集聚，推进产学研深度融合。但从我国大学技术转移、产学研合作等创新实践来看，产、学、研不同参与主体在战略目标、行为模式上常常存在分歧，导致未能发挥各方资源能力的协同效应。

从创新链与产业链融合的视角看，大学的技术转移路径不通畅可能存在两个方面的原因,一是参与主体价值取向一致但资源整合能力及边界跨越能力不足,使得大学及科研院所的研究无法有效转化为企业的本质需求,同时保障体系的不健全也可能导致一些关键节点难以顺利衔接;二是参与主体进行双链融合的主观意愿不强。大学技术转移是一个系统化的过程,涉及政府、企业、高校、科研院所、科技中介、用户等多元参与主体的协作及系统结合。大量创新要素的集聚提升了突破性创新的可能性,但也增加了资源整合、协同行动的困难。

本书的特色在于将创新链与产业链融合的思路引入对大学技术转移过程的内部研究,同时提供了大量的实证分析和调研数据作为重要支撑。本书共分为八章:第一章详细阐释了创新链与产业链融合的"死亡谷"困境以及技术转移过程中双链结构的演化;第二章着重分析了大学使命的变迁、大学技术转移的兴起与新发展;第三章构建了大学技术转移进程中的价值网络和联结要素;第四章在此基础上剖析了异质性网络主体间的网络治理和优化机制,并探索网络惯例的构建机理和协同效应;第五章、第六章分别以大学衍生企业和学术型企业家为切入点,通过实证研究探索了创新链与产业链融合关键节点的运行特点,如大学衍生企业的跨界资源整合方式、学术型企业家的角色冲突;第七章探索了创新联合体以领军企业为主导,联结不同的利益主体,整合多渠道创新与产业要素创造价值的模式,构建创新链与产业链在不同阶段有效的协同发展机制;第八章以东湖新技术开发区的调研数据为样本,详细展示了产学合作进程中多方利益主体的合作形式和效率。

主要创新点包括:

第一,基于双链融合的视角,将技术创新看作驱动经济发展的创业机会,并将大学技术转移作为连接创新链与产业链的重要结构,探索在此过程中创新主体与产业主体的协同作用方式,为从创新价值到经济价值的转化模式提出了新的理论构思。

第二，强调大学技术转移进程中的价值实现。聚焦创新主体和创新资源的集聚效应，关注差异性主体间（如大学、产业之间）价值网络的构建模式，以及这些创新主体如何有效地联结以实现资源的流动和互补。事实上，在创新链与产业链融合的过程中，创新和创业是协同演进、动态发展的，参与主体的联结关系和有效性也在不断改变。本书利用网络演化特征，将价值网络上相关主体的关联性以图形化的形式展现出来，探索其跨组织的创新传递与资源整合情况，并描绘大学衍生企业、创新联合体等主体自身的网络联结效率和子系统的嵌套结构变化，揭示创新链与产业链有效协作结构的动态性和持续性。

第三，突破了从整体分析大学技术转移效率的思路，采用由内而外的分析方法，对大学技术转移进程中关键要素的运行机制展开深入探索。如第五章剖析大学衍生企业自主地构建外部联结、促进创新要素与产业要素融合的能动效应；第六章明晰了学术型企业家角色冲突的产生和作用机理；第七章进一步阐释了创新联合体这种新颖的产学研合作形式的结构特征和发展轨迹。

目 录

第一章 创新链产业链融合：大学技术转移模式创新……………（1）
 第一节 大学技术转移的背景与发展趋势 ………………（2）
 第二节 产业链与创新链融合的模式与挑战 ……………（4）
 第三节 双链融合的结构特征与动态演化 ………………（14）

第二章 大学使命的变迁与技术转移 ……………………………（17）
 第一节 大学使命的变迁：从知识创造到价值创造…………（17）
 第二节 大学"第三使命"与科技成果转化 ………………（19）
 第三节 大学技术转移的新突破 …………………………（28）

第三章 大学技术转移驱动的价值网络构成 ……………………（34）
 第一节 大学科技成果与技术创业机会 …………………（34）
 第二节 技术创新向经济价值转化的创业模式 …………（37）
 第三节 大学技术转移进程中价值创造的能动机制
    ——网络构建与演化 ………………………（40）

第四章 异质性主体间的创新合作与非契约治理 ………………（45）
 第一节 跨界创新的兴起：异质性创新主体的协同合作……（45）

第二节 异质性主体协同创新过程的网络构建与作用 …… (47)
第三节 异质性创新主体的合作基础与网络惯例形成 …… (49)
第四节 基于网络惯例的非契约治理机制 ………………… (57)

第五章 大学技术转移的先锋兵
——大学衍生企业 ………………………………… (62)
第一节 大学衍生企业的兴起与发展 …………………… (62)
第二节 大学衍生企业的成长与创业能力 ……………… (65)
第三节 大学衍生企业向产业网络嵌入的模式 ………… (75)
第四节 大学衍生企业的发展阶段 ……………………… (90)
第五节 我国大学衍生创业的发展与对策 ……………… (98)
第六节 优秀大学衍生企业案例 ……………………… (104)

第六章 双链融合进程中的学术型企业家 ………………… (108)
第一节 学术型企业家的特征与价值 …………………… (108)
第二节 学术型企业家的角色冲突 ……………………… (113)
第三节 学术型企业家角色冲突感知对学术创业
绩效的影响 …………………………………… (125)

第七章 大学技术转移的模式创新 ………………………… (135)
第一节 科技资源与企业资源的转化与利用模式 ……… (135)
第二节 科技资源与产业资源融合、转化的挑战 ……… (141)
第三节 双链融合驱动的新模式：创新联合体 ………… (147)
第四节 创新联合体的价值创造模式 …………………… (156)

第八章 产学合作创新集聚成长模式调研
——以湖北省光电子信息产业为例 …………… (168)
第一节 调研基本情况 …………………………………… (169)

第二节　创新集聚效应下光电子信息企业的成长…………（174）
第三节　产学合作创新集聚方式及其积极效应…………（177）
第四节　光电子信息企业成长的主要障碍………………（189）
第五节　实证分析
　　　　——东湖新技术开发区光电子信息企业的
　　　　　成长模式……………………………………（192）
第六节　结论与政策建议…………………………………（198）

参考文献……………………………………………………（204）

第一章　创新链产业链融合：大学技术转移模式创新

创新是经济发展和社会发展的原动力，也是我国现代化经济体系构建的重要基础和关键引擎（陈劲，2020）。我国的经济已经从高速增长阶段进入高质量发展阶段，正处于发展方式转变、经济结构优化、增长动力转换的关键时期。实体经济转型升级将越来越依靠自主创新，经济发展和民生改善均需科技创新的支撑与引领。

世界知识产权组织发布的《2022年全球创新指数》显示，中国的创新指数排名迅速攀升，从2012年的第34位升至2022年的第11位，开启了实现高水平科技自立自强、建设科技强国的新阶段。报告表明，我国创新系统的总体效率得到了明显提高，人力资本、知识和技术输出能力都有了明显的创新优势，同时产业创新能力也得到了快速发展。在我国创新实践中，高水平的研究型大学和科研院所在完成国家重大科技任务中起着举足轻重的作用，企业的科技创新主体地位也进一步凸显。但我国在创新资源分配、创新效率提高和创新创业环境开放程度等方面还存在不足，需要进一步加快推进创新向价值转化的进程。

习近平总书记对我国科技创新作出坚持"四个面向"的战略部署，以面向世界科技前沿、面向经济主战场、面向国家重大需求、面向人民生命健康，对我国科技创新提出了新要求、赋予了新使命。我国将以世界科技前沿的特点和演变趋势为基础，抓住新科技革命和产业变革的重大机会，加强高水平科技自立自强的鲜明导向，从而为国家的发展和战略安全提供有力的保障。

第一节　大学技术转移的背景与发展趋势

从世界各国的创新进程来看，技术创新只是完整创新链中的一个环节。必须使创新链与产业链深度融合，才有可能推动技术创新向产业价值转化。创新的重要子系统（如大学、企业），必须充分地交流与合作，而非独立的"创新型岛屿"，否则就会对产业转型升级和创新效率提升造成阻碍（金雪军、朱玉成，2021）。因此，将创新链与产业链紧密结合，对于促进实体经济的转型升级、实现经济由快速增长转向高质量发展具有至关重要的作用。

理论上，产业链与创新链存在显著的互补性特征，能够通过互相嵌入、协作融合来实现创新向价值的转化过程。一方面，产业链以市场导向为核心，引导着创新活动的展开，是产业链嵌入创新链的一种表现形式。另一方面，将创新链中的创新性知识或技术转化为商品价值的过程，也是创新链嵌入产业链的一种有效方式（李雪松、龚晓倩，2021）。在特定时间点或特定时间序列上，产业链与创新链之间存在横向和纵向的协同作用，从而形成一个"双螺旋"的宏观融合闭环。

以大学为基础的科学研究在国家科技创新过程中起着重要作用，为推动区域经济增长、建立国家创新体系提供了强劲的创新动力（Kauffman Foundation，2011）。大学不仅仅是创新性知识的发源地，还需要承担起推动科技和经济紧密结合、创造经济价值的重要使命。许多大学大力推动科技成果转化与产业化，与地方政府和企事业单位合作，构建了一批校企、校地技术转移平台，形成了政、产、学、研、用相结合的创新体系，积极把科教优势转化为服务地方经济发展优势。在这一过程中，大学、技术发明人、企业、政府等都成为关键的利益主体，构成了一个为解决"知识价值实现"的独特价值网络。

然而，产业链与创新链的融合是一项长期性、系统性的战略工程。从我国的创新实践来看，创新链与产业链衔接尚不紧密，在现实的融合过程中常因多种因素陷入割裂状态（韩江波，2017）。由于价值导向、技术能力、创新环境等现实因素的差异和制约，创新链和产业链之间常常脱节，形成一条科技与市场之间的巨大鸿沟，俗称"死亡谷"，大学产生的大量基础研究和科技成果还未进入市场就已夭折，导致创新资源没有产生经济价值。近三十年来，我国大学的知识溢出对地区经济发展的贡献呈现动态性，大学知识的创新优势向经济价值优势转化的路径仍不顺畅：一方面，企业的核心技术能力还不强，无法形成内生的创新驱动力量；另一方面，我国高校、科研院所的科技成果转化水平也一直不高，未能对经济增长起到有力的支持作用。在大学科技成果转化过程中转化流程烦琐、成果转移过程中产权归属不明等问题，导致高校创新链与产业链深度融合的机遇少，契合度低，同时成本也较高，创新发展支持产业发展的潜能未能完全释放。

为此，必须从一个更加系统、更加动态的角度，深入剖析并破解长期存在的经济与科学技术"两张皮"难题，精确地推动创新链与产业链深度融合，使创新成果顺利转化为促进经济与社会发展的现实力量。同时，我国大学也需要有效的转换机制去提高创新能力和效率，本书的研究有助于理解大学知识溢出驱动的从"创业机会到创业模式、再到价值形成"的技术创业路径。研究结果不仅关注大学创新性知识的开发，也关注由此驱动的创业过程中可持续的价值创造机制，从而为大学知识创新驱动的创业模式优化提供有针对性的方法工具，在宏观层面上也为大学技术转移策略乃至国家的创新支持政策制定提供一定的政策思路。

第二节　产业链与创新链融合的模式与挑战

一　产业链与创新链的概念和发展

对产业链概念的界定，学界有三种不同的看法：一是"过程论"，将产业链看作是产品或服务从原料到最终消费的一个完整的流程体系；二是"价值论"，把产业链视为一个产业价值转化与创造的过程，通过供应链上、下游企业间的资源与信息的交流，开拓新的市场，生产新的产品；三是"组织论"，它把产业链看作由供货商到制造商再到分销零售商的链式合作形式，即将产业链看作一种由不同产业构成、以技术和经济为基础，由价值链、企业链、供需链、空间链四个维度构成，由产业组织、生产过程、价值实现等要素构成的链条关系。而在创新链的内涵方面，尽管学者们对创新链的理解角度迥异，但基本涉及以下三个方面：一是市场需要，强调市场驱动的科技创新，既包括科技创新成果，又包括企业经营模式和功能的改善；二是注重企业价值的增加与创造，包括企业自身价值、政府价值、大学、研究机构等科研主体价值、科技中介价值、金融服务机构价值、使用者价值等；三是多种创新主体之间的相互关系，各种创新活动的参与方为了促使知识成果产业化，而形成了一种相互关联的合作形态。

在产业链中，价值创造环节起着举足轻重的作用，一些学者沿袭产业链的思路，对价值链进行了一系列探索。价值链概念是由波特1985年提出的，他认为每个企业都是用来进行设计、生产、营销、交货等过程及对产品起辅导作用的各种相互分离的活动的集合。此后，不少学者开始从产业价值链的角度对价值链进行研究，更有学者明确提出，价值链是产业链的一种表现形式。亚当·斯密在《国富论》一书中指出，工业生产是以劳动分工为基础的一系列迂回性生产链条，产业链是指一种以某一种商品或服务为核心的一系列生产性活动（产品或服务）之间的关联结构。从产业链视角来看，产业链不仅体现了供应链中上下游企业间的内在联系，也体现了以产业主体分工为基础的价值流动模式。

"创新链"的概念最早由经济学家熊彼特（1912）提出，他认为科技创新和商业化之间的鸿沟需要以创新链来弥合；《奥斯陆手册》（Oslo Manual）将创新定义为一种通过开发新技术，将其转化为生产力并广泛传播的过程。这一过程涉及一系列相互作用和制约的完整体系，即创新链。Rothwell, R.（1992）进一步提出，创新链受到技术驱动和市场推动两种力量作用，两者相互作用形成反馈环，实现研发与营销的紧密结合。而蔡坚（2009）认为创新链是以市场需求为导向，在某一创新核心主体的带领下，以创新性知识供给、技术供给和产品供给为核心，通过技术发展、组织创新和管理创新将相关创新主体连接起来，以实现技术产业化和市场化过程的功能链接模式。

可以认为，创新链是以一个或多个核心主体为中心，以创新为纽带，将相互补充的异质节点连接在一起。通过分工合作和互联互动，形成合力，从而实现知识的经济化和创新体系的最优化。常爱华等（2011）从资源配置的视角，将创新链视为"基于创新系统中各微观创新链的演化而对创新资源进行最优配置的过程"。彭双等（2012）从理论上总结出了创新链三种运作机制，即基于平台、基于专利池和基于研究开发协议的运作机制；刘家树等（2012）从技术转化的角度，提出了基于创新链整合的技术成果转化模型，并对该模型中的知识流动与增值机制、利益分配机制、考核与评估机制等进行了深入剖析，进而为我国推进技术创新链整合提供了政策建议。

创新链包括基础科学、应用科学和产业化的研究。基础研究是指使企业取得突破性技术成果的过程；应用研究是指企业将技术成果转化为具有市场价值的一个阶段，而产业化研究则是指企业通过规模生产来使技术产品的市场得到充分展示的一个阶段。

从创新链条完整性的角度看，知识经济的出现使科技和经济的结合更加紧密，在这个过程中，科研部门和生产经营部门都扮演着重要的角色，必须密切合作。科研部门是推动科技创新的重要力量，他们需要将自己的功能向创新链的后端延伸，为成果的开发、应用甚至产业化提供支撑，同时，科研部门也需要不断改进自己的研究方法和技术，以适应不断变化的市场需求。生产经营部门则是将创新成果转化为实际产品的重要环节。为了在日益激烈的市场竞争中取得主动权，他们需要将业务范围向创新链的前端延伸。这意味着他们不仅需要掌握最新的科技知识，还需要直接参与知识的生产。这样一来，创新链和产业链都处于不断的动态发展之中。随着科技的不断进步和市场需求的不断变化，只有科研部门和生产经营部门紧密合作，才能推动科技创新突破式发展，为社会经济发展作出更大的贡献。

二 产业链与创新链的融合模式

创新链和产业链是紧密相关的概念。创新链是指由科学研究机构、高等院校、企业等共同组成的创新主体之间形成的创新网络，通过研发、技术转移、技术集成等方式推动技术创新和知识创新的链条。产业链是指将原材料、生产、销售等环节有机结合起来的产业活动链条。创新链与产业链之间存在着密切的联系和相互作用。

探索产业链与创新链双链融合模式的研究表明：第一，在以创新链为牵引的产业链中，通过创新链内、链间、跨链等途径，能够有效地推进创新链演化，从而持续推动产业链升级；第二，从产业链对创新链的驱动作用出发，发展中国家创新链与产业链的协同发展方式与发达国家有所不同,其初始模式为"产业发展带动技术进步";第三,基于创新链和产业链协同发展视角,其作用机制是创新链决定产业链,产业链发展又带动技术链升级,即创新链完整是产业链形成的必要条件,而产业链各环节的需求又会对相对应的技术变革起到巨大的拉动作用。

(一) 创新链拉动产业链

创新链拉动产业链,这种模式主要集中在发达国家。这种模式主要是基于"科学—技术—生产"的范式,遵循"既有技术变革引起产业、产品结构变革,进而引发产业革命"的思路。创新链拉动产业链的融合模式以创新链的发展为起点,在后续的融合过程中,创新链为引导与产业链逐步连接,通过产业链对创新链的需求和双方的共同作用,实现新的创新链的形成。新的创新链进一步驱动产业链持续发展,并最终成为与新创新链相适应的新产业链。一般来说,创新链拉动产业链进而二者融合的理论逻辑是:技术创新最先发生,然后基于此进行产业生产,最后技术创新和生产相互融合,即以先进的技术发展为先导,推动新兴产业的发展。发达国家在研发、协调、融资、品牌、人才等方面都有很强的优势,在全球价值链上具有相当大的整合优势。随着时间的推移,许多发展中国家也在寻找以技术进步为动力的发展道路。

(二) 产业链推动创新链

发展中国家大多数融合模式是由产业链推动创新链的发展。发展中国家产业快速发展的技术资源主要来源于发达国家的技术溢出,主要形式是发达国家为降低成本、寻求市场等进行的技术转移活动,在此过程中,发展中国家的企业也通过探索和学习,不断发展自主创新活动。在相当长的一段时间内,承接发达国家的产业转移和技术扩散,是发展中国家培育创新型产业的重要途径。凭借着人口密集、成本低的比较优势,发展中国家只是发达国家产品的装配者,无论是在创新链还是产业链上,它们都处于低端。由于缺乏核心技术和关键产业技术，发展中国家将"产业链拉动创新链"作为创新链与产业链融合提升的初始逻辑。发展中国家承接中低端产业，建立起了相应的生产机制，通过在过程中对核心技术的知识的接触和吸收，逐步建立起相应的创新链，发展出新的技术。在产业链对创新链的需求推动和通过消化吸收加强技术创新能力的双重驱动下，发展中国家会熟练掌握引进的技术并进一步创新。随着技术能力的增强和技术储备的积累，发展中国家所掌握的技术或模仿创造的技术将随着产业链需求的持续推动而逐渐升级为创新链。最终，在新创新链发展的驱动下，产业链继续向前发展，直到达到与新创新链相应的新产业链。

（三）产业链与创新链互促协同发展

第三种是创新链和产业链相互促进的发展方式。通过产业链和创新链之间的互动与协调，推动产业的不断升级与技术进步。创新链与产业链的协调发展模式是以技术进步带动产业发展为主线，在协调发展的过程中，以创新链的提升为推动力，以产业发展所需的技术提升为拉动力，促使新技术涌现，产业持续升级并逐步走向高科技含量、高增值的状态，直到与新技术相匹配。

产业链与创新链的协同发展主要是指产业链与创新链在一定的时点与时序上的协同。在一定的时间节点上，将产业链划分为上游企业、中下游企业、下游企业，将创新链划分为基础研发、应用研发、产业化研发。此时，产业链与创新链就会产生横向与纵向的协调。产业链、创新链的横向协同，指的是企业之间在产品和服务上的相互配合，在同一企业层级上，产业与技术相互支持、相互补充等。产业链、创新链的纵向协同，指的是在不同的企业层次上，由彼此连接的产业组成的一条完整的技术链。

我国处于产业链与创新链互促协同发展的模式：一方面，我国研发出大量的自主高科技技术，通过一系列转化，在我国形成了新的产业链，促进了我国经济发展和技术的跃迁；但在另一方面，我国也存在着大量低附加值的产业与高科技制造企业，依靠其成本优势，通过引进技术来完善创新链与产业链。中美贸易摩擦中，美国通过对关键技术的封锁，造成我国高科技制造企业的产业链断链，使一些企业的生存出现了困难。我国出现的创新链与产业链的断链，是当下要着重解决的问题。

（四）产业链与创新链的嵌套式融合

在现实中，产业链与创新链的形成与发展往往相互嵌套，形成了交互影响的复杂机制。如美国硅谷、英国剑桥、法国索菲亚等科技创新园区集聚了大量创新性资源，同时也培育了相关产业集群的发展，产业链和创新链的参与主体高度重叠。这些区域大学与科研机构、风险资本机构、综合服务机构、人才库、创业企业和创业板市场构成的独特的融合交互模式，为创新创业提供了持续的动力。已有研究对这些区域的关键要素展开了一系列研究，挖掘创业生态系统中不同参与主体的角色和积极作用，如大学科研机构为创业网络不断输送科技创新成果和创新型人才，由此不断产生出有价值的创业机会；以"引擎"企业为中心构筑了区域创新网络并实现相关产业链的发展壮大，促进创新种群的不断衍化；政府为创业生态系统的形成提供各类制度保障；风险投资、专业性服务机构等创新支撑要素保证创新活动有序稳定地进行；完善的基础设施和包容的创业文化有利于鼓励区域内更多的创业尝试。

目前，许多学者关注到创新链与产业链融合的必要性，以及双链发展过程中的参与主体多样化、交互方式系统化特征，并提出相应的对策。如构建企业与高校、科研院所等创新主体的合作关系，充分发挥企业创新的主体作用，以市场利润为导向，激励企业不断自主创新，完善科技成果转化的相关中介服务体系，提供良好的技术咨询和技术服务等。金雪军等（2021）提出，高水平的创新系统应该是一个能够推动创新链与产业链双向互嵌、协同升级的系统。我国内生型增长的关键，在于把"创新—产业—经济增长"传导通路打开，而这一传导通路的关键是把创新链到产业链这一传导过程打开。在这一过程中，企业在创新中的主体地位得到了广泛关注，增强企业的主导作用有利于促进创新要素在多元创新主体之间的流动。陈劲等（2021）提出在创新网络中，企业与产业合作伙伴、知识合作伙伴、政府组织、创新中介组织等多个主体之间，开创资源整合互补、知识协同共享、价值共创的融通创新发展模式。

但现有研究大部分偏向于从较宏观的视角提出创新链与产业链融合的对策，而对于融合过程中异质性主体匹配协同的具体模式关注不够，对于企业主体地位的能动性也未进行深入探索。而正如许多学者强调的，创新过程具有非线性本质、多主体特征以及创新边界的模糊重叠特征，因此创新资源往往会跨边界流动，促进创新价值转化的有效模式也随着参与主体协作行为的变化而变化。这种创新向产业价值的转换过程涉及技术和市场的不确定性，难以预测可行的商业模式，同时，不同创新主体间的合作行为也具有自发性和适应性。这就要求建立一个更加系统、更加动态的分析框架，以刻画我国企业创新链与产业链的匹配融合及微观嵌套机理。

三 创新链、产业链断链与"死亡谷"

创新链存在的价值，就是将各个环节联系起来，共同推动创新主体进行协同活动，共同推动创新的边界。但是，在创新实践中，并非所有的创新链都是完好无损的，可能会出现创新链的缺失，使得创新活动中断，创新目标无法实现。同时，产业链是否完整，产业链各个环节的有无，以及产业链是否贯通，关联匹配程度和匹配要素的竞争性，都影响着产业链的运行（邸晓燕等，2018）。创新链与产业链断链存在于两种情况中，一种是创新链与产业链本身就不完整，另一种是创新链与产业链之间的融合机制出现了障碍。

(一)"死亡谷"的存在

在创新链与产业链的融合方面,贾根良和秦升(2009)从全球国际分工以及系统协同效应角度指出,我国存在高技术部件与其最终产品在生产环节中分离的现象。因为高科技产品本身具有核心功能集成化、模块化的特征,新的国际分工使得先进国家在高科技产品行业中,以高创新率、高附加值、高进入障碍为特征,而我们却更多地依靠"比较优势",进行常规、低附加值的生产,缺乏对新技术的运用。而林森等(2001)从资源分配的角度出发,指出了技术链和产业链之间的结构不平衡。高技术创新成果的产业化和价值实现,不但依赖于技术链与产业链的供给函数,更依赖于二者的传递函数。人们忽略了从创新链到产业链的转移功能。一方面,在没有实现工业化的前提下,仅仅通过科学研究成果的验收和评价,使社会资本很容易对尚未具备成果商业化的项目进行盲目投入,结果出现了大量的失败案例;另一方面,科研机构盲目乐观,在完成了研究之后,就将自己的研究成果标榜为可以转移的可产业化的成果,导致大量的论文、报告和实验样机闲置和积压,这些成果往往不具备产业化的潜力,或者缺少了前期产业化的积累。朱瑞博(2010)结合两人的研究,以上海的高技术发展为例,指出我国存在政府引领和整合能力缺失的问题,官产学研之间难以形成系统的整合机制;产业资本与金融资本的融合集聚能力不强;在技术创新链中缺乏整合主体;同时,在高科技产业中,由于缺乏整合者,很难打破跨国企业在高科技产业中所构筑的"网络权势意图"的战略隔离机制。韩江波(2017)认为,产业链和创新链的融合,需要经过基础研究、应用研究、中试、产品化和产业化等多个环节,是一个复杂且长期的过程。在实际操作中会受到诸多阻力,如各科技创新部门的引领与整合能力不强,产学研追求目标迥异化,成果利益分配不明确,这些问题都导致创新链与产业链的融合缺乏动力。

"死亡谷"这一概念起源于1998年,当时美国国会科学委员会的副主席弗农·埃勒斯正致力于将技术和经济融合在一起。他认为美国联邦政府大力支持的基础研究和产业界大力推动的产品研发之间有一道明显的裂缝，目前这道鸿沟已经越拉越宽，可以形象地用"死亡谷"来形容。

2009年，美国风险投资家保罗·格雷厄姆（Paul Graham）在一篇名为"黑天鹅群"（Black Swan Farming）的文章中引用这一概念，将初创企业在成立初期面临的生存危机比喻为"死亡谷"。他指出大部分新兴企业会在成立3—5年内死亡，只有极少数的创业公司能够成功地渡过这个难关。这个概念很快被广泛应用于创业和风险投资领域，成为一种常用的术语。

创新链与产业链的断链和"死亡谷"之间存在一定的联系。一方面，创新链与产业链的断链会导致创新成果的转化和推广受到阻碍，影响企业的生产和经营活动，甚至导致企业的死亡。例如，如果某一环节的科技创新无法得到成功转化和应用，就会阻碍产业链的顺畅运转，导致企业的产品和服务失去竞争力，从而面临生存危机。

另一方面，"死亡谷"也可能会影响创新链和产业链的顺畅发展。在初创企业面临生存压力的情况下，往往难以持续进行科技创新和产品研发，导致创新链的进展受到阻碍。同时，由于初创企业往往缺乏资金和资源，也难以与其他创新主体形成协同合作，影响产业链的运转和发展。

因此，要想避免创新链与产业链的断链和"死亡谷"，需要加强各环节之间的协同合作和信息共享，促进科技成果的转化和推广，提高新兴企业的生存能力和市场竞争力，推动经济社会的可持续发展。政府和产业组织应加强对创新链和产业链的引导和支持，加强对初创企业的扶持和培育，为其提供必要的资金、资源和市场环境，促进其健康发展和成长，从而推动整个创新链和产业链的顺畅发展。

（二）跨越"死亡谷"的障碍

"死亡谷"的存在说明目前我国企业在新技术向新产品跃迁的过程中存在障碍，这种障碍大多可以分为主观障碍与客观障碍。

主观障碍往往来源于管理者或决策者的认知局限。管理者往往对企业现有的运行状态有依赖性，对改变现状具有抵抗心理。以前的研究中，针对高新技术公司往往是以研发投入比为衡量标准，以 R&D 投入（经费和技术人员等）和产出（主要是专利申请数量）为主要衡量指标测度企业技术创新能力，以当前的产品在市场上的表现来衡量财务绩效。如果贸然改变现状，可能会难以维持企业当前获得的优势，变革也需要承担一定的风险。因此，管理层出于风险厌恶的考量，倾向于维持现状。

客观障碍可以从内外两方面考虑，企业内部的障碍有：（1）企业各职能部门各司其职、有自己部门的目标和绩效标准，在运行一段时间后，已经形成各部门之间的平衡和稳定，贸然改变会打破之前的平衡；（2）高科技成果转化需要对企业现有的资源投入和配置进行改变，因此可能与企业现有的资源配置产生冲突；（3）高科技成果转化可能会造成现有职能部门的资源竞争，也会造成企业短期绩效的下滑。即使研发出具有科技含量的技术，也可能因为技术向产品转化的高成本，导致成果转化被搁置。

企业外部的客观障碍包括高新科技成果进入市场的困境和协调与其他利益相关者的关系。一方面，技术产业化之后，可能达不到市场准入要求形成产品的滞销，也可能由于新兴产业不成熟导致各环节的不协调或者断层，产品无法真正地吸引用户；另一方面就是高新技术转化失真，完全落后于国际商场的需求，无法适应市场，使得本土市场被他人侵蚀。无法形成新产业拉动新技术、新产品促进新开发的循环。而其他利益相关者由于位于企业组织边界之外，可能无法及时关注企业的需求，从而出现协调不顺、资源配置不及时、不充足的情况，影响企业新技术向新产品、新产业的转化。

第三节 双链融合的结构特征与动态演化

创新链与产业链的融合是创新性知识技术与产业需求不断匹配适应的过程，必须构建某种合适的耦合模式来有效地整合与创新转化相关联的学术要素和产业要素，才能够顺利完成创新价值向经济价值的转化。

一 基于创业价值网络的双链融合

创业价值网络是一个由多个主体和它们所在的创业环境组成的、充满着互动关系的、复杂的动态系统（Acs，Autio & Szerb，2014），具有多样性、共生性、竞争性、自我维持性和区域性等特征（蔡莉等，2016），能很好地解释彼此互动的多边伙伴聚合形成的动态匹配结构（Adner，2017）。创业是一个发现机会、评价可行性并利用新产品和新服务机会的过程，价值网络则是从网络视角描述相关要素的动态性联结关系。创业价值网络不同于传统的合作网络和创新网络，创业价值网络中更加强调创业价值的捕捉和实现，因此创业价值网络中创新要素和产业要素的流动往往是由创业机会驱动的。

创业价值网络的复杂适应性、成员异质性、资源交互性特征为理解创新链与产业链融合提供了新视角。Alvarez、Barney、Anderson（2013）探讨了创业支持组织间伙伴关系与价值创造模式之间的联系，认为创业价值网络有效性的发挥，需要有核心组织的引导。从构成上看，不同创业价值网络的主体及其扮演的角色具有多样性，因此不同网络内发挥主导作用的构成要素也存在差异。Spigel（2022）基于资源过程性视角，提出创业价值网络可以被看作是一个资源池，集聚了来自大学、企业、政府等不同参与者的多种资源，强调通过资源的流动、循环和创造来产生价值。有研究表明，创业价值网络中创业资源丰富程度和网络结构设计保障了资源高效流动，有利于产生相对高的创业率和基于创新的行为增长。Roundy（2017）主张支持创业合作主体的异质性，并考虑到相关参与者的多样性、风险投资的类型、商业模式和支持组织的多样性。Brown 和 Mason（2017）、Auerswald 和 Dani（2017）等学者认为创业价值网络存在多个嵌套结构，但也有学者强调创业价值网络的凝聚力和紧密程度，认为不同部门之间存在知识和资源共享（Mack & Mayer, 2016；Motoyama & Knowlton, 2016）。

对于创业价值网络内部子系统的作用方式，已有研究认为应该重点关注创业价值网络之间的连通性，认为它们相互关联并相互依赖。Miller 和 Acs（2017）提出开发更小的系统，认为识别和理解一个创业价值网络的主要子系统，并研究它们之间的相互作用对于解释创业主体间合作的运行规则更加重要。Nylund 和 Cohen（2017）提出不同创业价值网络子系统之间的要素"碰撞密度"，不同系统之间、不同领域中异质性资源的互动机会越多，创业价值网络将更富活力。

特别值得关注的是，创新链与产业链融合的方式与效果是动态性的，正如创业价值网络呈现出动态演化的特征。随着创业进程的推进，企业与大学、产业伙伴等合作伙伴的关系呈现出阶段性特征，其创造价值的方式也在发生变化。这是系统内各种要素碰撞协同的必然过程，也是创业价值网络进行扩展、优化、升级，构建可持续竞争优势的重要路径。Zheng、Liu 和 George（2015）的研究结果表明，创新能力和异质性对企业价值的互补效应随着企业成长呈现出增长的趋势。Fini 等（2011，2012）认为，创新主体与产业主体协同共生的创业价值网络提供了一个应对动态环境的"工具"，网络内不同节点的交互性和连通性创造了新的市场空间，其性质、要素和绩效作用方式随时间推移会发生一系列变化，是一个不断解构并重构价值网络以创造价值的过程（王琴，2011）。

二 双链融合的成长性与阶段性

有学者也关注到双链融合系统性成长的阶段性划分，提出创新链与产业链的融合和发展是一个多主体协作水平提高、创业机会涌现、创业资源丰富的过程。Autio 等（2017）以创业生态系统的复杂适应性为基础，将其划分为起步、发展和扩展三个阶段。Spigel 和 Harrison（2018）以创业资源的流动、循环和更新为基础，将双链融合系统的演化分为初生阶段、加强阶段、弹性阶段（衰退阶段）。在初生阶段，各参与者间的关系较为宽松，只有极少数资源可以再利用和创新。在加强阶段，各个参与主体之间的联系变得更加密切，有相当多的资源被回收利用，创业企业创造出越来越多的新资源，同时系统外部资源也被吸纳进来。强化之后的演化既可能趋向于弹性阶段，促使资源在系统之间跨层次流动，也可能逐渐走向衰退阶段，创业资源流动几近停滞。

随着研究的进一步深入，研究发现在创业者意向、创业活动一致性、持续的资源注入三种变量的影响下，双链融合系统内部参与者的行动协调性会不断地趋于默契。在初生阶段，各个行为主体的计划和行动都不一致。在加强阶段，创业者相互学习、相互影响，不断地投入资源，形成了资金流动，促进了各个行动主体间的协调一致性。在弹性发展阶段，随着系统价值被系统主体普遍认同，企业行为的连贯性得到提高，企业行为将形成系统规则。规则不断强化的正反馈作用，会进一步增强参与者的协调性，从而提高系统的整体效率。

第二章 大学使命的变迁与技术转移

自早期以来，创造、传播知识里占据中心地位的一直都是大学。它与社会制度、经济制度、政治制度相互依存又鼎足而立，在传承、创新体系中发挥着非常重要的作用，更是现代文明的空中楼阁，反省、创造、传播高级文明成果，从而完成整个社会由上而下的文化向导。大学的知识创造往往强调知识的原始创新，并突出了大学中的个人或组织（教授、学生、科研团队等）作为智力系统，不断地"创造—批判—再创造"的过程，从大学诞生之日起，便以"知识"为载体，"知识"是大学组织成员的共同领域，是所有大学活动的根基。因此，大学的使命和职能始终围绕着知识这一核心要素：研究，即知识的创造；教学，代表着知识的传播；为社会服务，则意味着知识的应用。

第一节 大学使命的变迁：从知识创造到价值创造

在大学的众多使命里，知识"产生—传播—应用"的过程链上的起始一环就是知识创造，这也是大学知识禀性的最直接表现。因此，早期的很多学者强调知识创造的权威性，认为大学的使命在于追求"纯粹的知识"，大学的主要职责就是对复杂、尖端、深奥的科学问题进行深入探索。在这一过程中，学者们的活动应该是独立和自由的，"必须只服从真理的标准，而不受任何外界压力"。最突出的例证就是，中世纪大学最终能挣脱在西方文化领域占统治地位的基督教的束缚，根源于它在不断的知识探求过程中所获得的知识权威地位。

知识创造是一个自由思想的碰撞过程，因而是不可模仿、不可复制的，也很难解释和相互比较。不同的大学在其演化过程中形成了各自的独特性。这些特色是每所大学的核心文化，也是每所大学的魅力所在，吸引着无数的科研工作者和学子为之努力奋斗。但随着市场化的进程，一切似乎可以轻易地被加以量化了。科研论文发表的数量、专利产出、项目资助金额等指标成为衡量一所大学优劣的重要标准。

按照上述标准，过去30年，我国大学的知识创造能力有了跨越式的发展。自1995年以来，我国的研发投入以每年提高19%的速度稳步增长。"十一五"时期研发经费占国内生产总值的比重从2005年的1.3%上升到2010年的1.75%，年均增长0.45%，2022年我国全社会研发经费投入规模首次突破3万亿元大关。我国研究人员数量和科技论文数量也仅次于美国，位居全球第二。然而，对于大学知识脱离实际的批评却愈演愈烈，大学传统的知识创造使命目前正遭遇前所未有的挑战。

首先，现代科学的研究特征使研究资金的重要性日渐突出。现代研究越来越依赖于先进的制备工艺与精密的仪器设备，但近年来，政府和一些公共基金对大学的科研投入虽然在不断增加，但并没有形成满意的成果转化。据调查（孙菁，2022），我国31个省（区、市）（港、澳、台地区除外）的大学研发经费分布、投入与支出均存在较大差异。整体而言，存在研发经费投入不足、强度偏低、东西部高校分布不均、来源简单、支出结构存在偏差、基础研究的支出比例过低等问题。

其次，我国大学知识的创造与价值实现似乎处于"断裂状态"。国内大学技术转移模式与市场需求脱节严重，产学研创新主体协同明显不够，中介服务尚不健全，使得大学洞悉市场需求滞后、产出的科技成果技术成熟度较低、科技成果与"中试"开发环节缺乏有效衔接。以上问题导致大学所创造的许多知识闲置，其价值性也遭到质疑。

由此可见，在新的经济增长理论框架下，知识（技术）和人力资本投入对经济增长的影响并不明显。Audretsch等（2007）通过对瑞典和欧洲的一系列实证研究也发现，高投入的人力资本和知识不一定能够确保未来的竞争力与经济增长。具体而言，大学里创造的新知识存在很高的不确定性，如果大学不对新知识采取商业化行动，就存在知识的过滤或溢出，为其他人或组织提供了将这些知识商业化的创业机会。这种从大学知识的创新优势向经济竞争优势的转变依赖于"知识过滤器"（knowledge filter）的传导机制（Acs et al.，2013）。该机制成功运行的关键在于降低与新知识相关的不确定性，在"知识过滤器"的两端，即知识的创造主体与应用主体间搭建通畅的沟通渠道。

我们不得不重新思考，政府对大学的科研投入产生了什么效果？学术研究对于推动社会进步究竟有什么作用？人们渴望大学在传统的教学与科研职能之外，能够承担起"第三使命"，为促进经济发展作出实实在在的贡献。因此，现代大学迫切需要一种机制，把知识从创造到价值实现的路径打通，利用这些创造出来的知识来解决经济和社会发展中存在的问题。

第二节　大学"第三使命"与科技成果转化

大学的使命和人们对大学的认知有着密切联系，不同的历史阶段有不同的社会环境，在此过程中人们对于大学也会有不同的认识，由此大学的使命也逐渐变迁。大学是一个特殊的社会性机构，它的发展过程必然会受到来自外部环境的制约。在时代和社会发展的变迁过程中，大学也一直在演化。同样的，它的使命也从单一逐步走向多元。

通常来说，传统的古典大学是指"教学型大学"，本意是指一种以"传授知识、造就绅士"为宗旨的一元化大学。但随着1852年《大学的理想》（*The Idea of a University*）一书问世，大学的教学、科研"两功能说"日益成熟。而真正现代意义的大学起源于德国，德国著名教育家、政治家威廉·冯·洪堡被誉为德国现代高等教育之父，他的思想也对现代大学制度的建立具有巨大贡献。他提出了"教科研"的主张，即把大学的职能由"教学"扩展到"研究"，为现代化大学的发展提供有力的支持。

大学的"第三使命"，即社会服务功能，最初是美国大学的突出特征。20世纪开始，美国"赠地学院"迅速兴起，形成了"威斯康星大学模式"，这种模式推动了大学活动从校园内向校园外扩展，大学开始与社会各个领域合作，直接为社会服务。随着20世纪新科技革命的到来，大学的功能也产生了较大的转变，大学既是知识的加工厂，又是社会的智囊团，同时也加速了科学技术的发展和社会的进步。大学逐渐呈现出多元化、巨型化和国际化趋势，从被边缘化的"象牙塔"，演变成现代社会的一个"轴心机构"（郭必裕，2007）。

一 "第三使命"——当代研究型大学的新功能

当时代思潮以市场为主旋律时，当高等教育大众化乃至普及化成为潮流时，研究型大学与社会、产业、政府之间的关系变得更加密切与复杂，大学通过与这些利益相关者的多重关系，拓宽了资金与资源的获取通道，但同时大学也不得不承受外部压力。

(一) 大学使命与"三螺旋"

如果说大学的任务是保证知识资源的生产，那么，大学的使命应该从传统的创造知识、传授知识延伸至其如何把知识创新转化为经济运用，即服务于地方经济发展的"第三使命"。如今，我们对研究型大学提出了更高的要求，既要促进科学本身的发展，在创新上取得重大突破，又要强调新知识的传播和运用，同时也要把科学与社会整合起来，促进科技成果的转化。

随着知识经济时代的到来，大学与政府、企业携手解决社会问题成为一个不可阻挡的趋势。亨利·埃茨科威兹在《三螺旋》一书中指出现代大学作为社会主要机构的地位与功能已日益得到确立，当代大学越来越多地被认为是与产业和政府并驾齐驱的社会主体，他认为"政府、产业和大学三方的互动，形成了一个三螺旋模型。大学为工业界提供知识，工业界为高校提供经费，而政府则为高校提供资源与扶持。高校、企业和政府三者之间构成了独特的互动体系，是组织创建的催化剂"。"三螺旋"理论着重探讨了以大学为代表的学术界、产业部门、政府等创新主体如何以市场需求为连接点，以知识生产和转化为主题，将创新资源进行最优配置，进而形成一个有利于创新的良性循环，塑造三种力量相互影响的三重螺旋关系（林学军，2010）。

该理论更好地解释了不同层次、不同创新主体间所发生的复杂的互动与交互影响。政府、产业和大学三者在三螺旋理论中，没有哪一方必须是创新主体，这三者均能作为创新的主导地位、参与方和主体，但是不管哪一方主导了这场交互作用，其结果都将是三个方面的共同作用，形成动态的三螺旋模型，进而促进创新活动。在该创新进程中，三者都保留有自己特有的功能，但是又能相互协调、相互配合，不断地进行着创新和创造，共同发展进步，推动社会发展和地区经济的繁荣（周春彦，2006）。其结果是，以科学为基础的产业大部分定位于毗邻大学的地方，起源于大学研究与教学活动的新兴产业集群的出现与发展，以实例说明了在日益以知识为基础的社会中正在进行着明显的机构重组：大学和其他知识生产组织正逐渐成为社会的主体，就一些程度上而言，它们会代替政府和产业，成为起创新组织者领导作用的核心螺旋线。因此，在这个三螺旋模式中，提高大学和其他知识生产机构的作用往往是至关重要的，成为基于智力资本以某种形式更新旧经济或创造新经济活动战略的组成部分（Audretsch et al., 2012）。

在现代市场浪潮的冲击下，知识被看作是一种力量，科技知识被看作是第一生产力，大学作为知识的主要发源地，势必要被转化为这种生产力的关键组成部分。在《21世纪的高等教育：展望与行动世界宣言》的报告中，联合国教科文组织明确指出：大学以科研、创新、传播为手段，以推动科技进步，为社会服务；大学应促进科学技术研究的发展，促进人文科学的发展以及艺术创造领域的发展（中华人民共和国教育部，2007）。

（二）紧密联系的三种使命

我国大学的实际发展轨迹，也在朝着这一方向延伸。从1999年，科技部、教育部等七部委制定《关于促进科技成果转化的若干规定》，到2006年《国家中长期科学与技术发展规划纲要（2006—2020年）》相关政策明确提出要提高大学为社会服务的能力以来，中国的研究型大学在发挥高等教育职能方面一直扮演着积极的角色，通过将科学研究和人才培养相结合，一方面，努力在科研成果转化为现实生产力方面扮演着积极的角色，另一方面，努力发挥知识和技术扩散方面的重要作用。越来越多的研究型大学建造了技术转移办公室、科技园和孵化器等机构，通过技术许可、专利转让等方式来鼓励大学把研究成果整合到实际应用中去，实现其经济价值。对于有价值的知识或技术，一些大学和学者甚至自己创办企业，直接参与到产业活动中。在全球各地，向具有企业家精神大学转变的风潮正愈演愈盛，拥有多种学术背景与文化传统的大学，都趋向于走出"象牙塔",走向与企业密切合作的道路（Etzkowitz et al., 2000）。

研究型大学承担"第三使命"（即与教育和研究使命相补充的社会服务使命）所带来的巨大经济效益和推动社会发展的力量是显而易见的。根据 Milken 研究院对美国前 30 个高新技术地区的调查,其中 29 个地区都是研究型大学所在地。如世界闻名的硅谷围绕斯坦福大学和加州大学伯克利分校发展;波士顿科研中心以麻省理工学院和哈佛大学为核心;北卡罗来纳科技三角园区依托杜克大学、北卡罗来纳大学和北卡罗来纳州立大学三所研究型大学形成,众多科技园区已与研究型大学相互交错,形成一个整体（李世超、苏竣,2006）。大学现在不仅仅是新知识的发源地,而且日益成为新企业、新产业甚至新经济的发源地。

"教学""科研""服务于经济发展"这三种使命似乎形成了一种相互联系、相互渗透、相互促进的良性互动:教学是当代大学的根本使命,也是大学与生俱来的本质属性;科研工作是现代研究型大学最根本的责任,是培育人才、提高教学质量、提高教师队伍素质的必由之路,也是大学为满足当前科技快速发展和知识快速更新的需要而进行的一种必要活动;服务经济发展是研究型大学人才培养和科学研究职能的延伸,它扩展了大学的功能,避免了人才培养和科学研究与社会需求脱节的情况,同时也满足了社会和大学自身发展的需求。通过这种方式,研究型大学能够更好地服务社会,并为社会经济发展作出重要贡献。

二 大学与企业的双向奔赴

对于大学自身而言,参与到知识的市场应用环节,与产业紧密结合,可以为大学发展不断注入新的活力。1970 年,美国通过的联邦法律宣布更加强调"以使命为导向"的研究,即更加有用的研究。德里克·博克（Derek Bok，1982）曾借用哈佛校方的言论来称赞这些新的资助人是应对政府不断增加的要求的堡垒。之后的40余年里，大学与产业的合作不但为陈旧的大学研究方式注入了现实问题，同时也提供了充足的资金与先进的技术。1980年之前，美国的大学不允许为由政府出资进行的发明创造申请专利。原因是既然用的是公共资助，那么高等教育就不应该从这些研究成果中获得经济利益，这些成果是公开的，任何人都可以使用。但这种做法导致一些大学实验室里产生的巨大成就得不到产业界的重视和利用。直到1980年的贝耶－多尔法案（Bayh-Dole Act）采用市场推动的方式，将专利权授予大学。也就是说，大学可以为自己的发明申请专利并且获利，由此来鼓励它们将产品推向市场（大卫·科伯，2008）。而且，近20年来，由于美国的大学注重知识产权，其潜在的巨大经济利益也在飞速成长，大学的专利申请量已达到年均5000多项，增长了20倍。

（一）大学：更具产业导向的研究

随着大学与社会、产业的结合越来越紧密，许多人认为大学承担"第三使命"的负面影响也不可忽视。在承担"第三使命"的过程中，必然涉及多重目标的相互冲突、物质追逐与知识追求的矛盾，越来越严重地冲击着大学传统象牙塔模式的纯洁与自由，把大学原有的学术规范、精神风貌、价值倾向、文化底蕴推到岌岌可危的边缘。甚至有学者认为，功利主义的思想会蔓延到大学这一神圣的地方，会使大学也朝着"资本主义"的方向发展，过度追求名利、物质，甚至逐步变得矛盾，迷失自我。大学可能因受排名、拨款、项目经费、职称晋升等因素困扰，逐渐偏离本应遵循的工作重心。

虽然"第三使命"会遭到质疑，然而实际上，大学所掌握的知识与科学技术资源十分丰富，大学所得到的政府资金也并不逊色于其他机构。大学对于促进社会与经济的发展，有义不容辞的责任。

随着社会与大学交流日益频繁，进入21世纪以来，社会各界要求大学承担社会职能的呼声高涨。

大学与产业的密切合作，对大学研究的影响可归纳为两个方面：一是为大学研究提供导向，二是为大学研究提供物质支持。一方面，通过与企业紧密结合，大学能够了解社会对人才的需求，也可以通过与产业界建立密切关系了解产业技术需求，从而获得潜在的研究方向和研究计划。通过产学研的合作活动，一部分在生产过程中遇到的问题能够顺畅地反馈到大学，凝练成科学问题，形成基础研究中的导向作用，这种导向下产生的科研成果也会对现实生产有着强有力的指导作用。另一方面，企业也可以为学校的科研提供经费，作为它们使用科研资源和获取科研成果的代价。麻省理工学院（MIT）是美国一流的工程学院。1861年建校时，麻省理工学院的宗旨是促进"联邦在工艺美术、科学和实用教育方面的进步"，采取的方法是将"应用科学独创性研究"与"大众知识的传播"相结合（John Brubacher & Willis Rudy，1976）。由于从一开始就注重实用性，因此麻省理工学院对市场的态度不是回避而是渴望参与其中。麻省理工学院与产业界的合作非常密切并且从中获益，1948年开始的产学合作计划让资助企业可以提前了解麻省理工学院的研究，半个世纪以来，许多知名公司，包括标准石油公司、固特异轮胎、IBM和微软等，都参加了这个计划并为学校提供资金。大学也可以通过科技成果转化等方式获得资金，再通过这些资金的持续资助，进行新一轮的拓展研究，如此循环往复推动大学的发展。

同时，大学也在逐渐发挥其科技资源优势，以更好地服务于区域经济发展。随着大学在科学技术领域持续取得重大突破，它所产生的巨大经济效益在国家经济发展中所扮演的角色也越来越明显，大学已然成为国家经济稳定增长的一个重要因素。在这种情况下，现代大学投身于连续不断的全球化浪潮、新知识和新技术的发展中，通过为社会和经济发展提供服务，不断增强自身的实力，使传统大学呈现崭新的精神面貌。当然，在任何时候，大学都应当保持足够的独立性，创造一种让大学里的师生热爱学问、忠诚学问并献身学问的学术自由氛围（眭依凡，2011）。在市场的浪潮中坚守大学的学术属性，并唤起学生对学问追求的真正兴趣和热情，仍然是每一所研究型大学的核心使命。就像大卫·科伯（David kolb）所指出的，"市场在高等教育中应该有一席之地，但同时又必须恪守界限，不能超越高等教育的底线"。

学术界对于大学产业密切联结的效应展开了一系列研究，对于大学参与商业行为适度性的反思也越来越深刻。Gulbrandsen 和 Smeby（2005）在挪威四所名校中，对 1967 名教授进行问卷调查，调查结果表明产业基金的参与使得大学与企业之间的关系更加密切，但高校的科研成果与企业产出间并不存在明显的正相关关系。Giuliani 和 Arza（2009）的研究显示，企业的知识基础是有价值的产学合作关系形成的一个主要驱动力，他们通过比较意大利和智利两个葡萄酒集群的数据，认为产学合作应该具有"选择性"，这要求找到拥有最合适的知识基础的大学与最恰当的企业相结合，才能使科研成果转变为生产效率更为容易，这就是产学合作的价值和效率所在。大学知识商业化的适度性问题也得到关注，Larsen（2011）提出，尽管学术研究成果商业价值日益受到重视，但过分强调大学知识的商业化，仍可能存在消极影响。

(二) 企业：从封闭式创新走向开放式创新

华为轮值董事长孟晚舟 2018 年在泰晤士高等教育与新加坡国立大学联合举办的学术峰会上发表演讲，表示"只有开放，才能活下来。只有开放，才能创新"。

随着通信、交通、互联网的快速发展，人类已经进入一个超高速发展的时代，创新已经成为每一个企业乃至个人所必须拥有的能力。大部分创新会失败，但不创新则一定会死亡。诺基亚手机、柯达胶卷退出历史舞台，就是残酷的事实。

"封闭式创新"是20世纪80年代之前企业采用的创新模式。这种模式强调企业对创新的掌控力,也就是说企业不仅独立研发产品、自己生产、自己销售,而且提供完善的售后服务。换言之,企业在经营过程中,对技术、生产、财务、销售等所有业务均面面俱到。施乐公司是非常具有代表性的一家企业,它不仅生产复印机,也生产特殊的纸张以提高用户使用复印机的体验感。这种"封闭式创新"模式能保证企业对核心技术的独享和垄断,导致这些大企业的中央研究机构占据了绝大多数创新资源,如施乐公司的帕洛阿尔托研究中心、IBM公司的沃森实验室、杜邦公司的杜邦实验室等。在1946年,美国有64%的专利来自大企业。

但随着知识经济时代的到来,知识与技术垄断已成为历史。企业需要打开组织边界,将外部的知识、经验、人才快速导入企业并加以整合,才能更好地创造价值。2003年,哈佛大学教授亨利·切萨布鲁夫在研究了施乐、朗讯、IBM、英特尔等公司的改革历程后,提出"开放式创新"这一理论。亨利·切萨布鲁夫认为,企业的创新能力在很大程度上取决于其能否适应市场需求的变化,如果企业单纯地依赖内部资源进行创新,这种高成本的创新方式在知识经济时代无法满足市场需求的快速变化,企业也难以保持其竞争力。因此,"开放式创新"这种模式正在慢慢代替"封闭式创新"成为主流。这种新的创新模式认为,企业需要高度重视外部资源,除了企业的内部经营,还需要积极寻求外部的合作伙伴,协调和整合内外部知识,构建灵活的商业模式,以推动创新思想尽快转化为现实的产品价值。

相对传统的封闭式创新,开放式创新强调外部知识资源对于企业创新的重要性,更关注"企业有目的地让知识流入和流出以加快企业内部创新"。开放式创新不主张企业独立完成所有的创新活动,而是强调企业通过积极利用外部资源来降低创新门槛,提高创新效率。许多大型公司更是经历了从封闭式创新到开放式创新的转型,才实现了突破。比如,在很长的时间内,光碟技术都被欧美的光碟生产厂商所掌握，包括我们熟悉的索尼、东芝、飞利浦等，它们拥有这项技术但是并不投入实际生产中，而是依靠厂商生产光碟并支付其生产成本的32%—42%为专利费，光是收取专利费，对于索尼和飞利浦也是一笔不菲的收入。根据资料显示，在2004年，飞利浦公司的电子产品，纯利润有24900万欧元，其中通过专利费获得9700万欧元，已成为飞利浦公司的最大盈利来源。（杨少华等，2008）

总之，开放式创新是一个动态的、开放的、协作的、以资源和能力为基础的协同创造过程。这一过程要求企业必须要建立起与各利益相关者的密切关系，并在此基础上构建一个以创新要素为核心、以共享与高效利用创新要素为目的的创新网络系统。在开放式创新模式下，创新供给与需求的信息更加透明、对等，使企业更容易从外部发现市场机遇与技术机遇，从而使"有效供给"成为可能。从这个意义上看，大学作为创新性知识、技术的重要研究和生产组织，必然与企业产生越来越密切的联系。

第三节 大学技术转移的新突破

一 政策突破

（一）党的十八大以后，迎来重点突破期

全球经济正处于新旧动能转换的阶段，而科技产业革命也将带来新的经济增长动力。党的十八大提出创新驱动发展战略，将创新置于国家发展战略的核心位置。自党的十九大以来，中国进一步加大了科技体制改革的力度。对《中华人民共和国促进科技成果转化法》进行了新的修订（2015年），并颁布《国务院关于印发实施〈中华人民共和国促进科技成果转化法〉若干规定的通知》（2016年），出台《促进科技成果转移转化行动方案》（2016年），完成了科技成果转化"三部曲"。

（二）2020年以后密集出台多项政策

自2020年以来，科技部、教育部等国家部委相继出台了多项政策措施，旨在促进科技成果的转化，表明国家高度重视科技创新和成果转化的重要性。

2020年2月19日，教育部、国家知识产权局、科技部发布《关于提升高等学校专利质量促进转化运用的若干意见》，以更好地发挥高校服务经济社会发展的重要作用。

2020年2月17日，科技部印发《关于破除科技评价中"唯论文"不良导向的若干措施（试行）》的通知，提出对于技术研发类机构，注重评估在成果转化、支撑产业发展等方面的绩效，不把论文作为主要的评价依据和考核指标。

2020年5月13日，科技部、教育部印发《关于进一步推进高等学校专业化技术转移机构建设发展的实施意见》的通知，进一步完善高校科技成果转化体系。

（三）2021年科技成果转化相关政策

2021年12月24日，第十三届全国人民代表大会常务委员会第三十二次会议对《中华人民共和国科学技术进步法》进行了第二次修订，进一步完善科技成果转移转化制度规范。

中共中央、国务院印发的《国家标准化发展纲要》表示了中央高度重视科技成果评价服务标准化。2021年7月16日国务院办公厅印发的《关于完善科技成果评价机制的指导意见》（国办发〔2021〕26号）完善了科技成果评价机制，提高科技成果转移转化成效。

《国务院办公厅关于改革完善中央财政科研经费管理的若干意见》（国办发〔2021〕32号），以及人力资源和社会保障部、财政部、科技部印发的《关于事业单位科研人员职务科技成果转化现金奖励纳入绩效工资管理有关问题的通知》（人社部发〔2021〕14号）落实科技成果转化奖酬金激励分配政策，激发科技成果转化动力。

为落实《中共中央关于制定国民经济和社会发展第十四个五年规划和二〇三五年远景目标的建议》提出的"加强知识产权保护，大幅提高科技成果转移转化成效"，国家从源头治理，特别是从提高专利申请质量入手，出台了一系列文件。

国家知识产权局以自己的名义先后发布多个涉及知识产权管理、服务的文件，并就知识产权保护问题，与中国国际贸易促进委员会、公安部、司法部、教育部等联合发布了多个文件：《知识产权强国建设纲要（2021—2035年）》，《国务院关于印发"十四五"国家知识产权保护和运用规划的通知》（国发〔2021〕20号），《国务院关于开展营商环境创新试点工作的意见》（国发〔2021〕24号），《国务院办公厅关于推动公立医院高质量发展的意见》（国办发〔2021〕18号），国家知识产权局、中国科学院、中国工程院中国科学技术协会印发了《关于推动科研组织知识产权高质量发展的指导意见》（国知发运字〔2021〕7号），《国务院办公厅关于印发全国深化"放管服"改革着力培育和激发市场主体活力电视电话会议重点任务分工方案的通知》（国办发〔2021〕25号）等来提高知识产权质量，提升知识产权转移转化成效。

（四）2022年相关政策

2022年2月18日，科技部等四个部门联合印发了《关于扩大高校和科研院所科研相关自主权的若干意见》问答手册，通过问答的形式对高校和科研院所自主权改革工作进行了指导。该手册在与科技成果转化直接相关的内容方面明确指出，科研院所的绩效目标应包括科研成果推广应用，并详细说明了赋予科研人员职务科技成果所有权或长期使用权试点改革的总体推进安排。此外，该手册还对科技成果转化税收减免政策和高校科研院所科研人员职务成果转化奖励政策进行了具体解读。

2022年8月5日，科技部和财政部联合印发了《企业技术创新能力提升行动方案（2022—2023年）》，提出了加强产学研用和大中小企业之间的协同创新。该方案支持企业与高校、科研院所合作建立新型研发机构，并开展促进科技成果转化的专项行动。此外，方案还鼓励各类科技成果转化项目库向企业开放，加快各级科技计划等成果在企业转化和产业化的进程。同时，方案也支持将高校和科研院所的职务科技成果通过许可等方式授权给企业使用。

2022年9月30日，科技部发布了《"十四五"技术要素市场专项规划》，该规划提出鼓励高校院所和科技企业设立技术转移部门，以推动科技成果的转移和转化工作。规划还鼓励高校试点建立专业化的国家技术转移机构，这些机构将为高校提供技术交易和成果转化的服务，并根据技术转移的绩效给予相应的激励措施。

2022年12月28日，教育部等三个部门共同组织了"百校千项"高价值专利培育转化行动，旨在建立高校、发明人和技术转移机构等主体之间的责权利相统一的收益分配机制，以进一步激发各方的积极性，促进科技成果的快速转化。同时，行动提出了"鼓励普通许可，推进实施专利开放许可，探索先试用、后付费等方式，推动高价值专利面向产业发展需求快速实现高效益转化"，以满足产业发展的需求。

另外，2022年6月29日，中国科技成果转化2021年度报告（高等院校与科研院所篇）发布。该报告显示，我国的科技成果转化活动持续活跃。2020年，共有3554家高校和科研院所通过转让、许可、作价投资、技术开发、咨询和服务等方式转化科技成果，合同项数和合同金额均有增长。合同项数达到466882项，合同总金额为1256.1亿元。其中，科技成果转化收益超过1亿元的高校和科研院所有261家。

二　协同性突破

近年来，大学技术转移领域出现了一些新的突破和创新，主要体现在协同性增强，资源整合功能愈加显著，推动科技成果更好地转化和应用。

第一，创新转移模式。传统的大学技术转移主要依靠专利许可和技术转让等方式，但这些方式存在一些限制和局限性。近年来，出现了一些新的转移模式，如技术孵化器和科技成果股权交易所。技术孵化器为创新型企业提供孵化、培育和资源支持，帮助科研成果更好地转化为市场产品。科技成果股权交易所则提供了交易平台，促进科技成果的股权投资和交易，为科研人员提供更多的资金支持和合作机会。

第二，跨学科合作形式多样化。现代社会面临的问题越来越复杂，需要多学科之间的协作和合作。大学间的跨学科合作变得更加紧密，不同学科领域的专家和研究团队之间开展合作，实现知识和技术的跨界融合。这种合作可以促进创新和创造出更具市场竞争力和实际应用的科技成果。例如，在医学和工程学领域的合作可以推动医疗器械和技术的发展，实现从实验室到临床的转化。

第三，产学研结合更加密切。企业对大学的科研成果表现出越来越高的兴趣，希望与大学合作开展研发项目、成立联合研究中心等。这种合作可以促进技术转移和创新，实现科技成果的应用和商业化。大学可以利用自身的研究实力和专业知识，为企业提供技术支持和解决方案，而企业则提供实际的市场需求和资金支持，共同推动科技成果的转化。

第四，创业和创新生态系统的培育。大学积极培育创业和创新生态系统，为科技成果的转化提供更好的支持和环境。大学设立创业孵化基地、提供创业培训和资源支持，鼓励科研人员将创新成果转化为商业化项目。创业孵化基地提供办公场地、导师指导和投资机会，帮助创业团队快速成长和发展。创新生态系统的培育有助于将科研成果与创业活动有机结合，促进科技成果从实验室走向市场。

第五，政策支持多样化，资金投入精准化。政府对大学技术转移的重视程度不断提高，加大了政策支持和资金投入。政府设立科技创新引导基金、科技成果转化专项资金等，推出相关政策支持科研成果的开发和推广，鼓励大学加强技术转移工作。政府还根据不同的企业类型和技术创新形式，提供了具有针对性的税收优惠、贷款支持和知识产权保护等方面的支持，为大学技术转移创造更好的环境和条件。

这些新的突破和创新推动了大学技术转移领域的发展，促进了科技成果的更好转化和应用，也促进了经济增长和社会进步。未来，随着科技进步和社会需求的不断变化，大学技术转移将继续迎来新的挑战和机遇，需要不断创新和改进，为社会发展作出更大的贡献。

第三章　大学技术转移驱动的价值网络构成

自 20 世纪 80 年代美国贝耶 – 多尔法案颁布之后，国内外学者开始关注大学知识溢出及其对经济发展的积极作用。尤其是硅谷周围高科技产业集群的兴起，使得国内外学者对大学知识转移与新企业创建的关系产生了浓厚的兴趣，围绕大学技术转移驱动的创业活动展开了一系列研究。

第一节　大学科技成果与技术创业机会

大学创造的新知识、新成果通常具有高创新性、高行业领先性的特征（Dundas，2012），其溢出效应为技术型企业的创建提供了大量有价值的潜在商业机会，进而推进了技术创业的进程。本质上，大学知识和科技成果转化驱动的创业活动是一种创新性机会催生的特殊的技术创业。

然而，大学所创造的新技术、新成果并不必然转化为经济价值。历史上，大学技术转移活动往往呈现出明显的空间集群现象（Aldrich，2012），以某所大学或几所大学为核心，技术创业活动非常活跃并向周围区域辐射，如美国的"硅谷"（Silicon Valley）、英国的"剑桥郡"、中国的"中关村"等。高校技术转移促进的创业活动，是一种由"知识创造"向"价值创造"的转变，并且涉及多主体、多环节、多步骤的跨组织商业进程，因此形成了相对复杂的资源渠道和价值关系。这种从大学知识的创新优势向经济竞争优势的转变机制成功运行的关键在于在知识的创造主体与应用主体间搭建通畅的沟通渠道。

国内外学者对大学技术转移驱动的技术创业的特征、效率、影响因素等内容展开了一系列研究。一方面，这类特殊创业进程的学术背景引起了广泛关注，大学的支持政策（郑永平、党小梅等，2008），学科专业结构和创业氛围（杨德林等，2007；Patzelt & Shepherd，2009），技术发明人的学术成就、产业经验、创业倾向（O'shea et al.，2008）等，在很大程度上决定了技术和成果的属性和转移方式，进而限制了企业初期的生存能力，并通过路径依赖效应来影响新创企业的生存与成长状况；另一方面，大学技术转移驱动的创业活动根植于特定的产业背景，因此，新创企业所在区域的经济发展水平（李新春，2004；吴玉鸣，2010）、相关产业的成熟度（Goldfarb & Henrekson，2003）、产业环境（田莉、薛红志，2009）、制度变迁（Markman et al.，2008）等因素也影响了新企业创建的方式、数量和效率。

在这一过程中，学术环境中的利益主体和产业环境中的利益主体构成了一个相互作用的价值网络，呈现出多渠道要素集聚，共同创造企业价值的交互作用模式。传统的大学技术转移或产学合作的研究思路，均未能将大学科技成果驱动的创新活动与创业活动整合起来，而是强调如何在大学、产业之间建立有效的联系。事实上，在大学技术转移驱动的创业进程中，创新和创业是协同演进、动态发展的（D'Este et al.，2012），通过不断促进知识与资源的流动，提高对创新资源的整合效率。该价值网络中的企业能否从相对复杂的网络关系中获取资源并创造价值，就取决于自身对各类创新资源的整合与吸收能力。

价值网络理论能够将企业与学术和产业环境中相关主体的关联性以图形化的形式展现出来，探索其跨组织的知识传递与资源整合情况。这种分析视角打破了传统的线性思维和价值活动顺序分离的机械模式（孙永波，2011），在描述网络主体的资源互动和价值传递方面具有独特的优势，为剖析创业进程中价值创造的复杂规律提供了可行的思路。不同于以往强调从组织外部提供支持要素来提高大学科技成果转移效率，价值网络视角"由内而外"，深入企业的内部运作机制，着重分析网络内成员的联结模式和价值共创行为，探索价值创造逻辑中各参与主体的能动性。形成了以大学知识驱动的"机会—网络—价值"的机会内生创业路径。

图 3-1 构建了大学技术转移驱动技术创业过程中的价值网络及其运作方式。

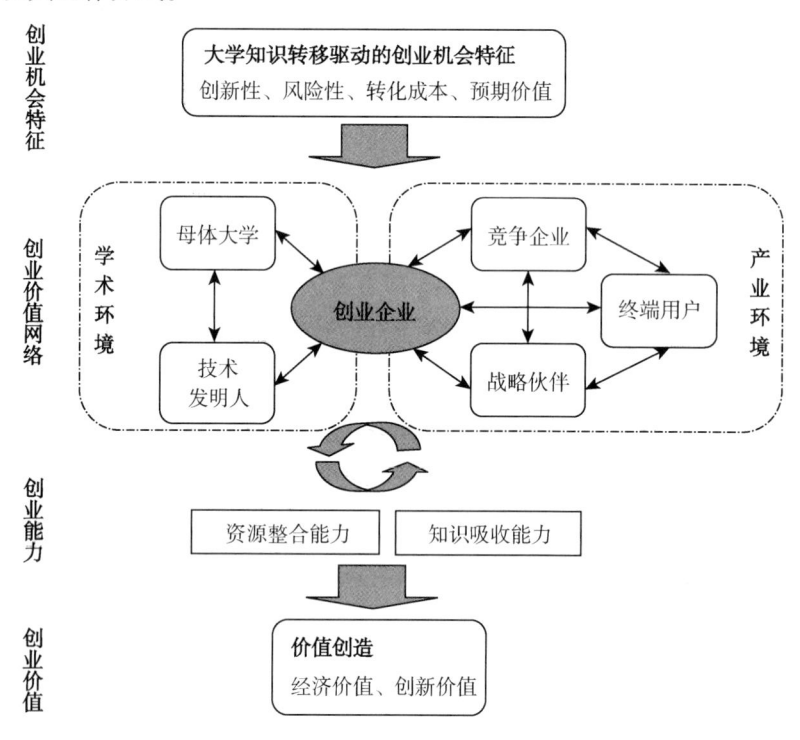

图 3-1 大学技术转移驱动的技术创业价值网络构建

第二节 技术创新向经济价值转化的创业模式

大学的技术转移是一个学术知识与产业需求相匹配的过程，由此驱动的技术创业效率则依赖于通畅的"知识过滤器"机制。换句话说，必须构建某种合适的创业模式，来降低创新性成果从学术环境向产业环境的溢出门槛，有效地整合与新知识、新技术相关联的学术活动和商业活动，才能够顺利完成创新价值向经济价值的转化。

一 大学技术转移进程中的价值创造

针对大学技术转移进程中价值创造的研究，大体上可以概括为以下两个方面。

一是对大学技术转移过程中的影响因素进行分析。在实践中，科技成果从大学向产业部门的跨组织溢出导致知识生产主体与应用主体分离，使大学技术转移进程面临着一些特殊问题。如大学创造的新知识与产业技术需求之间的不匹配（廖述梅等，2011）、发明者缺席综合征（Not-Invented-Here Syndrome，NIH，Kathoefer and Leker，2012）、产学合作平台功能单一（Link et al.，2007）、"技术信息溢出"存在虚假信息（高山行等，2006）等。这样一来，新成果产生的创新资源与开发新成果所必需的创业资源难以建立有效的整合，使大量新知识、新技术的潜在效用未被完全开发，在此基础上进行的创业活动也常常面临持续创新能力不足的困境。

二是基于大学技术转移的特殊性，对如何提高价值创造效率展开探索，这方面的研究主要强调构建适当的框架，对技术转化为价值所必需的资源和能力进行整合。葛宝山等（2013）提出"创业机会—资源一体化"开发行为体系构建，对于理解创业价值创造具有重要意义。杨隽萍、蔡莉（2008）探索了智力资本对解决知识创造与应用信息不对称问题的作用；Wennberg、Wiklund 和 Wright（2011）则发现，在大学创新性技术成果向外部溢出的过程中，既要高效地利用大学的科技成果及人才资源，也必须参与到产业内的合作竞争中。同时，技术创业生成过程的特殊性及新企业能力构建的途径也得到了深入的探讨（Stephan et al., 2014；张玉利等，2011）。

通过以上分析，大学创新性技术向经济价值转化的关键在于对学术环境和产业环境异质性资源的利用和优化，以提升资源本身所能产生的价值（梁强等，2013）。Kreiser（2011）提出创业网络参与行为有助于创业企业最大限度地提高组织学习能力，同时节约资源、提高价值创造的效率。孟庆红等（2011）在 Gulati 等（2000）的研究基础上，将单个企业的价值创造过程分为关系构建、关系运行和价值释放三个阶段。

二 大学技术转移驱动的创业模式

大学知识和技术的多样性、创新性使得其溢出效应形成的创业机会具备不同的属性特征，因而存在与之相匹配的差异化的开发模式。企业构建价值网络、知识流与价值流传递与整合的途径也不尽相同。根据创业主体的差异性，大学技术转移驱动的创业模式大体上可以分为基于技术转移的新企业创建和大学直接创办衍生企业两类。

创业模式一：基于大学技术转移的新企业创建

即强调大学所产生的创新知识的外溢，给行业内的组织和个人带来了宝贵的创业机遇，并催生了新企业的创建，包括技术许可、技术转让等方式。这种创新主体与创业主体分离的企业创建模式的核心问题在于：创新性知识"过滤"过程中，价值的转化效率如何？在实践中，知识生产主体与应用主体在战略导向、资源配置、管理方式等方面的不协调导致大量知识的潜在效用未被完全开发，甚至被直接忽略了，在此基础上创建的新企业也常常面临持续创新能力不足的问题。一些学者提出了应对这一困境的方案，如 Santoro 等（2006）基于对美国 173 家企业的调研，提出社会联结、相关政策、技术关联性、技术能力是知识向价值转化的推动器；Lockett 和 Wright（2005）分析了产业承诺的重要意义；Rasmussen 等（2011）认为基于大学技术转移创建的新企业必须具备不断发展具有异质性创业团队的潜力（例如，大学科学家、产业中的企业家、行业合作伙伴、金融界成员），进而拓宽资源获取渠道和信息交流渠道。

创业模式二：创建大学衍生企业，即大学直接作为创业主体，完成新技术从创造到价值实现的全过程

Kroll 和 Liefner（2016）认为现阶段中国的知识产权保护政策并不十分健全，大学和产业部门在机构设置和思维习惯方面也存在巨大的差异，高山行等（2006）也指出"技术信息溢出"存在虚假信息的可能性。这些问题导致很难在知识的创造主体和应用主体之间建立直接的合作关系，因此，大学创建衍生企业就成为实现知识价值的一种合理载体。在这种由大学主导的技术创业模式下，技术发明人能够较便利地参与新知识的后续革新和改进工作，智力资本有助于解决知识创造与应用信息不对称的问题，是大学衍生企业成长的关键因素（杨隽萍、蔡莉，2008），母体大学本身的品牌效应和科研平台也为衍生企业提供了强大的技术后盾（胡海峰等，2010）。但商业资源和能力的匮乏、大学的管理体制和学术氛围（李雯等，2013）等因素都可能使大学衍生企业在资源渠道、组织结构、战略导向方面存在弱势。因此，大学衍生企业往往依附于母体大学，在产业竞争中，难以独立应对由于新生性所导致的成长劣势或弱性，以及高度的技术和市场不确定性（朱秀梅、李明芳，2011）。

还有学者对基于大学知识溢出的不同创业模式进行比较，发现这两种模式之间存在相互促进而非替代的关系（李雯等，2012）。Fuentes 等（2012）针对荷兰 23 所大学的实证研究结果表明，大学知识转化渠道的多样性主要取决于知识特性、学科结构以及知识转化过程中个人和组织的特点。Wennberg、Wiklund 和 Wright（2011）在对由大学知识溢出所驱动的不同种类的创业企业绩效进行对比分析的基础上，得出了大学将创新技术向外转移，由产业中的组织或个体来主导创业进程的模式更为有效，这是由于这种方式在高效地利用大学的科技成果及人才资源的同时，能够更便利地参与到产业内的合作竞争中，并且较少受到母体大学官僚制度的影响。

第三节　大学技术转移进程中价值创造的能动机制

——网络构建与演化

一般逻辑下，对大学技术转移驱动的创业活动的研究大部分遵循知识溢出的轨迹，建立"大学—中介机构—产业企业"的纵向关联链条，新企业价值的创造与实现过程被视为一个将知识技术转换为经济价值的过程。

一　大学技术转移推动的创业价值网络构建

随着研究的进一步深入，学者们逐渐发现仅仅从外部推动知识由大学向产业流动并不足以有效地提高知识溢出的创业效率，"技术创新的边际效应曲线"（高建等，2007）使得技术型新创企业自身必须不断寻求新的技术创新来降低成本，创造优势。Giuliani 和 Arza（2009）提出并非所有的产学联系都是有益的，这一过程受到企业知识基础、学习能力等一系列因素的影响。在实践中，不管是在大学技术转移的基础上建立新的企业，还是由大学直接建立衍生企业，都难以独立地完成生产经营的所有活动（吴冰、王重鸣等，2009），创业的过程涉及学术环境、产业环境中不同价值取向的多个主体，包括大学、企业、政府、用户，等等。企业必须关注与这些主体的连接架构，积聚、整合并开发资源（魏江等，2014），其价值创造活动也由个体企业的行为演变为网络成员的共同努力（Knockaert et al.，2011）。

从这个意义上看，大学技术转移驱动的创业进程中形成了一个多维的价值交换系统，即创业价值网络。创业价值网络指在创业过程中，企业与大学、技术发明人、政府部门、产业伙伴以及其他辅助（中介）机构等主体相互作用，所形成的价值创造和集成的系统（Slotte-Kock & Coviello，2010）。其中，创业企业是决策制定的核心（钱锡红等，2010），通过与其他网络主体之间的动态联系来创造、传递价值。在这样一个复杂的关系中，企业的生存需要构建特殊的价值网络结构，并优化该结构的配置效率，创造并捕捉一些极小的价值来扩大公司的资源基础（Ortin-Angel et al.，2014）。图3-2描绘了创业企业与学术和产业环境中相关主体的联结网络。

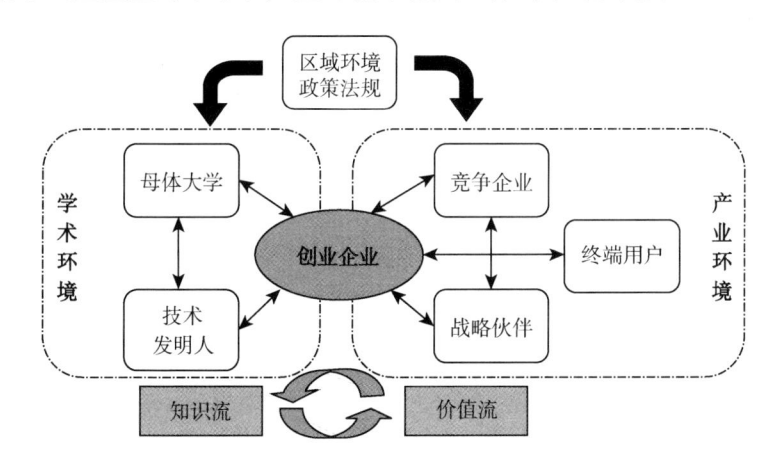

图3-2 大学技术转移驱动的技术创业价值网络成员

一些研究关注到大学技术转移驱动的创业活动所涉及的不同主

体之间的相互作用的方式和效果。如学术发明人与职业经理人共同组成创业团队，有利于实现创业能力互补（Fini et al.，2012）；学术与产业环境中的资源禀赋差异对于创业效果会产生影响；母体大学与企业所在区域提供的支持政策也存在差异性，进而对创业进程产生促进或抑制的效应。

二 创业价值网络的演化特征

随着创业进程的推进，大学技术转移驱动的创业价值网络也在不断调整、重构，创业企业与大学、产业伙伴等利益相关者的关系呈现出阶段性特征（Swamidass，2013），其创造价值的方式也在发生变化。这是企业适应环境的必然选择，也是这类特殊的创业企业将大学知识"遗传特性"带来的初始资源禀赋优势（Colombo & Piva，2012）进行扩展、优化、升级，构建可持续竞争优势的重要路径。近年来，创业价值网络的动态演化问题已经引起了国内外学者的研究兴趣。Zheng、Liu 和 George（2010）的研究结果表明，创新能力和网络异质性对企业价值的互补效应随着企业成长呈现出增长的趋势。Fini 等（2017）认为网络提供了一个应对动态环境的"工具"，网络的交互性和连通性创造了新的市场空间（李长云，2012）。

在技术创新引导的创业价值网络中，资源关系和价值创造方式不断演进，知识流、价值流的性质、要素和绩效作用方式随时间推移会发生一系列变化，是一个不断解构并重构价值网络以创造价值的过程（王琴，2011）。刘凤朝等（2011）以我国"985"高校为研究对象，深入分析了产学研合作网络中不同子网络的生成与运行机制，提出子网络的运行耦合和功能互补是产学研合作网络演化的基本动力。

随着技术创业的推进，创业主体与大学、技术发明人、企业、用户等相关利益主体的联结方式和强度有所不同。对于创业价值网络演化的阶段性特征，Larson 和 Starr 早在 1993 年就构建了一个创业网络随创业过程演化的模型，把创业网络的演进过程划分为三个阶段：第一阶段是初期连接关系的开发；第二阶段是网络关系的多元化；第三阶段是网络关系的层级化。在随后的研究中，Trevelyan（2009）详细地阐述了以上三个阶段的特点和发生机制。董保宝等（2013）基于前人的研究，构建了一个创业网络演化阶段整合模型，从网络内容、网络结构、网络治理模式与网络能力四个方面，详细分析了创业网络不同的演化阶段。我们参照 Autio 等（2017）的划分方式，绘制了创业价值网络构建、运行、演化进程中的网络结构变化趋势，以及创新性知识技术向价值创造转化的趋势（见图 3-3）。

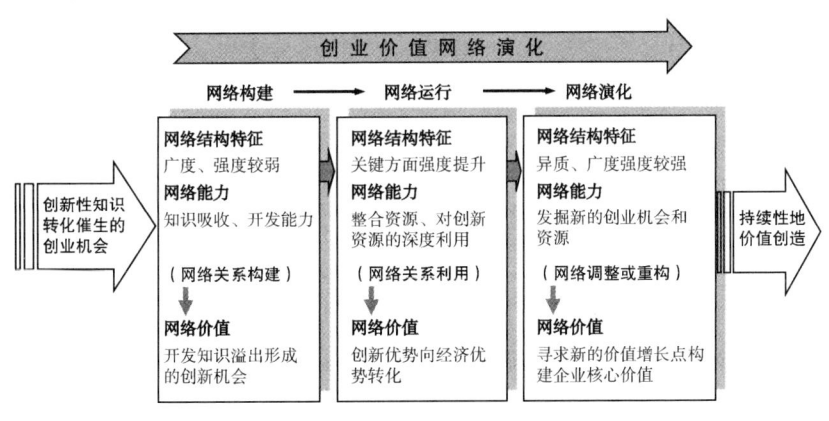

图 3-3 基于网络演化的动态价值创造机制

"构建"阶段吸引具有高潜力的个人和团队进入创业过程。这一过程往往涉及价值取向差异性较大的参与者，如大学和企业。在这一阶段，网络价值的关键在于稳定网络关系的构建。创新链与产业链上的参与主体需要有主动融通的意愿，即融合后的利益期望和需求满足可以激发主体进行合作、共同开发机会的内在倾向。"运行"阶段涵盖了与新企业的实际启动相关的所有活动和机制，包括概念搜索和商业模式实验和优化。这一阶段，网络内各主体需要构建学习能力、资源整合能力和关系治理能力，充分利用所构建的网络关系，使创新链和产业链的各个环节形成有效的资源获取节点，从而具备向上攀升的能力。同时主体之间、各链条节点之间、链条之间具备跨边界反馈和循环的能力。"演化"阶段进一步扩张了创业价值网络，网络导质性、广度均进一步增强，不同的子系统之间互相嵌套，形成高效的创业生态系统，即网络密度高、相互关联的行动者数量多（Autio et al.，2018；Roundy et al.，2017）。此时，网络内的创新链条和产业链条出现跨界延伸，相互嵌套的子系统的重叠要素发挥更加明显的引擎作用，引导其他主体共同寻求新的价值增长点。在这一时期，政府制定的各项产业创新相关政策具有重要的保障作用。

第四章 异质性主体间的创新合作与非契约治理

大学创造的新知识通常具有高创新性、高行业领先性的特征（Dundas，2012），其溢出效应为技术型企业的创建提供了大量有价值的商业机会，进而推进了大学技术转移的进程。

知识经济时代，不同领域的碰撞、交叉和融合的跨界创新行为已成为创新的重要来源。跨界创新指的是以一定的方向和目标为基础，跨越认知、行为、思维的时空、领域、文化等方面的界限，实现原创性、突破性、引领性的创新。通过突破原来边界的束缚，打破旧的创新体系，塑造新的创新体系，进而产生出一些出乎意料、影响深远的创新成果。

第一节 跨界创新的兴起：异质性创新主体的协同合作

在大学知识和技术的扩散效应下，创新事件不断产生，创新资源也在不断集聚。在此进程中，由不同创新主体建立的跨界创新网络在技术创新中日渐扮演重要角色（Nambisan & Sawhney，2011）。大学技术转移进程形成的合作网络成员包括企业、科研机构、互补产品提供商、供应商、客户、投资者和政府等。这些不同的创新主体依托网络联结构成"跨界创新共同体",依靠整合资源、获取新的商业模式,推动产品技术的创新。长时间有效果的跨界创新能够进一步加强各主体的参与度,不同资源的优化整合,能够达到资源和利益共享的效果,这对进一步激发创新和创造力十分有利。

价值创造是大学技术转移进程中跨界创新的内核。这些不同的创新主体依托网络联结组建成"跨界创新共同体",通过资源整合,推动技术和产品创新,从而衍生新业态、创造新需求、开拓新发展空间。持续、高效的跨界创新,可以更好地促进生产要素的聚集,吸引创新主体的参与,并通过优化整合实现创新资源的共用以及利益的分享,从而激发出更多的创新创造活力。跨界创新的核心是价值创造。大学知识与技术的创新价值在异质企业联结而成的合作网络间能够得到更好的激发,会产生强烈的溢出效应,而这种溢出效应的产生具有正的聚合外部性(Meagher & Rogers,2004)。网络的异质性越大,参与者就越愿意学习和进行研发。如果成员间的异质知识相互作用并结合起来,就更有可能创造出新的价值(Moran & Ghoshal,1999),参与者与异质知识集合之间的互动也进一步促进了知识的重组和创新。相关的实证研究支持网络异质性与创造力和创新价值之间的正向联系(Gronum et al.,2012;Lyytinen et al.,2016)。

在跨界创新的进程中需要面对一系列挑战,包括创新主体间的结构复杂性与行为复杂性(Tiwana,2014)。大学技术转移过程中,跨界创新网络的成员创立于学术和产业两类不同的环境,因此,内部战略和意识形态存在差异,技术基础不匹配、关系治理成本、价值观念相悖、学习成本等治理难题阻碍了异质性主体间的合作关系构建。许多学者在研究了不同创新主体之间广泛的合作之后,强调对合作关系缺乏信任是合作的一大阻碍(Darabi & Clark,2012;Hanna & Walsh,2008;Shamsuzzoha et al.,2013)。另外,有组织的网络协作战略和成员间的紧密结构构建也是两个重要的挑战。

因此，在高度不确定性和资源不对等的情境下，跨界创新网络内部的成员一方面需要与其他成员建立合作默契，另一方面又面临着异质性导致的信任危机。由于网络合作主体间的信任程度难以通过正式的合作契约呈现出来（Gebreeyesus & Mohnen，2013），因此迫切需要从非契约的角度对这一问题进行挖掘，对网络成员间默契、信任、共识等"软性"要素进行描述和探索，以解释异质性创新主体的合作过程。

第二节　异质性主体协同创新过程的网络构建与作用

跨界协同创新主体间的合作效率和资源利用效率决定了其价值空间大小。鉴于跨界主体间特殊、复杂的网络，寻求跨界组织资源管理新方式是重中之重。

一　大学技术转移过程中跨界协同创新的网络化特征

跨界协同创新的关键是形成以企业为核、产学研用深度融合的网络创新模式，推动创新资源的流动，发挥知识溢出效应。毫无疑问，作为一种网络化的空间组织形式，跨界协同网络能够很好地突破行业边界，满足企业获取异质性资源、拓展合作伙伴的需求。从世界各国的发展实践来看，产学研等多个不同主体的深度融合，是企业获得外部宝贵知识、培养技术能力的重要路径。根据 Mansfield（1991）在美国企业所做的一项调查，倘若学研机构没有参与，那么将会有11%的新产品和9%的新流程被延迟创造出来，甚至可能无法被创造出来。

科研机构、政府、企业等主体构成了一个为解决"创新价值实现"问题的独特价值网络。差异性的创生背景使得参与主体的战略导向、行动方式各异，因此跨界创新过程具有特殊性，如资源渠道的多样化、价值创造与传递的复杂性等。

大部分促进大学技术转移的研究往往遵循技术转移或产学合作的研究思路，很难对新时代创新合作者的动态性和主动性作出解释，因此需要一种新的思路来进行分析。社会网络理论将机械模式和常规的线性思维打破（孙永波，2011），在描述网络主体的资源互动和价值传递方面具有独特的优势，为剖析跨界协同创新进程中创新价值创造的复杂规律提供了可行的思路。从网络构建的角度看，跨界协同创新进程中形成了一个多维的资源流动和价值交换系统。企业是决策制定的核心（钱锡红等，2010；Slotte-Kock & Coviello，2010），通过与大学、技术发明人、其他企业、顾客、战略伙伴之间的动态联系来创造、传递价值。

二 跨界协同创新网络的作用与合作困难

构建外部协同创新网络对于创新主体自身的成长能力具有显著的积极作用。Kreiser（2011）的研究证实了网络参与行为对创业企业提高组织学习能力与资源利用效率的重要意义。作为竞争性组织，企业必须不断扩充具有异质性的创业网络成员（Rasmussen et al.，2011），逐步嵌入相关网络，拓宽资源获取渠道和信息交流渠道，才能构建可持续的竞争优势（Chen et al.，2014）。一方面，强弱程度不同的网络关系嵌入通过影响资源置换、组织合作、共享知识的开发等（杨玲丽、万陆，2017），更进一步影响企业合作意愿和绩效；另一方面，所处的网络位置不同，企业能获得的资源也不尽相同，企业离网络中心处越近或结构洞数量越多，更可能获得有价值的网络资源，尤其是关键的异质性资源（张春雨等，2018；Rothaermel，2001）。

一些研究证实了异质性主体之间的协同创新，特别是突破性创新的关键是调动多元创新主体之间的协同力量,加强对异质性资源的整合和利用(梁强等,2013),进一步开阔创新空间。已有研究结果检验了不同主体之间的相互作用的方式和效果。如学术发明人与职业经理人共同组成创业团队,有利于实现创业能力互补(Fini et al.,2012);学术与产业环境中的资源禀赋差异对于创业效果会产生影响;企业所在区域提供的创新支持政策依据不同的区域特征促进或抑制跨界合作创新,进而对创业进程产生变化的支持效应(Fini et al.,2011)。同时,跨界创新参与主体异质背景的特殊性及新企业能力构建的途径也得到了深入的探讨(Jain et al.,2009;张玉利等,2011;胡望斌等,2011)。

尽管我国大学技术转移效率一直在进步,但大学的知识技术向企业传递并转换成其自有创造力的路径仍不清晰。学习动机、接受度等内部因素,机会主义行为风险等外部因素都会阻碍跨界创新合作。因此,跨界创新协作网络的构建困难也得到学者的关注,参与主体多样化可能会导致一些合作困境。不同创新主体由于创立背景、治理模式、战略目标等存在差异而导致矛盾的发生,特别是在合作内容、方法上,面临构建默契、整合的困难(Kathoefer & Leker,2012)。创新网络中知识共享的过程被 Szulanski(1996)与 Gilbert(1996)分为知识识别、知识共享实施、知识共享整合三个阶段,并且构建了基于企业集群知识共享过程的影响因素模型。

第三节 异质性创新主体的合作基础与网络惯例形成

一 大学技术转移进程中创新主体的异质性

大学技术转移进程所构建的跨界创新网络中,不同参与主体的资源存在差异性,这种差异性是由成员之间在各自的领域分工所形成的。在资源的扩散、转移和共享过程中，不同参与主体通常会因为资源背景的异质性而建立互补性的创新联盟。同质资源反映企业间相似的资源，但异质资源突出企业成长过程中累积的特别且有价值的资源。它体现了企业在关系资源、知识、企业文化等方面的特殊性。企业间合作在本质上依靠异质性资源，它是企业间合作的动力。但是，若组织间的背景差异性过大，即使合作双方在创新知识的获取及创新潜力方面具有很大优势，但彼此之间会缺少有效的沟通、交流，使得创新知识的共享很难实现。因此，跨界协同创新进程中，合作主体间良好的合作默契是资源共享和互补的基础。

（一）创生背景带来的异质性印记

在 Stinchcombe（1965）看来，新组织将被赋予与其特定初始环境相一致的特征，换言之，一家公司在成立之初的内外部特征会对其未来产生长期深远的影响。后续的研究证明，企业创立时的初始条件会在企业成长过程中烙下持久的印记（imprint），对创业企业的资源特征和初始战略选择产生重要作用，使企业独具特色，并通过路径依赖效应进一步对企业未来的组织结构、成长轨迹和生存绩效具有持久的影响（梁强、邹立凯、李新春等，2017；Simsek et al.，2015）。拓展到企业外部，初始印记对企业间网络结构及网络位势的影响也得到证实（Burton & Beckman, 2007; Adams et al., 2016）。

大学技术转移进程形成的跨界创新网络中，一部分成员的初始印记带有浓厚的学术色彩，如大学本身、大学衍生企业等，可以看作是一种"学术印记"。具体而言，一方面，这些成员依托于大学的先进知识和技术，在技术来源方面具有独特的优势，如大学声誉或"明星科学家"在一定程度上就成为重要的资产（Sternberg, 2014）；另一方面，学术背景使这类成员在行为模式上存在一种"学术逻辑"（Fini & Toschi, 2016），或多或少地会根据他们所属的学术制度环境行事，形成与学术环境相适应的认知和行动模板。Habersetzer（2016）通过对瑞士企业的纵向跟踪研究，也证实了大学衍生企业具备来自母体组织的创业继承效应。

这类带有"学术印记"的创新主体往往在技术方面具有优势，但在产业资源与能力方面存在先天的不足（Ortin-Angel，2014）。Nicolaou 和 Birley（2003）指出大学衍生企业面临的主要成长问题在于其资源渠道与关系网络匮乏，很难经受资源需求多样性与市场动态性的挑战。另外，管理团队同质化（Ensley & Hmieleski，2005）、母体大学官僚制度的影响（Wennberg et al.，2011）、较少参与产业内的合作竞争（Clausen et al.，2013），缺乏商业技能和经验（Rasmuseen et al.，2011）也被证实是创新向价值转化的重要阻滞因素。

相较而言，产业企业在成长过程中往往构建了较完善的产业资源网络，但在创新技术方面缺乏持续的动力。因此异质性网络参与行为对提高各种创新主体的成长能力具有重要意义（Kreiser，2011）。无论是企业、大学及其衍生企业还是其他创新组织，都需要跨越已有网络边界，通过构建新的网络关系来获取异质性资源，才能不断寻求到新的增长点，获得持续的生命力。

（二）异质性对协同创新的影响

汪欢吉、陈劲、李纪珍（2016）对组织异质性从技术异质度、文化异质度、管理异质度和市场异质度四个维度进行划分，探讨开放式创新中的合作主体异质度对利用性创新、探索性创新这两种创新模式的影响。发现技术异质度对企业利用性创新和探索性创新均有正向影响，其中对探索性创新的影响更大；文化异质度对利用性创新有负面影响，对探索性创新没有显著影响；管理异质度对企业的探索性创新和利用性创新均有负向影响；对探索性创新的促进作用更大的是市场异质度。Hayter（2016）对合作创新主体间的异质性进行了细致的区分，发现合作创新不仅仅依赖于组织间的异质性资源和能力，而且合作创新和个别异质性维度存在一定的负相关，例如，目标异质性、文化异质性。在此背景下，创新主体需要对异质性作用有一个清晰的认知，并通过有效的治理机制或者合理地选择合作伙伴，尽量降低因异质性而产生的创新风险，从而达到合作者之间的高效协作。互动的强弱程度以及互动的频率等，可以减弱目标异质性以及文化异质性对合作创新的负面影响。

连远强和刘俊伏（2017）基于参与主体的异质性对合作创新网络的结构性进行了探索。他们认为多节点组成了创新网络这一复杂的网络组织，只有各节点成员之间的联系和互动，才能突出整体创新功能，实现复杂网络的新价值。网络成员的资源异质性、能力异质性、生态位异质性与产业创新网络绩效正相关，其中，资源异质性与网络耦合性呈正相关关系，但是能力异质性、生态位异质性却对网络耦合性没有显著的影响。党兴华、李雅丽、张巍（2010）的研究发现资源异质性不一定会影响一个企业的核心性，只有在能从其他公司中获得异质性资源的情况下，它才能影响一个企业的核心性形成。刘克寅、汤临佳（2016）从众多的合作创新失败数据中提取出来能力、资源、行为这三个关键因素，从合作主体创新的角度，分析协同创新绩效的重要驱动因素和制约因素，构建"3C匹配"模型，包括合作主体间的异质性能力兼容（Compatible）、异质性资源互补（Complementary）和异质性行为契合（Coordinate）。

二 跨界网络嵌入过程与治理特色

Granovetter 在 1982 年提出企业的经济行为"嵌入社会结构"的属性。随着研究的深入，越来越多的学者丰富了网络嵌入理论，认为企业的经营行为是通过结构性和关系性的方式嵌入在特定的社会网络中的。企业为了获取相对匮乏的资源，会脱离对已有网络的依赖，去拓宽新的资源途径，寻找新的合作伙伴，并不断建立和扩展新的信任关系，这就是企业跨界向异质性网络嵌入的过程。

根据社会网络理论，跨界网络嵌入对异质性主体协同创新过程中的资源配置具有显著的积极作用。一方面，不确定性情境下，关系嵌入的强度对组织之间的合作、共享性知识的开发、资源的交换等，都有一定的影响（杨玲丽、万陆，2017），进而影响企业的绩效和合作意愿。这种"强关系力量"（Bian，1997）在资源的共享与获取上有着至关重要的作用（Ahuja，2000），能够帮助企业在动荡的环境中获得成长。另一方面，企业在跨向新网络的过程中，形成接近创新信息和资源的入口，决定了其可能获得的网络资源的数量和质量，尤其是关键的异质性资源（张春雨等，2018；张红娟、谭劲松，2014；Rothaermel，2001）。拥有较多个数的结构洞或处于网络中心位置的企业更易于利用和控制有价值的信息、知识等资源（李靖华、黄继生，2017）。

然而，跨越行业边界构建合作创新网络并不容易。如已有研究表明（李雯等，2013，2016；Hayter，2016）大学衍生企业在成长过程中，未能有效嵌入相关的产业链，从产业网络中汲取和利用异质性资源的能力仍需要增强。换言之，大学衍生企业对外部网络的治理效果并不理想，其绩效表现主要依赖于母体大学支持，如大学孵化器、大学科技园等机构（Conceicao et al.，2017），以及政府主导的各项政策支持（Fini et al.，2017）。究竟哪些因素阻碍了创新主体向异质性网络嵌入的过程？

首先，不同创新主体的"初生印记"导致其在跨界向新的网络嵌入时，相对于新网络中的其他成员具有"异质性"。这些"异质性"使该创新主体面临更严峻的"新进入缺陷"，可能难以得到网络中已有成员的信任，因而难以在进入新网络的初期阶段就占据优势位置。同时，该主体已有的行动模板可能会与新网络成员的合作方式、合作偏好等发生矛盾，很难形成行为默契，面临整合的困难。

任何组织在成长过程中，都会对已有的资源渠道产生较强的依赖性，会阻碍对于其他渠道关键资源的获取和吸收。企业往往更倾向于从已有的联结关系中获取资源，然后才会寻求新的资源获取对象（Huggins et al.，2017），这意味着大部分创新主体通常受到自身同质性网络的限制，缺乏与跨界组织的联系（Hayter，2016）。Rasmussen 和 Borch（2010）针对大学衍生企业的研究指出，学术环境与商业环境之间的差异导致来自大学的衍生企业更难以获得开拓业务所需的产业资源和能力。

基于以上分析，创新主体向异质性网络嵌入的过程中，其自身的异质性和资源需求决定了与其他组织的互动合作需要以默契为基础，以信任为核心的非正式治理机制将起到关键作用。

三 网络惯例的形成和影响因素

（一）异质性主体协同创新网络的非契约治理

大学技术转移进程中形成的合作网络创新主体间存在很大差异，可能面临信任危机。如产学研形成的协同创新网络中，大学及其衍生企业在技术来源方面具有独特的优势，母体大学或"明星科学家"在一定程度上成为重要资产，但在行为模式上存在一种"学术逻辑"。而企业则更注重价值的实现，并拥有丰富的产业资源和商业经验。这些"异质性"使创新主体间的合作面临更严峻的挑战，可能会遭到信任危机。在异质性主体整合资源合作创新中，由于技术创新自身巨大的不确定性和复杂性，以及创新伙伴间的差异性，造成核心共性技术在实施创新活动中存在阻碍。在此过程中，创新主体对合作网络的结构嵌入性和关系嵌入性对知识异质性与企业技术创新绩效起正向调节作用。但不同主体间固有的行动模板也可能会与其他成员的合作方式、合作内容等发生矛盾，难以建立行为上的默契，面临整合的困难（Kathoefer & Leker，2012）。

同时，对已有资源渠道的强依赖性阻碍了创新主体对于其他渠道关键资源的获取和吸收能力。一般来说，创新主体通常能够相对便利地获得来自同质的资源支持。出于资源获取的路径依赖性，企业往往更倾向于从已有的联结关系中获取资源，然后才会寻求新的资源获取对象（Huggins et al.，2017），这意味着企业通常受到自身同质性网络的限制（Hayter，2016）。如 Rasmussen 等（2015）的研究表明，由于商业环境与学术环境间的不同，大学的衍生企业获取发展业务所需的资源和技能更加困难。

近年来，协同创新进程中，创新网络的非契约治理问题得到了更多学者的关注。他们对异质性主体跨界合作过程中，声誉、态度、信任等非正式要素对合作关系的影响机理展开研究。比如，符加林指出企业声誉效应对合作关系的影响，该效应主要影响合作主体的索租成本、自动履约范围、关系资本等中介变量而抑制合作主体的机会主义行为，表明企业声誉对合作主体敲竹杠行为的影响具有特定路径。李梅芳、齐海花和赵永翔（2018）发现产学研合作的过程中，合作态度被联盟伙伴当成关键衡量指标，而且会惩罚其中存在的消极合作行为，对提高产学研合作的质量有很大影响。有效消除消极合作行为有利于调动学术研究机构和企业合作的积极性，可以有效扩展合作规模，使合作长期稳定发展，形成更有价值的创新成果。

（二）网络惯例的形成与作用

近年来，许多研究遵循社会网络研究范式，从网络结构、关系交易效率等正式契约的角度对大学技术转移进程中异质性创新主体的合作关系展开研究。随着研究的深入，创新主体在资源特征、行为模式等方面的差异引起了越来越多的学者关注（如 Fini & Toschi，2016）。Geenhuizen（2009）提出，通过彼此信任达成战略共识、构建行为默契是异质性主体间建立稳定合作的前提条件。

网络惯例作为一种重要的非契约网络治理方式，能较好地对网络成员间的默契、信任和共识进行描述（Sirmon et al.，2011）。网络惯例指网络组织成员在合作创新活动中逐渐形成、共同认定且相对稳定的组织间交互模式,是维持网络内部联结关系存在并有序运行的"游戏规则"(Zollo et al., 2002; Becker, 2005; 徐可等, 2014)。Pentland 和 Harem(2015)进一步扩展了网络惯例的概念,将其定义为:在社会物质环境中嵌入式行动的执行准则。在多样化主体的交流与合作中,网络惯例反映了不同主体间认知与行为的默契程度,能够体现出网络运行内在规律性,并维持网络的稳定、有序运行。从构成上看,一般认为网络惯例包括形式面和执行面两个维度,形式面包括原则、共识、惯例清晰的模式,执行面指惯例的实践行为。孙永磊、党兴华等(2014)进一步将网络惯例具体化为规范接受和行为默契两个维度。

  资源依赖理论为异质性创新主体间的网络惯例建立提供了解释。网络中不同成员所拥有资源的异质性导致彼此间的相互依赖关系(Sullivan et al., 2014)。如果网络成员间的交流有利于异质性资源的获取,就会产生相对稳定的交流模式,即网络惯例。在这一过程中,由于资源匮乏者对资源富有者的依赖(Gereffi et al., 1999; 孙国强等, 2014),拥有关键性资源的网络成员往往能够制定有利于自己的合作行为范式。按照这一逻辑,大学所拥有的独特资源禀赋就成为吸引产业伙伴的重要因素,如名校声誉、重点实验室、科研声望较高的科学家等重要资产(Sternberg, 2014; Soetanto & Geenhuizen, 2015)。如果这些特殊资源对于产业网络中其他企业而言是重要的且难以替代的,那么大学在协同创新合作中就具有影响和控制其他企业的能力,进而主导网络惯例的建立。一些研究侧重于组织内部因素,进一步证实了知识权力(徐可等, 2014)、学习能力、内部资源基础(魏江等, 2014)等对网络惯例建立的影响。Bertels、Howard-Grenville 和 Pek(2016)发现企业固有的行动模式也会塑造惯例,这些固有模式通过塑造创新主体在特定情况下的思考和行动,作用于创新主体与网络内其他成员的交流方式。

  由此,网络惯例是指企业根据外部环境的变化,在原有惯例或者行为规范的基础上进行的一种自我更新，它是一种组织有意识的适应性行为的体现。从组织成长动态性的观点看，网络惯例的形成也是该组织基于既有资产，构建外部网络并更新扩展资源集合的过程。大部分组织会基于自身的资源匮乏情况，在网络惯例建立的过程中具有一定的偏好（Huggins et al., 2017），在很大程度上是创业企业基于自身资源基础等内部因素作出的自主性决策。

第四节　基于网络惯例的非契约治理机制

一　网络惯例在网络治理中的重要作用

相较于正式的合作契约，网络惯例在网络联结中充当"过滤器"，它能加强优质资源的流动，并且辨别和过滤不好的网络关系。一方面，基于网络惯例构建的信任关系推动组织间形成更深入的合作开发；另一方面，在创新资源丰富、创新主体多样化的情境下，网络惯例能够提高对复杂性、创新性资源的搜寻效率（Semrau et al., 2014），尤其有利于企业对异质性资源的获取（Sullivan, 2014）。在实践中，从各种创新主体（如大学和企业）得到资源的路径之间存在一定的依赖关系，可以构成嵌套的创新效应（Sirmon et al., 2011）。

Mariano 和 Casey（2016）指出，顺应现有网络环境特征在建立和运行网络惯例方面都十分关键。在不同网络成员建立网络惯例的过程中，网络中技术的动态性、复杂性、更迭速度等都会影响创新主体自身资源基础的价值性和稀有性，进一步吸引更多的网络成员。基于网络惯例的网络治理方式是一种非正式治理，蕴含于网络惯例中的行为默契和合作共识成为创新主体间深层次合作的基础，同时，网络惯例的自发性、重复性和路径依赖性等特征，使惯例在复制过程中进一步得到强化，默契与共识得到巩固。

一方面，网络惯例提升了创新主体与其他主体交流与合作的可靠性（彭伟等，2015），基于网络惯例构建的信任关系推动组织间的资源流动方式从单向传递逐渐转向资源交换，甚至更深入的合作开发。网络惯例能够增强不同创新主体进行资源交换的可靠性，提高双方的信任程度，有利于建立稳定的、深入的网络合作关系。一般来说，具有"异质性"的新进入企业往往可选择的交易对象范围较小（Shane & Cable，2002），合法性较低。因此，其网络治理通常是以偶发性交易为主要对象的交易激励机制，往往表现为以信任而非契约为核心的非正式治理机制（韩炜、杨俊、张玉利，2014；Newbert et al.，2013）。企业间的交流惯例化有利于提升网络成员间的信任度（Esteban et al.，2014），有利于减少机会主义行为，提升交易关系的效率（Uzzi，1997），从而使网络关系趋于稳定，并增强深度和丰富度。

另一方面，网络惯例的"过滤器"机制有助于吸引良好的合作伙伴。从认知视角上看，网络惯例形成的合作规范共识使得合作参与者在决策、目标及合作预期方面保持对应，有利于弱化创生背景差异性导致的交流障碍，使得网络成员的实践具有协调性和系统性。从行为视角上看，网络惯例作为一种多个分布式知识交互代理的行为模式（孙姝羽、薛伟贤、党兴华，2017），能够促进信任与合作，引导网络成员遵循一致的行为逻辑，减少交易成本。在实践中，企业的网络交流方式往往具有高度重复性（Rasmussen et al.，2015），网络惯例形成的信任与默契的叠加效应，能帮助企业高效整合多方面的网络关系（Sirmon et al.，2011；Diez-Vial et al.，2016）。合作伙伴的数量越多，相互间的直接联系越紧密，网络中需要经过该企业才能产生联系的情形也越多，即企业能够逐渐占据中心网络位置（何郁冰、张迎春，2017）。此外，网络惯例的执行过程也是网络成员不断进行知识交换和学习的过程（Becker，2005），从而保持整体网络结构的灵活性和创新性。

同时，由于网络惯例是基于过去联合实践的情景知识而实现的，嵌入在网络惯例中的固有合作范式有利于关键资源跨越组织边界，尤其有利于异质性资源的获取（Sullivan & Ford, 2014）。这种基于双方信任关系，建立行为默契有利于提高企业对外部资源的吸收、利用能力，也有利于增进联结强度，推动组织间采用更深入的资源合作开发方式。

二 网络惯例的情境性与动态性

网络惯例的作用效果具有情境性，正如 Mariano 和 Casey（2016）所指出的，创新主体本身所处的网络环境特征对于网络惯例的建立和作用发挥都非常重要。网络中技术的动态性和更迭速度、参与主体的异质化程度都会影响创新主体自身资源基础的稀缺性和价值性，从而影响对其他网络成员的吸引力。

外部环境动态性对于创新企业网络治理的影响尚未得到一致的结论。一些研究认为较低的技术动态性有利于形成较长时间的合作关系，构建高度信任稳定互动的关系，避免信息不对称导致的风险（Helmsing, 2000），提高行动的一致性，是网络主体间合作惯例化的保障。另一些研究则认为技术的不可预测程度越高、变化速度越快，企业越不可能独立承担研发创新活动，因此会更加倾向于从合作网络中寻求创新资源，通过网络交换保持竞争力（陶秋燕、孟猛猛，2017）。

特别值得关注的是，与组织内惯例相似，过于稳定的网络惯例也会造成组织僵化、资源冗余，从而降低网络主体对网络环境的适应性（肖瑶、党兴华、谢永平，2015）。当惯例作用过于强势时反而会形成刚性影响，使企业落入"能力陷阱"。如已有研究发现网络惯例与知识共享和知识转移之间存在倒 U 形关系（孙永磊等，2014；常红锦、杨有振，2016），网络认知刚性和网络行为刚性都不利于企业探索性创新（辛德强等，2018）。同时，随着创业进程的推进，企业合法性确立，创新企业自身对网络关系内容和强度的需求也在发生变化。这意味着，单一的、刚性的网络惯例可能使企业的网络关系治理缺乏灵活性，难以获取与成长相适应的资源集合。Miller等（2012）进一步指出，随着企业发展到不同的阶段，网络惯例对企业网络治理效率的作用也会随之增强或减弱。

三 异质性主体协同创新过程的研究述评

总体而言，国内外相关研究集中于协同创新的网络化特征，并关注到参与主体的差异性，对协同创新过程中价值网络的特征、效率进行分析，取得了大量且有价值的研究成果，但仍然存在一些需要进一步探讨以及完善的空间。

第一，现有研究对协同创新过程中参与主体的异质性关注不够。跨界协同创新进程是一个创新驱动、多要素综合作用下的动态系统，这类创新活动涉及不同背景和价值取向的参与主体，导致了复杂的价值关系，但现有研究对于不同参与主体背景的"异质性"关注不够。从实践中看，成长背景、价值取向不一致所带来的合作默契缺乏、彼此信任度较低等问题正是目前跨界协同协调困难的深层次原因。如，不同战略导向的企业在合作初始阶段怎样获得其他成员的认可？企业的独特性资源对于与其他企业建立稳定联系有哪些影响？这些关键问题是异质性网络主体间建立合作的基础，但目前仍缺乏清晰的解释。

第二，现有研究对协同创新过程中企业的个体属性的描述仍有待深化，偏向于强调从外部为企业间的协同创新提供积极的支持政策。作为产业环境中的竞争性组织，组织之间密集的资源置换与共享和互补行为是企业建立可持续增长能力的重要方式（Landry et al.，2013），因此企业自身能动的整合资源、构建竞争优势的途径非常重要。在跨界协同创新的过程中，需要清晰解释企业如何利用自身优势对差异性的资源要素进行有效衔接与整合，才能理解企业的价值创造逻辑，故一种由内而外的研究方法非常重要。

第三，网络惯例在技术创新网络治理的积极作用也得到验证，包括稳定网络关系、协调网络成员行为、促进异质性资源跨边界流动等。同时，基于网络惯例在网络交流中的重复性和自我增强特征，许多研究从理论上提出了网络惯性刚性问题，即过度依赖惯例可能会导致组织出现认知偏差、网络结构僵化等负面问题，阻碍企业成长。但现有文献中针对网络惯性刚性的实证研究仍较少。在实践中，协同创新网络的参与成员的联结方式随着创业进程的推进而发生变化，企业通过网络联结获取资源的方式和效率也呈现动态性。因此，探索网络惯例正反两方面的作用机制，寻求网络惯例刚性产生的关键情境、影响机理，有利于更好地理解协同创新网络中主体联结的动态性。

第五章 大学技术转移的先锋兵

——大学衍生企业

在"大众创业、万众创新"的背景下,大学、产业、社会经济发展之间的联系和相互作用变得愈加密切,更多的大学研究者响应国家的号召,加入到大学技术转移行动中。高校这片独特的培育地,是前沿创新技术诞生的天然温床,产生了突破性创新、原创性理论和前沿性的科研成果。将高校前沿领域的研究成果转化为推动社会发展的动力,在创业活动中推动经济的高质量发展,是我国创新链和产业链深度融合过程中源源不断的重要资源。据统计,我国目前高校科研人员有126.9万人,每年国家投入的科研经费约2573.2亿元。[①] 宫磊等(2023)认为,由大学原创性知识和创新研究成果驱动的创业活动,已经逐渐成为大学承担传统使命和服务国家社会繁荣"第三使命"的关键路径。

第一节 大学衍生企业的兴起与发展

一 我国大学衍生企业的发展现状

随着产学研一体化融合的不断深化,大学衍生企业已经成为科

---

① 数据来源:《2021年高等学校科技统计资料汇编》。

技成果转化的重要手段之一（Mathisen & Rasmussen，2019），在满足社会生产需求、突破各种卡脖子关键技术的层面起到了不可或缺的作用。一方面，大学衍生企业创建的过程为高校研究人员提供了与不同企业直接互动接触的机会，加强了产学之间的深度融合，可以帮助大学研究确定更具产业导向性的方向。另一方面，有学者认为，通过学术创业活动，高校学者可以在创业实践中获得经济效益，产学之间的良性合作也为研究带来了更多的合作研究项目和硬件设备支持，在产业界声誉越优秀经验越多的高校学者，在申报合作项目时往往具有更大的竞争优势（宫磊等，2023）。我国大学衍生企业虽然比欧美国家起步晚，但随着大学第三使命的发展和国有研究院所的企业化转制，优秀的大学衍生企业也不断诞生，如科大讯飞、海康威视、清华紫光、联想控股、中科曙光、国盾量子等，这些企业经过长时间的打磨已经成为各自领域的龙头企业，是我国科技成果转化，产学研体系融合的典范。随着学术资本主义和"大学—产业—政府"三螺旋范式研究的兴起（Sigahi & Saltorato，2020；Terziev & Bogdanova，2020），大学衍生企业的作用越来越受到重视。研究表明，在技术转移和创业领域，大学衍生企业的建立是满足社会生产需求、推动创新创业活动、促进经济社会增长和增加就业机会的重要催化剂（Shane & Stuart，2002）。大学衍生企业往往具有更大的存活空间和成功上市的潜力。

然而，我国学术创业的数据并不理想。尽管高校的专利授权数在2009—2018年间增长了648.3%，但高校技术转让合同额仅增加了58.2%。这意味着许多前沿科研成果面临无法产业化的现实。需要进一步加强大学衍生企业的发展，以促进科技成果的转化和商业化，从而实现科技创新的社会和经济效益。

二 大学衍生企业的内涵

大学衍生企业通常被定义为以高校成员为主导、以创新为导向的一种特殊类型企业。根据韦氏词典的英文解释,"spin-off"有三种含义:第一,企业将资产配置给股东,利用这些配置成立新的公司;第二,产品和效用延伸出新的领域;第三,从早期的工作、产品等派生出新的事物(任浩、卞庆珍,2018)。在大学衍生企业中,"spin-off"更接近于第三个含义,即从大学的早期工作、产品等派生出新的企业。

目前,学术界对于大学衍生企业的概念尚未形成统一共识,大多数研究从两个维度来定义大学衍生企业。第一个维度是从创办成员的角度,指出大学衍生企业是由高校的教职工和学生创办的企业。在这个概念下,大学衍生企业的创始人有三种类型:离开大学的企业创办者,全职从事企业工作;在大学任职或教书的企业创办者,兼职从事创业企业工作;将大学的技术应用于大学衍生企业中,科技创新者与企业之间没有直接联系。

第二个更广泛的维度是从大学技术转移活动出发:只要利用了大学的技术或科研技术人员创办的企业,就可以理解为大学衍生企业。在这个定义下,可以分为两种情况:一种是通过技术转让的形式,将技术的所有权或使用权从大学转移到公司中;另一种是以大学为母体,对技术进行投资,从而大学在衍生企业中获得一定的股份,建立起一个新的公司。虽然对于衍生主体的认识有很多种,但是从本质上来说,它们都是一样的。在此,我们采用 Paul 和 David (2005) 的定义,大学衍生企业(university spin-off companies,简称 USOs)是指为大学从商业上开发自身所产生的新知识、技术或研究结果而创建的新企业。Steffensen 等(1999)提出了大学衍生企业的两个关键界定标准:①企业的创办者是大学的雇员;②企业赖以生存的关键技术来自大学。

第二节 大学衍生企业的成长与创业能力

一 创新时代下的大学衍生企业

大学技术转移是指大学与企业合作开展技术研发，将科研成果转化为产品或者服务，并推动这些产品和服务的商业化与产业化。大学技术转移的重要性在于能够将高校的科研成果转化为实际的经济效益，推动经济发展，增加就业机会，提高产业的竞争力。

在"万众创新"国家战略的背景下，推动高校科技成果在现实生活中的应用与转化，是高校新的任务。在我国的创新生态中，大学无疑是创新的发源地，而大学衍生企业就是其中的重要载体。从知识到经济的转化链以及迅速缩短的转换时间是衍生企业产生的初始动机。基于母体大学的科研资源，大学衍生企业往往具备高质量的人才、雄厚的科学研究设备、强大的技术创新能力。在20世纪70年代，科学技术正处于革命性变革的前沿领域，这为大学衍生企业的兴起提供了机遇，并使它们积极参与创新活动。一些知名的大学衍生企业如惠普、思科和谷歌逐渐成为行业的领军者，引领着网络、电子、生命科学等领域产业的技术变革。这些企业通过将大学的科研成果转化为商业化产品和服务，推动了科技的进步和应用，为社会经济的发展作出了重要贡献。它们的成功案例激发了更多的大学衍生企业的诞生，促进了创新创业的热潮，并推动了科技产业的发展。这些大学衍生企业在开创区域创新格局和带动区域经济繁荣方面发挥了重要作用。它们促进了知识和技术的转化，将大学的研究成果转化为商业化产品和服务，从而在其所在的地区形成了创新生态系统，吸引了创业者、投资和人才的聚集，形成了创新的氛围和合作网络。区域创新的蓬勃发展使经济摆脱了衰退周期，为经济带来了持续的增长和繁荣。

总之，在新技术产业化的过程中，大学衍生企业扮演着重要角色：促进科技成果的转化，把高校的研究成果变成商品或服务。它们既有独立开发的能力，又有引导产业技术发展的能力，随着产业的发展和科学技术的不断进步，它们将逐渐成为经济发展的重要力量。

二 大学衍生企业的支持政策

大学衍生企业因市场的需要应运而生。如果区域环境对衍生企业的成长有利，那么即使大学并没有采取积极的措施来推动企业创立，大学衍生企业也会蓬勃发展起来。例如，Roberts 和 Malonet 等（1996）对美国多所大学的实证研究表明，当地区环境有利于新创企业时，即便高校对新创企业持负面态度，其大学创新技术成果转移率（如麻省理工学院、斯坦福等高校）仍不会低。但从另一面来看，即使区域环境对企业创建没有促进作用，如果大学采取积极鼓励的态度，对衍生企业进行各种政策激励，会在一定程度上促进这类企业的成长，衍生率也会比较高。

由于大学衍生企业特殊的诞生背景，会受到市场与高校的双重影响，所以组织结构和成长发展会受到两种类型的支撑系统相互影响。高校所处的地区，若对高科技企业的创业和发展是重视的态度，则会采取扶持型区域政策。具体而言，大学衍生企业可以从政府和母体大学得到以下支持。

（一）来自母体大学的支持

知识产权支持：大学通常拥有丰富的研究成果和知识产权，母体大学可以为衍生企业提供技术转移和知识产权许可支持，将科研成果转化为商业化产品或服务。

基础设施和实验室资源：母体大学可以提供实验室、设备、仪器等基础设施资源的使用权,使衍生企业能够进行研发、测试和生产活动,降低企业的成本。

人才支持:大学拥有丰富的专业人才资源,母体大学可以为衍生企业提供人才支持,包括科研人员、技术专家、研究生等,帮助企业解决技术和人才短缺问题。

学术支持:母体大学可以为衍生企业提供学术指导、专业咨询和技术培训等支持,帮助企业解决技术难题和开展创新研究。

企业孵化器和加速器支持:许多大学设有企业孵化器和加速器,为衍生企业提供办公场地、导师指导、商业培训、投资对接等全方位的创业支持。

资金支持:母体大学可能会向衍生企业提供初创资金、种子资金或项目资助,以支持企业的起步和发展。

市场推广和合作机会:母体大学可以利用自身的学术和行业网络,为衍生企业提供市场推广、业务合作和合作伙伴对接的机会,帮助企业扩大影响力和市场份额。

(二)来自政府的支持

资金支持:政府可以通过各种渠道提供资金支持,包括创业基金、科技创新基金、科技成果转化基金等。这些资金可以用于企业的研发、生产、市场推广等方面。

税收减免和优惠:政府可能对大学衍生企业给予税收减免和优惠政策,例如减免企业所得税、增值税、个人所得税等,以鼓励创新创业和技术转化。

政策支持和指导:政府可以出台相关政策,为大学衍生企业提供指导和支持,例如制定专门的政策文件、加强知识产权保护、简化行政审批程序等。

市场准入和减少限制:政府可以降低市场准入门槛和限制,为大学衍生企业提供更加宽松的市场环境,例如简化注册登记手续、放宽市场准入要求等。

人才培养和引进支持：政府可以提供人才培养、引进和流动支持，例如为企业提供实习生、研究生等专业人才，或者为企业创始人和核心员工提供培训和进修机会。

市场推广和项目对接：政府可以组织展会、路演、创业大赛等活动，帮助大学衍生企业进行市场推广，并提供与投资者、合作伙伴和客户对接的机会。

近几年来，学术界对于大学衍生企业支持要素的研究，已经逐渐从关注支持体系转变到关注支持网络。大学衍生企业的创业支持网络包括母体高校、政府、产业合作伙伴和创业学者等多个主体，将这些不同背景的支持主体纳入到一个共同的研究框架中来探索这些支持的交互作用成为未来的研究趋势。

三　大学践行第三使命下的大学衍生企业

在瞬息万变的竞争市场中进行彻底的颠覆性技术创新（Christensen & Raynor，2013）是大学衍生企业的特点（Knockaert et al.，2011）。大学衍生企业在成长初期常常会面临资源限制的窘境，由于大学衍生企业核心技术的高创新特点，在盈利稳定性、合作信任度等方面很难保证，因此一开始企业在争取风险投资等外部支持时可能会遇到一定困难（李兴腾，2021）。来源于母体大学的支持在这一阶段显得尤为重要（Soetanto & Jack，2016）。

（一）大学第三使命与衍生企业蓬勃发展

并非每所大学都具备创建衍生企业的能力，也不是每一所由大学衍生出来的企业都能在经济和社会发展的激烈市场竞争中胜出。大学所设立的学科结构与大学科研水平，是决定大学衍生企业能否成立与发展的关键因素。其中，在大学与大学衍生企业的关系中，最为直接影响的是大学专业结构设置。Olson-Buchanan 等在 1995—2001 年间，对 141 所美国大学进行了一系列调查，结果表明，在科学、电子信息和物理信息方面，学校给予了更多的科学研究资金，相对应的，学校的衍生率也相应更高。高校的科学研究水平与在创新创业方面的管理理念对高校衍生产业的发展也有直接的影响。麻省理工学院之所以会诞生数量庞大的衍生企业，是由于麻省理工学院是一所以科学和工程学科为主的大学，它的特点是严谨科学地进行科学研究，并以实际应用为导向。麻省理工学院在推动科技成果转化的组织架构上尤其突出，充分发挥了所有教职工和学生的创业灵感和企业家精神。例如，通过建立一个积极有效的技术转移办公室来评估、保护和宣传本校的科研成果，并对其进行有效的开发和利用，保持一种积极的态度和敏锐的洞察力；建立企业家培训计划，资助在学校开展的创业计划，并为其商业营销和企业管理提供知识支助；斯隆商业学校成立创业中心，向所有师生提供有关创业的知识及有关技巧的训练；建立多学科交叉的研究中心，致力于解决工商企业的特定问题。

大学的学科设置与科研水平对企业的诞生与发展产生重要影响，这是大学从仅仅承担"传统使命"向"第三使命"转变的关键变量。与过去相比，大学现在更加积极自发参与到社会经济发展中，随着大学创新创业导向功能的发展，大学知识资源的转移价值和产业引领作用也越来越突出。大学的学科结构、科研水平以及使命的变迁，都会影响到大学的创业能力。

大学衍生能力是多维的，这些能力并不是独立存在，而是存在交互作用，具体包含科技成果商业化能力、管理创新能力以及网络联盟能力，它们以自组织的方式螺旋上升，促进了企业的成长与持续发展。

(二) 大学衍生企业的创立者

一般而言，科技创新发明人与大学衍生企业的关系更为直接。然而，在2005年之前，学术界对大学衍生企业的关注主要集中在高校内部组织的角度，即从母体大学的结构特征、行政制度、文化氛围等方面来探讨大学在大学衍生企业创建与发展中所扮演的角色。从2005年起，一部分学者将研究重心转移到探索大学科研人员的心理特质、相关经历、知识背景、成就驱动力、效能感、综合素养等，关注科学家创业的个人特征与创新创业的关系。科技成果与科技发明人密切相关，而科研人员作为大学衍生企业形成与发展的原动力，亟须深入挖掘其工作特性、扮演的角色和对衍生企业成长阶段的作用机理。

在创业理论的发展过程中，决定创业成败的关键之一是企业的创始人。由于个人的特质和成长环境不同，造成了企业家在面对机遇和挑战时的创业行为也存在很大差异。Roberts（1991）研究表明，学术型企业家具有更显著的个性特点，这类创业者对成功的追崇更加热烈、人格更为独立自主，高自信并且善于抓住识别机会，创新意识突出，等等。学者对于创业活动的态度，也并不都是盲目地狂热，而是经历了一个从反对创业活动，到熟悉了解科技成果转移信息，最后到接受并且产生创业灵感的转变过程。由于学者与企业家的双重身份，大多数学者在创业的过程中，会呈现出学者与企业家两种价值观混合和碰撞的情况。此外，还需要指出的是，这类创业者一般不会完全放弃学者的角色，因此，在进行制度与组织构建时，需要将创业者的双重身份和初始创业动因纳入考量。同时，也有学者指出学者发明人对大学及衍生企业创业导向与绩效管理提供的支持要素有效性均不显著。

大学衍生企业创办初期，企业需要实现从最初依赖于母体大学的单一技术导向发展，转变为由市场需求主导的发展模式。这意味着企业需要将市场需求和商业可行性置于核心位置，以推动其发展和增长。大学衍生企业一般由高校研究学者创立，该类创业者在企业管理和实践应用方面一般不太擅长，需要储备大量管理实践的知识，所以可能会因为双重身份导致研究者思维和企业家思维的冲突。Gimmon与Levie（2010）对以色列193家高技术新创公司的实证分析表明，创业者在创业领域的管理经验、学术声誉等都会对外部投资者产生积极的吸引作用，其中，创业领域的管理经验对企业业绩的提升作用更为显著。

四 大学衍生企业的创业能力与提升机制

对高校和企业的相关研究显示，与其他科技型企业相比，大学在创业方面有一定的独特性，二者的差异不仅在于创业所处的资源环境（Clarysse，B.，2011），还在于创业所需的商业化技术知识（Vohora，A.，2004）。大学衍生企业的创业技术产生于高校，往往与市场之间存在一段距离。与此形成鲜明对比的是，科技型企业衍生出的企业往往将更贴近市场的技术商品化，并能从母体企业中获得技术与能力（Zahra，S.A.，2005）。同时，大学衍生企业的创建与成长也因其所处的文化背景、商业背景和学术背景差异而面临较多的制约与挑战。在非商业性的传统大学中，科研成果向实际应用的转变要求创业者具备多重能力，涉及从高校科研活动向商业性创业的转变，因此，其创业过程也更加复杂（Vohora，A.，2004）。Rasmuseen 等（2011）提出"大学衍生企业具有特殊的创业能力"这一概念，并构建了高校衍生企业的创业能力理论体系。

（一）机会发展能力

新创公司通常是基于新商机，在探索商业模式的基础上成立的。基于大学科研成果的大学衍生企业，其商业机会往往来源于大学具有商业化潜力的知识和技术。大学衍生企业在把创新成果转化成创业活动的过程中，成功转化的核心是发现并将潜在商业机会转化为切实可行的商业活动的能力，即机会发展能力，在学术创业的整个准备和发展过程中都至关重要。

第一，是对技术优势的巩固和深度开发能力。大学衍生企业通常基于大学的科研成果，拥有独特的技术优势。这些技术优势可以成为企业在市场上的竞争优势，吸引投资和合作伙伴，并推动企业的发展。可以利用大学的学术资源，如研究设施、实验室、教授和研究人员的专业知识等。这些资源和人才可以为企业提供支持，推动技术不断开发、升级，并促进创新和产品改进。第二，有必要对各种可能的技术运用进行扩展式的主动探索。大学与衍生企业的创始人及管理者的协作关系及实践方式，往往是以科学技术为导向，而不是以市场经济为导向。这使得人们在摸索新技术应用可行性的时候，往往只关注自己所熟知的领域，对技术在其他领域应用的思考相对较少（Zahra, S. A., 2005）。而抓住一个涉及用户更广泛、信息更完备的商业机遇，更能提高衍生企业的绩效表现。第三，在大学衍生企业成长发展的过程中，要维持和所在领域和产业用户的良好沟通与交往。机会发展能力取决于产业或市场和高科技知识的融合，高校拥有丰富的科技知识，却往往对商业知识涉略较少。大学衍生企业需要以科研成果为基础来勾画和修正一个切实可行的商业理念，并加强与产业界的接触交往，通常可以与其他企业建立合作关系。与学术界和产业界的融合与合作可以为企业提供更广泛的资源、市场渠道和商业机会，促进企业的发展。

（二）领导平衡能力

衍生公司的成立，离不开创业者或创业团队的领导。领导力是指个人不仅自己参与衍生创业活动，而且潜移默化地带领其他人积极投身到创业中的能力。引导大学衍生企业创办和发展的带头人一般为高校学者，或者是高校学者与校外创业人员形成的科研团队。大学衍生企业在其创立过程中，创业团队会与校内外具有不同能力的个体频繁交流，随着不同能力个体间的互动与协作，企业也逐渐发展起来，这是一个动态的过程。在创业过程中，很难衡量出创业团队成员与提供支持的其他利益相关者对衍生企业绩效的贡献，所以，高校内外人士都有可能在衍生企业成长的某一阶段起到领导作用（Rasmussen, E. et al., 2011）。

很多大学衍生企业还未发展壮大就逐渐衰退,最终退出市场,很大程度上是由于企业领导者的动机激励因素不匹配或者协调能力不足。大学衍生企业领导者的个体激励是由技术是否能扩散、技术开发难度、经济收益前景和公共服务等多种因素共同决定的。商业经济效应与学术准则的内在冲突是制约大学衍生企业成长的重要因素,作为企业领导者的学术创业人员易受此冲突的困扰。参与到衍生企业中的科研人员常常要经营好多重身份,维护自己的学术地位,扮演好企业家和科学家的不同的角色(Jain, S., 2009)。对大学衍生企业创业团队背景的研究表明,创业团队和产业界不是独立存在而是存在相互作用关系,相比完全由学术人员组成的创业团队,拥有一定产业经验的团队成员,会使衍生企业更容易在行业中脱颖而出。实证研究显示,能平衡好具备学术专业性和实践可行性的创业领导团队,更有利于公司在发展中取得卓越的绩效(Visintin, F & Pittino, D., 2014)。

(三)资源获取能力

创业公司的成功有赖于创业公司的获取资源能力、内外部资源整合能力和已有资源的利用能力。新创企业的成立和发展依赖于各种资源,如金融资本、有形资产、技术知识、人力资本和组织资源等。在大学和大学衍生企业创办的早期,无形"软"资源的重要性常常超过了有形资源的价值。整体上看,大学衍生企业的资源获取能力主要是以下两种:一是从母体大学中获得的内部资源,即高校的物质资源,大学校友资源和技术研发网络的指导,高校与产业界、投资人的关系网络,还有技术转让部门等高校组织的资金支持。二是从学校外部获得资源,包括政府补贴和无形"软"资助、天使投资人和风险投资机构等外部的投资者、企业合作伙伴和用户。

基于科研的创业活动对资金的需求往往尤其强烈,这不仅是由于技术革新快速、市场需求变动、组织结构构建等方面的需求,也因为受到大学衍生企业的成长期相对较长的现实因素影响。创业公司的成长，除了需要技术研发、组织构建等方面的资源支持之外，还需要与各经营主体建立起合作伙伴关系（Frédéric，D. & Scott，S.，2004）。这一点对大学衍生企业尤为重要，需要依靠建立各类关系网来维系企业的运作与管理。

大学学者拥有的社会资本和个人关系网络对于初创公司而言是一项重要资源。科研工作者所拥有的知识产权越多，能使用的资源越多，越容易创办衍生企业。新企业的创立者若与投资者有良好的社会联系，他们得到启动资金的可能性就更大，失败的概率就更低。

大学衍生企业在资源获得过程中，不断进行快速迭代更新，成功的衍生企业通常具有相对较卓越的资源获取的能力。这种能力可以解释为何即使在缺乏足够的资源的情况下，一些衍生企业仍能获得成功。例如，在英国，那些远离风投聚集区域的大学衍生企业，可以利用其企业家的出色才能来弥补风投缺乏的困境（Mueller，C.，2012）。政策支持也起到了重要作用，高校与政府对衍生企业的资助，可以很大程度上缓解衍生企业在成长初期因资源不足所面临的诸多问题。但同时也要注意，对公共"软资金"的过度依赖，会减弱大学衍生企业的外部融资的能力，不利于企业从外部获取资源。

研究表明，能够产生高质量科研成果的大学，对地方高新技术产业集群的产生和发展起到积极影响，但企业必须具备主动搜寻、集聚和运用这些科研成果的能力（Bonardo，D.，2011）。即使是已上市的大学衍生企业，倘若存在与大学的紧密联系，在吸引资源和投资中其价值也会得到一定程度的提高（张其香、姜先策，2016）。

综上可见，机会发展能力、领导平衡能力与资源获取能力各因素高度相关，大学衍生企业创业能力的发展取决于大学内外部不同资源要素和利益相关者之间的相互作用。三种创业能力的定义、作用以及提升机制如表5-1所示。

表5-1　　　　　大学衍生企业创业能力提升机制

	机会发展能力	领导平衡能力	资源获取能力
创业能力的定义	发现商业机会，并进一步转化为可行的商业概念的能力	认同新创企业以及说服别人投身于新创企业发展的能力	发展和发展整合新创企业的内、外部资源的能力
创业能力的主要作用	链接技术知识行动者和市场知识行动者	激励他人，形成创业团队	强化新创企业的资源积累
创业能力的提升机制	创业团队和合作伙伴之间的互动	吸引学术发明者和其他关键个体参与创业行动	取得不同背景利益相关者的信任，优化资源获取过程

第三节　大学衍生企业向产业网络嵌入的模式

一　网络嵌入与大学衍生企业绩效的关系

网络嵌入指的是在企业内部或企业与企业之间，由于以往的交互与接触，逐渐形成的一种日常且固定的关系，这种关系确定了网络嵌入的各种形式，也确定了企业所获的资源的差别，从而对其绩效水平产生了影响。不同形式的网络嵌入，如结构性、关系性、认知性，已成为企业整合资源的重要手段，网络嵌入对企业绩效或竞争优势的影响得到了大部分实证研究的支持。

（一）大学衍生企业嵌入产业网络的必要性

已有研究发现，尽管大学衍生企业在成长过程中需要与不同的产业主体交流和合作，但我国大部分大学衍生企业仍过于依赖母体大学的支持，与产业伙伴的交流合作并不顺畅。李雯等（2016，2017）基于网络嵌入理论，深入分析在大学知识溢出驱动的创业过程中，创业企业通过嵌入学术与产业网络，能动地构建和发展创业能力，最终促进企业成长的机制。研究发现，大学知识溢出驱动的技术创业模式中，"资源""能力""成长绩效"需要互相匹配，才能在创业过程中构建企业的内生价值创造机制。

从企业的创生背景上看，大学衍生企业是一类以创新知识为基础的新型技术创业企业，但由于其与高校之间存在较强的关联，使得它有别于普通的技术创业企业，不但其创立时的核心技术来自母体高校，同时其创始人往往也是高校或者高校的成员。学术创生背景使得大学衍生企业具有先天的创新优势，能够获得来自学术环境和产业环境的多种支持要素。但正如Macpherson等学者指出的，能被企业吸收与利用的资源要素才是有效的（Macpherson，2015）。因此，这些外部的支持要素并不一定能促进企业成长，企业必须通过嵌入网络内部来获取整合资源，从依赖知识创新优势逐渐向构建企业核心创业能力转变（Colombo & Piva，2012）。

首先，在结构化网络嵌入下，大学衍生企业在网络中如果能够占据优势位置，即较高的中心度，网络规模大、嵌入程度高，就有可能获得更多更广泛的优质资源与信息，从而更有利于其进行技术创新（朱秀梅等，2010）。其次，由于关系嵌入，大学衍生企业与其成员企业的交互作用和相互信任，使其以较低的成本构筑和维护一个资源丰富的网络，从而获得更多的互补知识和技能，提高技术合作和技术创新的效率，从而有效地克服衍生型企业的成长壁垒。最后，通过对网络的认知嵌入，可以为企业之间的知识沟通和交流提供一种有效的途径，为企业内部和外部的交流提供了一种可以被共同理解的表达、解释和语义体系（易朝辉、罗志辉，2015）。所以，大学衍生企业与所处网络的其他成员进行交流的频率越高、时间越长，就越有利于提升彼此之间的认知协同性，也就越能够有效地提高知识与资源转化的效率与能力，进而获得持续竞争优势。

(二) 网络嵌入模式与大学衍生企业创业能力

创业的机会观认为不断寻求创新性的发展机会是企业持续成长的根本动力。对于大学知识溢出驱动创建的企业而言,获取创新性知识,并对其进行整合、革新的能力决定了企业核心技术的形成和积累机制(Shane,2003)。同时,创业资源观提出企业获取、开发内外部资源的能力限制了企业的运作效率和成本,进而对企业的成长绩效产生影响(Brush et al.,2001)。大学衍生企业的成长过程中,双元创业能力是创业成功的关键,即寻求创新的创新探索能力(innovation explorative ability)和整合资源谋求优势的资源开发能力(resource exploitative ability)。双元创业能力的核心作用是为公司的成长性和外部网络提供一种合理的匹配模型,以提升公司的创新水平、获得和整合外部资源的能力,并通过双元能力最后实现企业稳步成长和卓越的绩效表现。

大学知识溢出驱动创建的企业,其核心技术来源于大学的某项新知识或新技术,因此其网络嵌入更具特殊性:一方面,企业通过与大学、技术发明人等学术主体的持续交流获得与知识相关的各种信息,尤其是隐性知识;另一方面,作为竞争性的产业组织,企业也需要在与其他企业建立关联的过程中谋求商业资源和新的成长机会。这样一来,企业成长的过程就伴随着对学术网络和产业网络的不断嵌入。目前文献对网络嵌入的研究大部分分为关系嵌入(relational embeddedness)和结构嵌入(structure embeddedness)两个方面(戴维奇等,2011),关系嵌入表征网络参与者之间相互理解、信任的程度。结构嵌入指网络成员之间的联结方式,包含网络规模、网络密度、网络中心度等维度。

大学、技术发明人等学术主体组成的学术网络,所提供的各种支持要素对于企业成长具有重要意义,包括母体大学的科研实力和声誉,专门的技术转移部门,完善的科技园、孵化器等基础设施,有针对性的政策支持,"明星科学家"(star scientists)等,这些要素均有利于企业克服创立初期资源不足的困难。这些支持要素的有效性取决于企业与母体大学和技术发明人合作交流的方式、深度和频率。研究发现企业与学术伙伴的关系越密切，合作越深入和持久，越能获得对企业有实质性帮助的支持。如 Rasmussen 等认为衍生企业只有通过与母体大学的长期合作，如建立共同实验室、母体大学入股等措施，才能够获得路径引导、资源整合等深层次的支持要素（Rasmussen, et al., 2010）。Radosevich 等学者进一步指出技术发明人对企业最佳的支持方式是在创立初期阶段参与企业经营，以此保证企业最初的技术能力是可靠的（Radosevich, 2014）。学术网络的规模越大、密度越高，意味着交流的广度和频率越大，即企业获得知识、技术、信息等创新性资源的渠道越多。企业更有可能通过对这些资源的整合利用，提升创新探索能力和资源开发能力。

与一般的创业企业类似，大学知识溢出驱动的创业企业同样面临着资源约束的困境，出于寻求互补性资源、降低经营风险等目的，企业必然会参与产业分工，逐渐嵌入所属的产业网络。尤其对于大学衍生企业而言，技术含量高、商业资源匮乏是其创生特性，建立并维持与产业组织的关系网络对于企业脱离对大学的依赖，构建自身的核心能力具有重要作用。Slotte-Kock 等学者提出创业企业与产业网络中其他企业开展协作创新，有利于促进知识，尤其是隐性知识的共享，从而获得学习和创新的机会，并创造更多的发展机遇（Slotte-Kock et al., 2010）。大学衍生企业所处产业网络的规模、密度等特征决定了企业可得资源的种类、质量和稳定性。规模、密度较高的产业网络联结使企业能够更广泛地获取有利于决策的信息和资源流，建立可靠的资源供应来源和市场渠道（梁强等，2013），从而增强企业整合异质性资源和快速响应变化的能力。

基于以上分析，企业的成长逻辑可以表述为"外部驱动机制（学术与产业网络嵌入）→内部能力机制（双元创业能力）→成长绩效"，概念模型如图 5-1 所示。

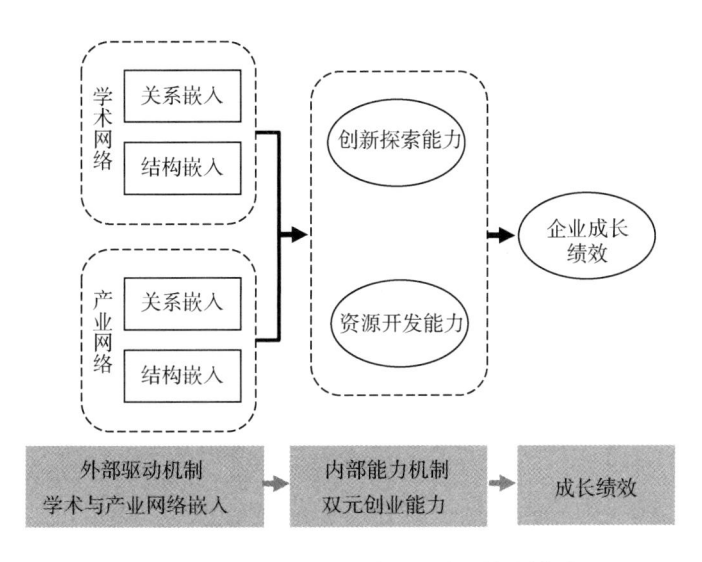

图 5-1 大学衍生企业的创业能力构建模型

运用结构方程模型（SEM）对北京、武汉两地的 322 所大学衍生企业的样本数据进行检验，发现大学衍生企业从网络嵌入中开发双元能力，拟合指标如表 5-2 所示，积累优势的路径如图 5-2 所示。

表 5-2 网络嵌入、双元创业能力对大学衍生企业成长绩效作用机制的拟合指数

拟合指数	RMSEA	CFI	GFI	NFI	IFI	PCFI
模型可接受标准	<0.08	>0.90	>0.90	>0.90	>0.90	>0.50
检验结果	0.071	0.930	0.936	0.901	0.932	0.638

从图 5-2 可以看出，大学衍生企业成长过程中，企业的创新探索能力和资源开发能力的提升均能够显著促进企业成长，尤其是创新探索能力对企业成长绩效的影响系数达到 0.674（$p<0.01$）。同时，大学衍生企业对学术网络和产业网络的嵌入都影响了企业内部双元创业能力的构建，但影响方式存在差异：向学术网络嵌入的

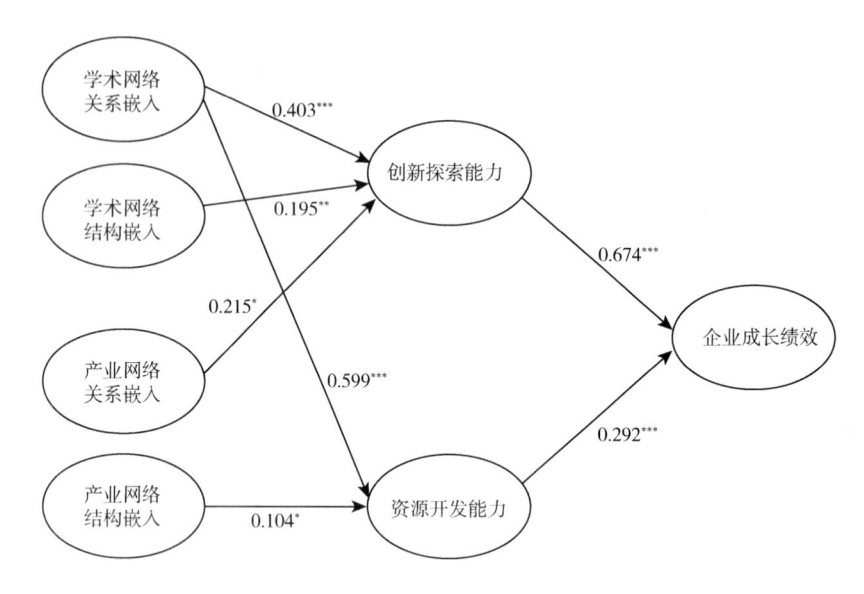

图 5-2　网络嵌入、双元创业能力对大学衍生企业成长绩效的
作用机制（N=322）

注：* p<0.1，** p<0.05，*** p<0.01。

过程中，关系嵌入对企业的创新探索能力和资源开发能力均有显著的促进作用，但结构嵌入仅对企业的创新探索能力产生了正向影响。另外，企业对产业网络的关系嵌入促进了创新探索能力的提高，而结构嵌入对资源开发能力有较弱的正向影响。

　　以上结果证实了大学知识溢出驱动的创业进程中，企业通过嵌入所在的学术网络与产业网络，获取并整合创业资源，提升内部的双元创业能力，最终转化为成长绩效的成长路径。大学衍生企业通过向学术与产业网络嵌入来提升双元创业能力，进而促进企业成长。对于大学衍生企业而言，修炼"内功"，构建合理的创业能力，以调适来自学术与产业网络不同的支持要素，并使之有效地配合，是企业成长的关键驱动力。来源于大学创新性知识的创生背景使得大学衍生企业在技术创新上具有先天的优势，并形成以创新促成长的成长态势。但这类企业从学术网络或产业网络中汲取异质性资源并加以开发的能力仍需要增强，而这种资源开发能力是企业将创新优势转化为最终成长动力的核心力量。

（三）两类大学衍生企业

按照其创造性质，大学衍生企业可划分为两种类型：第一种是"大学衍生企业（USO）"，也就是由其母校或其员工所创办的企业；第二种是"产业衍生企业"，是指在行业内，以某种专业知识为基础，由产业中某个集体或个体所创立的公司。大学衍生企业（USO）能够便捷地获取母体大学所提供的支持要素，包括声誉、强大的研发团队、明星科学家、大学扶持政策等，在脆弱的企业初创期非常有利。但企业如果在资源渠道上过分依赖母体大学的支持，完全依靠母体大学的关系网络和内部资源，忽视利用其他获取渠道，则会对创业行动和创业绩效的作用不明显。而产业衍生企业（CSO）往往更加独立，对母体大学组织的依赖更弱，但在商业资源方面具有优势。他们尽管在企业运营中从母体大学得到的有效帮助和资金等比较有限，但能够更好地与其他产业组织建立联系，向外延伸从社会获取资源进行整合发展成自己的资源网络以形成竞争优势，从而对企业的创业行为和创业绩效产生正面影响，维持企业成长。

接下来，对比分析大学衍生企业与产业衍生企业在"学术与产业网络嵌入→双元创业能力→成长绩效"过程中的差异性。样本企业中，大学衍生企业有209家，产业衍生企业有113家。最终的对比模型如图5-3所示。

研究表明，由母体大学或大学中的雇员直接创办的大学衍生企业，在成长的过程中，学术网络嵌入的方式和深度对企业创业能力构建的积极效应更明显，其中关系嵌入对创新探索能力和资源开发能力都产生了明显的积极作用（路径系数分别为 $\beta = 0.478$，$p < 0.05$；$\beta = 0.732$，$p < 0.01$），结构嵌入对创新探索能力的促进作用也得到验证（$\beta = 0.302$，$p < 0.05$）。但企业对产业网络的嵌入仅

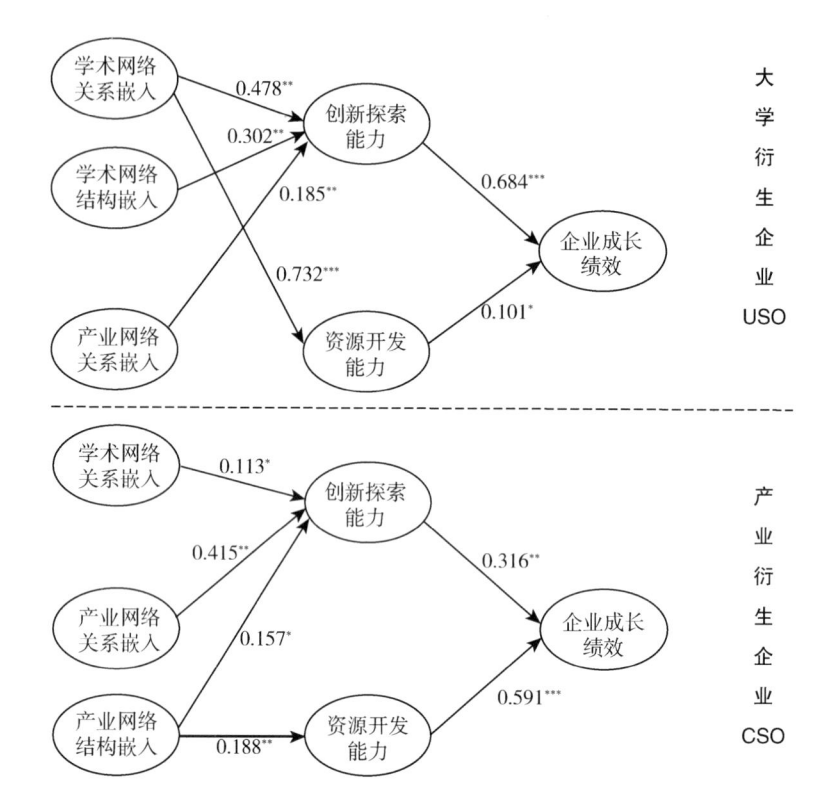

图 5-3 大学衍生企业 USO 与产业衍生企业 CSO 成长机制的对比分析

注：*p<0.1，**p<0.05，***p<0.01。

对创新探索能力有积极效应（β=0.185，p<0.05）。而双元创业能力对企业成长的促进作用得到检验，其中创新探索能力的影响更为显著。

相比较而言，尽管企业的核心技术同样来源于大学，但是，由组织或个人创建的产业衍生企业，它们的成长机理表现出了与大学衍生企业截然不同的特点。企业对学术网络的两个嵌入维度中，仅关系嵌入对企业创新探索能力产生了较弱的促进作用。相反，产业网络的嵌入对企业双元创业能力的构建产生明显的正向影响。在企业的双元创业能力系统中，资源开发能力对企业成长绩效产生了更重要的影响。可以认为，USO 和 CSO "学术与产业网络嵌入→双元创业能力→成长绩效"的企业成长机制存在明显差异。

对大学衍生企业（USO）和产业衍生企业（CSO）的对比研究发现，企业的创生模式不同导致这两类企业的创业能力构建呈现出明显的差异：大学衍生企业（USO）在创建初期，依靠的是学术网络嵌入所带来的创新优势，但是它很难独立地建立起一个有效的资源开发体系，这种对母体大学的强依赖性限制了企业对产业网络支持要素的融合利用能力；而产业衍生企业（CSO）作为更为独立的产业竞争组织，与学术网络成员的联结较弱，但却在成长的过程中较好地嵌入了产业网络，与产业中其他企业的分工合作对双元创业能力产生了显著的促进作用。

由此，大学与政府在企业通过网络嵌入获得成长的过程中应扮演重要角色，提供有针对性的政策扶持。由于创生模式不同，大学衍生企业与产业衍生企业在创立初期所能接触到的网络成员相当有限。为此，必须为大学衍生企业与其产业伙伴构建合作平台，促进知识、资本等网络资源的流动和整合，提高其资源运营能力。然而，对于产业衍生企业，初创阶段缺少强有力的学术网络资源支撑，因此，应通过与母校高校的密切沟通，通过激励技术发明人对此类企业进行技术支持，从而使其具有持续的创新能力。

二 大学衍生企业嵌入产业网络：学术印记的好与坏

大学衍生企业难以嵌入产业网络的根本原因在于其独特的创新研究背景，使其带有显著"学术印记"，且以高度异质性的形态嵌入产业网络。高风险、信息非对称的创生企业，一方面需要与企业间的紧密合作，但另一方面也面临着信任危机，导致企业间的合作需求与合作基础不匹配，从而影响大学衍生企业向产业网络嵌入的成长路径（Kuratko et al., 2017）。从本质上看，大学衍生企业是大学创新性知识催生的技术型创业企业，其成长具有天然的网络嵌入特征（李文博，2013），是一个不断建构和治理外部交易网络以实现资源交换的过程。比如威廉·肖克利（William Bradford Shockley）创办的仙童公司（Fairchild）根植于硅谷半导体产业群，浙江中控等嵌入于杭州软件产业群。可见，嵌入相关产业网络是大学衍生企业获取异质性产业资源的重要途径，也是大学衍生企业逐渐脱离对母体大学依赖，将初始创新优势转化为持续成长动力的重要机制。但学者们近年来对我国大学衍生企业的系列研究（李雯等，2012，2013，2016，2017）发现我国大部分大学衍生企业仍过于依赖母体大学的支持，与产业伙伴的交流合作并不顺畅，在产业资源获取与开发方面的弱势使得大学衍生企业难以构建起自身的核心竞争优势。Sternberg（2014）、Hayter（2016）等学者也指出，大学衍生企业与产业企业的交流有待于增强，识别机会、捕捉关键资源等创业能力也需要提高。

（一）学术印记、网络惯例治理与产业网络嵌入

针对这一问题，已有学者对大学衍生企业向产业网络嵌入的方式、结构和绩效展开研究，发现大学衍生企业嵌入产业网络困难的主要原因在于，特殊的学术创生背景使大学衍生企业带有明显的"学术印记"，是以高度异质化的方式嵌入的。

从优势一面看，首先，大学衍生企业的"学术印记"往往具有高科技实力，可以充分利用母体大学的知识资源在技术创新中取得"先发优势"，并在提高技术能力的强大动力之下建立自己的关系网络，获得自己需要的各类资源，同时也可以吸引更多的科技型企业参与进来，提高它们之间的技术合作的可能性，进而获得更多的技术知识（钱锡红等，2010）；其次，大学衍生企业在新技术、新知识与新的产品与流程上领先于竞争对手，通过与网络中其他成员的交互学习，可以建立起相互信任，有利于其他企业以最小的代价获得新的知识与知识，从而提高了协同研发的意愿与效率。但从劣势的一面看，大学衍生企业与网络其他成员在

资源结构和行为决策模式上都存在差异，缺乏合作默契和信任基础。大学衍生企业在与产业企业的互动中必然会涉及创新性知识和技术的交流，而"缄默性"知识的有效传递依赖于稳定、持续的交互关系。

网络惯例作为一种非契约网络控制大学衍生企业向产业网络嵌入的成长方式，可以较好地符合人们对互联网会员间的默契、信赖、共识等"软性"因素的表达需要，为解决大学与衍生企业的产业网络嵌入问题，带来了一把关键密钥（李雯、杜丽虹，2020）。

大学衍生企业的学术印记在其与产业网络中各成员之间形成了一种有效的网络效应。由特殊的学术环境所产生的"异质"特征，是大学衍生企业吸引行业伙伴的关键要素，"学术印记"越是珍贵，越是难被复制，越是容易与其他行业主体形成稳定的"网络惯例"。网络惯例在大学衍生企业与产业网络的嵌入中扮演了一定的中介角色。作为一种非契约式的网络治理机制，其隐含的信任和行为共识能够不断推动网络主体之间的关系连接。

首先，网络惯例的"过滤器"机制能够增强大学衍生企业对网络关系的甄别选择能力，逐步占据优势网络位置。从认知视角上看，网络惯例形成的合作规范共识有利于弱化创生背景差异性导致的交流障碍。从行为视角上看，网络惯例能够引导网络成员遵循一致的行为逻辑，合作更为默契。特别值得关注的是，与组织内惯例相似，过于稳定的网络惯例也会造成组织僵化，从而减低网络主体对网络环境的适应性。当惯例作用过于强势时反而会形成刚性影响，使企业落入"能力陷阱"。尽管网络惯例在保持网络稳定性方面具有重要作用，但随着网络惯例的不断重复和自我加强，高度刚性的网络惯例可能会导致与网络现有情境紧密结合的组织程序很难改变，在发展新的合作伙伴方面存在困难，难以适应网络结构的变革（辛德强等，2018），不利于大学衍生企业进一步的网络结构嵌入。

(二) 学术印记、网络惯例作用的实证检验

在大学衍生企业的创业实践中，与产业主体间缺乏合作默契已成为大学衍生企业向产业网络嵌入的重要阻滞因素。针对该问题，我们采用网络惯例的新视角，从大学衍生企业学术创生背景带来的异质性入手，构建"学术印记—网络惯例—产业网络嵌入"这一作用模型，并探索技术动荡性的调节效应。运用多元回归分析等方法，对北京、武汉、上海三地的379家大学衍生企业的调研数据进行实证检验。

我们从"资源禀赋"和"行为逻辑"两个方面测度大学衍生企业由于母体大学背景形成的学术印记。"资源禀赋印记"的独特性体现在企业资源特色方面，而"行为逻辑印记"表现在受母体大学影响，大学衍生企业或多或少地会根据他们所属的学术制度环境行事，形成与母体大学相适应的认知模板和一致化行为。基于已有研究，我们从认知和行动层面将网络惯例划分为"规范认同"和"行为默契"两个维度。遵循网络嵌入理论，大学衍生企业对产业网络嵌入主要从结构嵌入和关系嵌入两个方面考虑，结构嵌入指大学衍生企业在产业网络中占据优势网络位置的程度，关系嵌入指大学衍生企业与产业企业交流合作关系的强度。表5-3、表5-4中的模型1至模型12实证检验了"学术印记—网络惯例—产业网络嵌入"的作用机理。

表5-3　　　　学术印记对网络惯例建立的影响机制

变量	因变量：网络惯例（规范认同）			因变量：网络惯例（行为默契）		
	模型1	模型2	模型3	模型4	模型5	模型6
行业	0.032	0.145*	0.024	0.109	0.077	0.061
企业年龄	0.049	0.193*	0.225**	0.236**	0.038	0.033
企业规模	0.141	0.045	-0.085	0.034	0.049	-0.056

续表

变量	因变量：网络惯例（规范认同）			因变量：网络惯例（行为默契）		
	模型1	模型2	模型3	模型4	模型5	模型6
学术印记	0.169*	0.161*	0.221*	0.281**	0.156*	0.193*
技术动荡性		0.264**	0.278**		0.299**	0.211**
学术印记*技术动荡性			0.196**			0.284**
Constant	0.375**	0.212**	3.751**	1.951**	2.443**	2.488**
R^2	0.121	0.162	0.244	0.096	0.178	0.269
调整后的R^2	0.117	0.153	0.218	0.089	0.164	0.245
$\triangle R^2$		0.036	0.065		0.075	0.081
F	7.731***	12.123***	11.297***	14.921***	9.436***	8.980***

注：N=379；***$p<0.001$，**$p<0.01$，*$p<0.05$。

表5-3中，模型1和模型4数据分析的结果表明，大学衍生企业的"学术印记"对网络惯例建立产生了显著的正向影响。模型3中加入了技术动荡性与学术印记的交互项，以检验技术动荡性的调节作用。模型2和模型3的对比结果表明，技术动荡性对"学术印记—规范认同"关系的正向调节作用得到证实。同时，技术动荡性对"学术印记—行为默契"的正向调节作用也通过检验。

表5-4　网络惯例对产业网络嵌入的影响机制

变量	因变量：产业网络结构嵌入			因变量：产业网络关系嵌入		
	模型7	模型8	模型9	模型10	模型11	模型12
行业	0.006	0.04	0.026	0.029	0.168*	0.268**
企业年龄	0.211**	0.022	0.133*	0.076*	0.041	0.041
企业规模	0.011	0.112*	0.032	0.034	0.196*	0.144*
网络惯例（规范认同）	0.311**	0.154*	0.153*	0.196*	0.177**	0.190**
网络惯例（行为默契）	0.225**	0.191*	0.167*	0.259**	0.311**	0.227**
规范认同^2	-0.212**	-0.099*	-0.134*	-0.073		
行为默契^2	-0.142*	-0.137*	-0.178*	0.066		

续表

变量	因变量：产业网络结构嵌入			因变量：产业网络关系嵌入		
	模型7	模型8	模型9	模型10	模型11	模型12
技术动荡性		0.092*	0.074*		0.269**	0.188*
规范认同*技术动荡性			0.079			0.139*
规范认同^2*技术动荡性			−0.011			
行为默契*技术动荡性			0.066			0.235**
行为默契^2*技术动荡性			0.037			
Constant	4.799**	3.547**	3.994**	3.667**	2.511**	3.046**
R^2	0.121	0.156	0.187	0.084	0.147	0.231
调整后的R^2	0.096	0.137	0.166	0.073	0.125	0.216
$\triangle R^2$		0.041	0.029		0.052	0.091
F	10.342***	8.828***	11.641***	7.680***	14.722***	12.179***

注：N=379；*** $p<0.001$，** $p<0.01$，* $p<0.05$。

表5-4进一步显示了网络惯例对大学衍生企业产业网络嵌入效果的作用方式，以及技术动荡性的调节效应。模型7表明网络惯例的两个维度对大学衍生企业向产业网络的结构嵌入均具有倒U形作用关系（规范认同与行为默契的二次项对产业网络结构嵌入具有显著负向影响），而网络惯例中，规范认同与行为默契对大学衍生企业向产业网络的关系嵌入具有线性正向影响。

模型8和模型9的对比结果表明，技术动荡性对"网络惯例—产业网络结构嵌入"关系的调节作用没有通过显著性检验，但技术动荡性在网络惯例对产业网络关系嵌入的影响中起到正向调节作用。

图5-4对本书的假设检验结果进行了更直观的描绘。我们发现，在大学衍生企业向产业网络嵌入的过程中，由于其特殊的学术创生背景，导致其在资源禀赋和行为特征上存在一些异质性，即带有特定的学术印记。这些特殊的学术印记成为大学衍生企业向产业网络嵌入的基础，有助于吸引其他产业伙伴，在认知和行为层面达

成一致，从而对构建企业间的稳定合作惯例具有积极影响。而外部环境的技术动荡性在学术印记影响网络惯例形成的过程中具有调节作用。

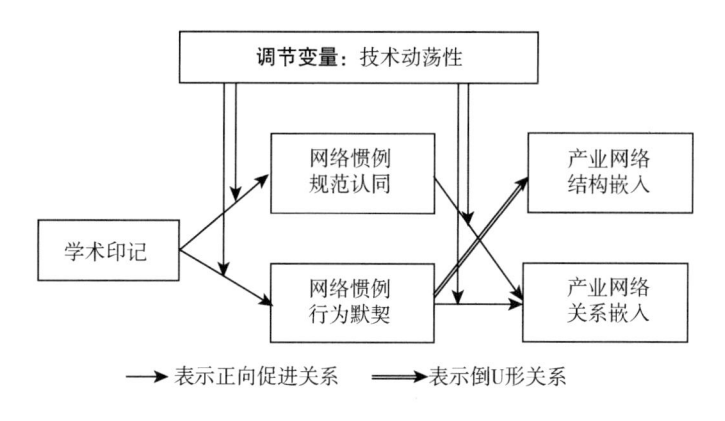

图 5-4 研究假设检验结果

同时，作为一种非契约的网络治理机制，网络惯例所蕴含的规范认同和行为默契对大学衍生企业的产业网络嵌入程度产生了差异性的影响。研究结果表明，网络惯例对大学衍生企业产业网络结构嵌入的影响存在一个最佳临界点，当超过最佳临界点时，大学衍生企业与产业伙伴之间的惯例化合作范式反而不利于更进一步地占据有利网络位置。这一结果与孙永磊等（2014）、常红锦等（2016）提出的网络惯例双面性作用相一致。但是，规范认同与行为默契对于产业网络关系嵌入却具有线性的正向影响，即合作范式与行为的惯例化程度越高，越有利于大学衍生企业与产业伙伴建立深度持久的合作关系。调节效应的检验结果表明，技术动荡性对"网络惯例—产业网络关系嵌入"关系具有正向调节效应。

以上实证结果表明，在大学衍生企业向产业网络嵌入的过程中，网络惯例的影响呈现倒 U 形，即存在一个标准即合作间惯例化的最恰当程度，过度僵化的网络惯例反而不利于大学衍生企业优化合作网络结构以及进一步发展。太过固定的惯例还会导致组织的僵化，对外界的新事物产生抵触情绪，进而影响大学衍生企业的适应能力。虽然网络惯例对维持网络结构稳定起到了很大的作用，但是当网络惯例被反复利用和自我进化时，其自身也会被强化。如果网络规则过于僵化，大学衍生企业将无法适应网络关系变化与重构的需要，对异质性资源的使用效率也会降低，更不利于其在网络中寻找新的机遇，发展成更具先进和适应式的网络结构，进一步占据主导地位。

第四节 大学衍生企业的发展阶段

一 大学衍生企业的发展阶段

Vohora 等（2004）最先提出了大学衍生企业的成长阶段模型。大学衍生企业通常经过研究阶段、机会构架阶段、预组织阶段、重新定位阶段和持续回报阶段（见图5-5）。在五个成长阶段的发展和过渡过程中，机遇识别、企业家身份认同、商业环境中声誉支持和市场中的持续收入是影响企业顺利转型的重要因素。在经历了五个发展时期之后，大学衍生企业将从一种产生于学术氛围的商业构想，完全转化为一种具有竞争性质的寻租企业（李雯、夏清华，2013）。

研究阶段 → 机会构架阶段 → 预组织阶段 → 重新定位阶段 → 持续回报阶段

机会识别　　创业认同　　信誉支持　　持续获得收益能力

图5-5 大学衍生企业五个成长阶段模型

资料来源：Vohora 等（2004）。

Vanaelst 等（2006）对大学衍生企业的成长阶段进行了完善，将其整合为四个阶段：研究商业化与机会筛选、组织孵化、存续能力证明及企业成熟（见图5-6）。他们的模型在以下方面具有创新之处：第一，整理合并了企业创立以前的阶段；第二，在企业后两个成长阶段的特征和关键障碍方面进行了更为详细的阐述。四阶段模型可以看成是在大学衍生企业成长五阶段模型的基础进行的改进（Wright et al.，2012；Fernández-Alles et al.，2015）。

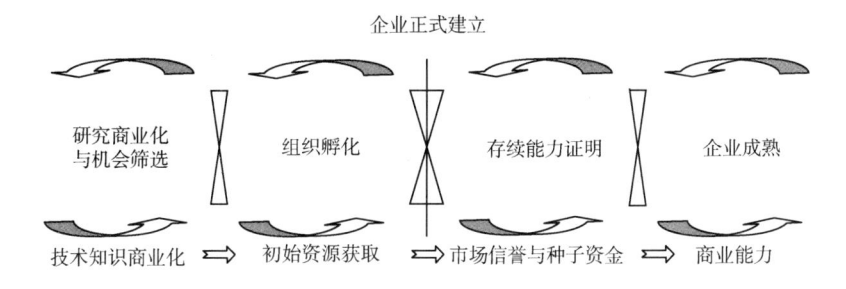

图5-6 大学衍生企业四个成长阶段模型

资料来源：高晟、王世权（2020）。

继 Vohora 等（2004）提出的五个成长阶段模型和 Vanaelst 等（2006）四个成长阶段模型之后，另有研究提出大学衍生企业还有其他成长阶段模型，如将大学衍生企业成长阶段进一步阐述为孵化阶段、转移阶段、回馈阶段与联盟阶段（胡海峰，2010），也有研究直接把衍生企业成长过程区分为衍生过程和企业阶段（Fernandez-Alles et al.，2015；Miranda et al.，2018）。其中，胡海峰（2010）的成长阶段模型被用来分析特定对象（威视股份和清华大学）的长期发展，在此过程中，两家公司共同承担风险、共同协作、分享收益，形成了一套适合威视特色的"以公司为依托、以产业为导向、以产学研为纽带"的新型企业发展模式，并以此来解析企业与高校之间的合理合作，但该模式能否应用于大多数高校尚未经过检验。

Fernández-Alles 等（2015）、Miranda 等（2018）的研究聚焦于大学衍生企业从学术环境向商业环境的转变过程。在成长阶段，大学衍生企业刚刚脱离学术环境，因此仍然带有强烈的组织印记。这意味着企业在运营和决策方面可能受到大学的传统和规范的影响。母体大学的资源、知识和支持网络也在这个阶段起着重要作用，帮助企业建立基础和稳定发展。然而，随着企业进入商业环境，市场因素开始占据主导地位。大学衍生企业需要更加注重市场需求、客户反馈和竞争环境。在这个阶段，企业必须适应市场的变化，灵活调整战略、产品和服务，以满足客户需求并保持竞争力。

二 大学衍生企业不同发展阶段的影响因素

按照接受度最高的划分标准，大学衍生企业的成长可以划分为四个阶段，分别是研究商业化与机会筛选阶段、孵化阶段、存续能力证明阶段以及企业成熟阶段（见图5-7）。在每个阶段，大学衍生企业面临的生存难题和关键成长驱动因素存在很大差异。

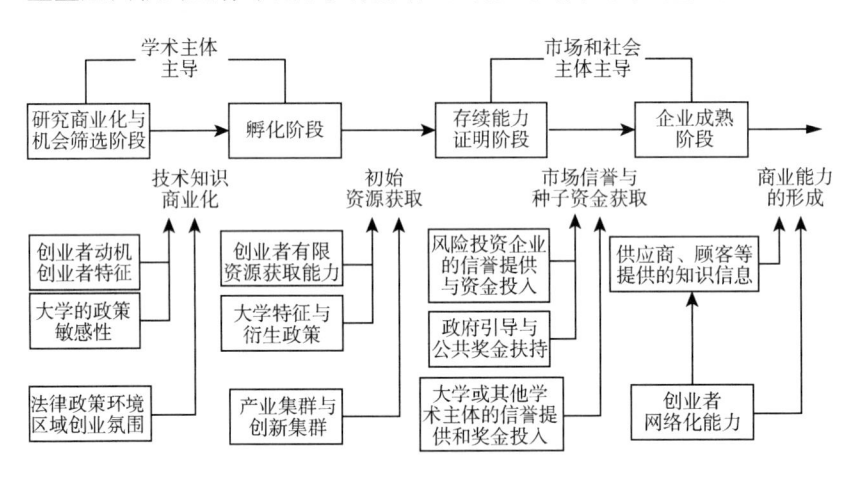

图5-7 大学衍生企业不同发展阶段的影响因素

（一）研究商业化与机会筛选阶段

在研究商业化与机会筛选阶段，大学衍生企业还没有正式成立，而是以学术创业者对具有商业化潜力技术知识的控制作为其存在的形态。在这个阶段，大学衍生企业还处于初创阶段，正在进行概念验证和商业模式探索。它可能是由大学的教师、研究人员或学生组成的团队创建的，他们利用大学的资源和支持来推动项目的发展。在这个阶段，大学衍生企业通常会寻求孵化器、加速器或大学的技术转移机构的支持，以获取资源、导师指导和基础设施。

在这一阶段，最关键的驱动因素是技术验证和市场需求，需要验证技术的可行性，并确定市场需求和潜在用户。母体大学提供的孵化器和其他资源支持是促进大学衍生企业实体化的保障。这一阶段的大学衍生企业往往依赖于孵化器、加速器或大学的技术转移机构的支持，包括提供资源、指导和培训等方面的支持。获得初步的种子资金或早期投资对推动大学衍生企业的顺利创建也非常重要。

学术创业者是技术知识的持有者，其个人的人力资本和社会资本也会对技术知识商业化的进程有一定的影响。学术创业者的创业动力和个人特质是影响技术知识是否能够转变为实体企业的重要因素。同时，学术创业的动力还表现为将科研成果转化为现实的渴望、对财富和独立性的渴望等。除了极个别的"明星学者"，大多数拥有较多的学术背景和较强的研究实力的学者并不热衷于创业，但创业经历和产业背景会促使他们更好地寻找具有商业价值的技术知识；社会资本是指学术型企业家拥有的社会关系网络，比如校内的研究开发网络和校外的社会关系网络中的嵌入程度，以及由这些关系网络带来的附加价值（Hayter，2016）。根据Elfring和Hulsink（2007）的观点，企业家必须能够运用现有和潜在的社会资源和人脉关系网络，弥补在技术知识商业化方面的缺陷，才能将知识与实际相结合。

另外，庞文与丁云龙（2014）的研究发现，地方的法制政策环境和创业氛围都会促进企业家积极参与到大学技术转移中。另外，高校的政策敏感度也会对学术创业者的行为产生一定影响。为了与外部环境变化相适应，大学若能在政策层面上肯定技术知识转移的优越性，设计鼓励技术转移的机制，可以更好地激发学者参与到技术知识向商业模式转化的活动中（Feldman et al.，2002）。

（二）孵化阶段

在企业孵化阶段，企业的经营理念和商业模式已初步形成，大学衍生企业的发展重点已由推动科技知识商业化转向初期的资本积累（Fernández-Alles et al.，2015）。在这个阶段，大学衍生企业开始寻求种子资金或早期投资，以推动产品开发、市场营销和商业化进程。企业还可能进行团队组建、知识产权保护、市场调研等活动，以确保在市场上的竞争力和可持续发展。

在这一阶段，尽管学术创业者能够依靠自身资源获得资金，并推动大学衍生企业的建立（易朝辉、夏清华，2011），但由于大学衍生企业的发展具有不确定性、信息不对称和交易成本等特点，学术创业者在最初阶段很难获得外部资金的投入（易朝辉、管琳，2018）。因此，大学的创业者们会更加依靠大学来进行创业，母体大学成为衍生企业能否顺利地获得资源，并且正式成立的关键因素（庞文、丁云龙，2014；李雯、夏清华，2016；Helm et al.，2018）。高校自身的特性和衍生创业政策对高校的资源供给功能会产生重要影响。高校的创业孵化中心、高校科技园和高校创新中心等技术转化组织，是高校为衍生企业创建提供资源支持的主要中介机制。

该阶段的关键驱动因素之一是推动产品或服务的开发，包括原型制作、验证和改进。企业需要深入了解市场需求、竞争对手和潜在客户。如何建立差异化和竞争优势是孵化阶段的关键挑战。因此，除了创业者和高校等学术机构在孵化过程中所扮演的角色，大学衍生企业在孵化过程中的资源获取过程也会受地域上的空间聚类效应的影响。在创新集聚区域，高新技术企业的核心研发技术、关系网络、知识资本等具有更强的可获得性，因此在高技术企业的集群中，衍生性行为更容易出现。李文博（2013）以长三角高校成长型企业为例的研究，也证明了创业集群对大学衍生企业的创业资源利用整合能力具有促进作用。

（三）存续能力证明阶段

一旦大学衍生企业成功推出产品或服务，并取得初步商业成功，它就会进入存续能力证明阶段。在这个阶段，企业致力于进一步拓展市场份额，增加销售额和收入。它可能寻求更多的投资来支持产品改进、生产扩展、市场推广和品牌建设。同时，企业也需要加强组织管理、人才培养和运营能力，以适应快速增长的需求。

Vanaelst 等（2010）、Fernández-Alles 等（2015）指出，在大学衍生企业的存续能力证明阶段，最主要的挑战是在市场中建立知名度并获得种子资金。相较于前两个阶段，大学衍生企业的成长过程中，政府组织、投资公司等市场和社会主体起着主导作用。在这些因素中，良好的声誉是大学衍生企业获取更多优质市场资源的必要条件。但是，大学衍生企业成立的时间不长，创业者往往在某一领域的实际经验不足，这就导致大学衍生企业的声誉在创立时较弱（Vohora et al., 2004）。虽然大学衍生企业可以在一定程度上获得学校或者孵化器的声誉保证（Rasmussen & Borch, 2010），但是在企业真正建立以后，要成长为专业且值得信赖的企业（Vohora et al., 2004），就必须与母体大学保持一定空间，发展独立性。风险投资公司是最能准确评估公司潜力的行动者，它对大学衍生企业作出的肯定的评价，将向市场发出一种积极的信号。经过风险评估，风险投资公司会倾向于对那些特征显著、发展前景广阔的大学衍生项目或创业团队投入大量资金（Fernández-Alles et al., 2015）。大学衍生企业的信誉也将会得到提升，进而推动企业的阶段性演化。在大学开展衍生活动资金来源十分有限的情况下，从地区金融环境中获得的资金可以极大地促进大学衍生企业的蓬勃发展。同时在较好的地区金融环境中，政府也更倾向于积极促进学术创业的开展，大学衍生企业因此也更容易获得国家财政支持。在很多欧洲国家，政府专门为大学衍生企业设置扶持政策和财政拨款来缓解学术创业成立之初资金运转不周的困境（Clarysse et al., 2007）。

随着企业的发展和扩张，大学衍生企业必须进一步拓展市场份额，增加销售额和收入。企业需要开拓新的市场和客户群体、寻找新的增长机会，并开发适应不同市场的定制化解决方案。在快速增长阶段，如何保持可持续的增长和盈利能力，避免过度扩张和资源短缺是关键挑战。一方面，企业需要从外部获得持续的资金投入，以支持产品改进、生产扩展、市场推广和品牌建设。另一方面，对内部，大学衍生企业也需要不断提升组织管理和运营能力，随着企业规模的扩大，建立有效的组织结构、人才管理和运营流程，以适应快速增长的需求。

（四）企业成熟阶段

当大学衍生企业成功实现商业化，并在市场上建立起稳定的地位和盈利能力时，它进入了成熟阶段。在这个阶段，企业通常会拥有稳定的产品线、客户群体和市场份额。可能会考虑扩大业务范围、进一步创新或寻求战略合作伙伴关系。此外，企业也需要加强品牌管理、市场营销和持续创新，以保持竞争优势并维持持续的增长。

大学衍生企业经过漫长的成长阶段进入成熟期后，大学衍生企业的发展动力来源，已从"创新驱动"（知识转化、技术外溢），转向"市场驱动"（以市场需求为导向），在转变的进程中，优秀的商业能力正是大学衍生企业谋求发展的关键（Hayter, 2015; Fernández-Alles et al., 2015; Mathisen & Rasmussen, 2019），也是企业发展的核心竞争力。供应商、顾客等市场主体可以为大学衍生企业提供重要的营销渠道、顾客需求等信息，从而提升其对市场的评价和把握。大学衍生企业也可以从市场主体那里获取最新的市场需求，可以快速响应市场需求实现产品改进，从而在激烈的竞争环境中获取优势。

然而，大学衍生企业与市场主体的关系并非自然而然形成的，而是由学术创业过程中的原始学术主体的网络能力所催生（Fernández-

Alles et al., 2015)。通过学术主体对网络成员的优化、沟通、交流，大学衍生企业能够跨越大学的网络边界限制，不仅在大学内部进行资源交流，而且积极与外部网络中的利益相关者展开频繁的互动，建立起支持信任的强关系网络联系（Shane & Stuart, 2002）。Hayter（2013）认为，美国大学衍生企业商业能力的形成依赖于"外部知识网"，而"外部知识网"所涉及的特定关联者，既有资深的管理者，也有具备顾问工作经历的创业者。Kenny 和 Patton（2005）还发现，与风险资本、律师、会计师等共同组建的"企业家支撑网"，对于大学衍生企业的可持续成长具有积极影响。网络化能力既增强了大学衍生企业与市场主体的相互交流合作的程度，又能够推动其内部管理团队、董事会结构等公司治理结构的演变，进而间接提高大学衍生企业的商业能力（Vanaelst et al., 2010）。

在成熟阶段，持续的创新和对市场需求的导向是大学衍生企业获得持续生命力的关键驱动因素。如何保持持续的创新和不断改进产品、服务和业务模式是大学衍生企业的关键挑战。企业需要在开发升级既有技术优势的基础上，适应不断变化的市场需求、技术进步和竞争环境，保持敏捷性和灵活性，同时，寻求战略合作伙伴关系、拓展业务范围，构筑有效的社会网络系统。在成熟的大学衍生企业中，由于其具有较强的网络功能，企业的运行和发展将很大程度上受到社会网络的影响。外部董事不仅可以帮助企业解决资金链、公司竞争定位、战略目标等方面的问题，还可以为高校的衍生企业提供很多的组织结构，管理知识和市场营销方面的实践经验（Corsi & Prencipe, 2016）。

总而言之，在企业正式建立的前两个阶段，大学衍生企业是否能够突破关键障碍，并实现阶段式成长，这是由学术型创业者、母体大学等学术主体所决定的。在企业自力更生和成熟阶段，学术主体的影响力逐渐减弱，市场和社会对企业的影响力逐渐占据主导地位。也就是说，大学衍生企业的创建是由大学或学者所决定的，但其成败则更多地取决于市场和社会。

第五节　我国大学衍生创业的发展与对策

一　我国大学衍生创业的发展与挑战

大学衍生企业孕育于母体大学，大学是天然的培育土壤，它在一个区域的经济、社会环境中发挥作用，具有双重嵌入性。因此，从该区域中衍生出来的科技知识与技术存在一种外溢效应，并被周边区域所吸纳、运用。高校的专业设置、办学体制、文化环境以及创新创业政策都对大学衍生企业的发展有着重要影响。大学衍生企业在创业、市场竞争、成长力等方面也面临着巨大的挑战。

（一）传统观念和现行体制对大学的角色转变形成束缚

传统思想中，大学一般被视为非营利组织，主要任务是进行高素质人才培养、开展创新性的科研工作，并为社会提供服务。因此，大学衍生企业的成立往往会被看作是一种不正当的行为。尽管大学衍生企业是高校发挥"教学""研究""服务"三大职能最为直接有效的方式之一，但是在其创建过程中，大学或学者需要承担"校方"与"企业投资人"的双重职责，可能导致学者为了获取更多的利益而浪费大量的人力物力，从而对大学教学与科研的根本职能产生负面效应。此外，鉴于我国大学衍生企业的创立尚不成熟，经营环境存在较高的不确定性，许多衍生企业在独立经营时难以实现自给自足和资金运营，这导致母体大学与衍生企业之间出现责任和权力纠纷，利益也难以公平合理地分配，一定程度上限制了大学衍生企业的发展。因此，高校管理者和投资人需要共同努力，建立健全的管理机制和监督体系，确保大学衍生企业的合法合规运营，避免出现不必要的风险和纠纷。从我国实践中看，大学主要是公办院校，政府等行政干涉过于精细，自主办学权力比较局限。大学的多重身份导致的角色模糊以及办学产权不明的状况抑制了大学进行学术创业转化的积极性。

（二）科研成果的应用价值不高，转化率较低

根据《2017—2018年全球竞争力报告》，我国的科技创新能力在全球排名第28位（28/137），科技创新水平不断提升。在科研机构创新质量、企业研发支出以及大学与产业科研合作等方面，我国的竞争力表现良好。然而，与此同时，我国的技术应用水平在全球排名第73位（73/137），显示出在技术应用方面还有待提高（李兴腾，2021）。虽然我国科技成果总量在持续增加，但转化效率低下、转化收入偏低。报告中也提到，要将科技创新成果转换为经济效益和社会效益，其中一个重要的条件就是其成果要能为企业和用户所使用。

我国高新技术转化效率低下核心原因在于，高新技术转化的渠道不畅通，转化驱动力不强，使得大量的高新技术成果被"束之高阁"。首先，一些大学科研成果的研究方向与市场需求不匹配，科研项目的选择可能与实际市场需求存在较大偏差，如果无法解决现实问题或满足市场需求，那么其应用价值就会大打折扣，从而导致转化率低下。其次，科研人员往往侧重于基础研究或学术研究，对于将科研成果转化为实际应用存在一定的障碍，如缺乏产业化意识和能力，包括市场调研、商业模式设计、市场推广等。最后，大学、科研机构和企业之间缺乏有效的合作机制和资源支持，限制了科研成果的转化。例如，缺乏技术转移平台、孵化器或专业投资机构的支持，科研成果往往难以得到有效的商业化支持和推广。

如何在有效推进科技成果转化中，选择高效合适的途径与方法，是目前我们所面临的一个难题。

（三）科研成果的产业化存在不确定性，衍生创业风险较大

在近几年不景气的就业形势下，越来越多的人思路发生转变，从"找工作打工"向"自主创业做老板"转变。但是我国创业企

业的存活率和发展现状并不理想，政策制定不完善、落实不及时、创业初期融资困难等挑战给创业企业带来了很大的生存压力。而大学衍生创业，尽管有科技创新等前沿技术支持，但要将其转化为产业化，还需经历一系列复杂的流程，消费市场的反应也具有很大的不确定性。一般而言，大学实验室的科研成果的技术成熟度可能并不完善，存在一定的技术风险，这会影响到企业和投资者对于转化的信心和兴趣。高风险项目通常难以获得资金和合作伙伴支持，又进一步加剧了产业化进程的不确定性。

一个企业的成功创立，除了要有先进的科学技术以及专业人才做支持之外，还需要巧妙的商业运作模式，以及具有管理才能、创业实践经验的综合性人才加入。而国内大学的学者长久以来以学术研究为主要导向，虽然有很多专业的技术人员，但是同时懂得技术和管理的人才却非常匮乏。另外，大学教师有稳定的、有保障的工作，并享有很高的声誉和社会地位，而且大部分学者都受到了传统思想的影响，风险承受能力不高，他们更倾向于满足于现有的工作岗位，不愿意投入到创新创业中去。如果地方政府没有制定出明确的政策和法规来支持大学衍生创业，导致学者创业的权益无法得到保护，创业过程中就可能面临各种挑战和障碍。

（四）地方政府对其所管辖的大学衍生创业的支持力度不够

在我国，各高校都有各自的职责，教育部和地方政府分别管理不同的大学。教育部直属院校以"985""211"类院校为主，其政策优势明显，经费雄厚，社会声誉好，可吸纳国内外知名专家、优秀学生，并设立了相应的专业组织，如高等院校的科技产业部门，负责其所属的高等院校附属企业的运营。因此，在政策、资金及设施等方面，由地方政府主管的高校比由教育部主管的高校在科技创新的表现要逊色一些，它们通常科研实力相较薄弱，地方政府对其开办衍生企业的支持也不够充分，宁愿舍近求远，将目光锁定在了那些来自其他地区的名牌大学上。此外，我国一些地方高校在进行科技创业活动后，与其他高校的沟通不及时不畅通，缺乏进行成果转化的条件，单凭自己的力量很难在激烈的竞争中取得突破。这对衍生创业的发展产生了很大的影响，并且很可能造成"强者愈强，弱者愈弱"的局面。

二　我国大学衍生创业发展的对策思考

党的二十大报告指出：加强企业主导的产学研深度融合，强化目标导向，提高科技成果转化和产业化水平。强化企业科技创新主体地位，发挥科技型骨干企业引领支撑作用，营造有利于科技型中小微企业成长的良好环境，推动创新链产业链资金链人才链深度融合。

（一）从单一走向多维的全方位支持政策

在政策内涵上，初始的"产教结合"与"创新创业"更多地侧重于科技成果的商业化，更多地关注创业活动带来的经济效益。然而实践中，一个完整的创业政策链应该包括知识创新、技术商业化政策、学术商业的创业型企业管理政策等。其中，前两项主要指的是学术创新、学术成果转化、知识产权保护等方面，后一项与人才政策、科研创新激励性政策、教科研平衡政策等相对应。当前，针对科研主体的创业型企业管理政策的内容还比较欠缺，这并不能有效地解决高校科研人员创业的后顾之忧。比如，对科研创新投入的时间成本应该怎样计算，对科研创新收入应该怎样分享、离岗等创新创业的后续保障应该怎样进行等，这都需要国家和当地政府出台相应的配套政策。在科技创业领域，现有的政策大都从宏观上加以规范，为双创和产教融合等领域的发展作出了一定的指引，但在具体的实践中，难免存在一些具体的、个性化的问题。现有的扶持政策的内容比较单一，不足以保障高校科技创业的实施。

当前针对我国大学的科技创业的政策手段已从单一维度向多维

度演变，通过强化创新政策联动，推动科技政策与产业、财政、金融等政策衔接协同。一方面，政策工具日趋多样化、精细化，这为大学开展学术与科技两类创业活动带来了新机遇；另一方面，在目前的条件下，不同政策工具之间的相互配合是大学创业的核心问题。总之，随着政策手段的增多，分工也随之变得更加细化，而各种手段间的高效协同，能提高政策向下落实的效率，是提升衍生创业绩效的关键环节。

目前，我国大学技术转移过程中，存在两个突出的问题：一是政府指导和市场调控的不协调，二者之间沟通转化效率低下，市场需求难以在高校学术研究、技术研究中得到充分的反映，这不但会对高校学术主体和技术研发主体的积极性和主动性产生不利的影响，还会导致部分学术资源、技术资源和创业资源等的浪费；二是技术转移是一种复杂长期的过程，各种政策之间存在难以协同的实际问题。因此，在制定激励政策时，除了引导高校充分发挥主观能动性之外，还应采取相应的政策工具，激励企业积极参与，寻求和高校间建立合作伙伴关系。同时，随着政策手段的日益多元化，也将面临政策手段难以协调统一的难题。

从政策保障的角度来看，随着"十四五"时期高校学术创业、技术创业等领域持续向高质量发展，国家陆续推出了一系列针对人才、知识产权、税收等领域的特殊政策，这些都将帮助高校学术创业和技术创业的主体消除后顾之忧，特别是在对知识产权的保护上，给予高校学术创业与技术创业更大的自主权。如对大学衍生创业的初期启动扶持和后期持续发展提供支持，设置专项拨款来改善大学衍生创业过程中的人才资金短缺问题，用法律工具来解决产权不明、利益分配不合理等问题。这些措施将有助于推动科技成果转化为实际的经济效益，为社会和经济发展作出更大的贡献。

（二）强化企业的主体作用

"主导"作用和"主体"地位的提出，对企业在产学研融合中应发挥的作用提出了新的要求。大学衍生企业作为科技创新的中间环节，促进大学与产业界之间的技术转移和合作。它们与企业、投资机构等利益相关者建立合作关系，推动科技资源的共享和互动，促进创新要素的整合，实现科技成果的市场化应用。大学衍生企业将学术研究成果转化为商业化产品或服务，推动科技成果的转移转化和市场化。它们通过创新的商业模式和市场营销策略，将科技创新转化为经济效益和社会价值，促进产业升级和经济发展。同时，它们与母体大学、政府部门、创投机构等共同构建创业生态系统，促进创新资源的流动和创业氛围的形成，为创业者提供更加有利的创业环境。

（三）促进协同创新平台搭建

促进大学技术转移，需要加快形成"由政府牵头主导，研究机构、高等院校作为母体支撑提供资源，各种科技创新市场主体互相协作"的创新体系。作为科技创新的主要力量来源，大学要转变观念，合理分配校企之间的资源，协调双方的利益关系。例如，国内顶尖六所大学成立了专门部门"中国技术转移服务中心"，来处理创新成果转移中的事项，是其他地区和部门可以借鉴的成功案例。建立学校与企业之间的互动平台也非常重要，这有助于加强校企合作，提高创新的实效性。对于已经被证明具有商业价值的科研成果，应该给予相应的人力、资金和设备上的支持，可以考虑聘请外部的企业管理人才来进行运营，使创业团队既有"技术型"人才，又有"管理型"人才，增强风险管理意识、持续学习意识、资源整合意识和信息分析意识，以确保科技成果转化过程中所需的商业能力和商业资源。为了拓宽资金来源，高校还应该积极寻求资金合作，减少风险。

此外，大学与自身创立的衍生企业之间需要构建明确清晰的产权关系，赋予其独立自主权，对人员配备和利益分配进行合理安排，构建出一套现代企业制度，让衍生企业始终保持着充足的活力，也要为衍生业务提供合理的融资支撑、技术支撑、信贷扶持以及社会资金扶持（买忆嫒等，2006）。与此同时，还要创造出一种浓郁的创业氛围，将创业教育与创业实践有机地融合起来，充分调动教职工和学生们的创业参与积极性，提高创办企业的质量，重视打造特色衍生企业，引导大学校内不断进行科研成果转化。

第六节 优秀大学衍生企业案例[①]

博世科是一家创立于1999年的企业，由4名广西大学的教师在南宁高新技术开发区创建。最初，该公司专注于制浆造纸技术转让、科技咨询服务、制纸助剂以及普通纸类食品助剂的研发和生产。然而，从2004年开始，博世科将目光放在了环境保护行业，并以科技创新为核心，为社会提供环保解决方案，将目标定位在工业废水处理领域。在成立之初，博世科便秉承着技术创新的理念，将科研成果转化为实际的生产和销售，致力于在环保领域中占据一席之地。凭借着坚实的技术基础和优秀的团队成员，博世科在环保领域中迅速崛起，并赢得了多个高水平的科研奖励。此外，博世科还在全国范围内设立了多个研究工作站，吸引了更多专业技术人员参与到科学研究中，为公司的技术创新提供了有力的支持。如今，博世科已经成为国内和国际领先的环保企业之一，并在中国环保行业500强企业中独树一帜。2015年2月，博世科成功在中国深圳证券交易所科创板上市，成为广西第一家科创板公司，实现了广西科创板的"零的突破"，并成为国家重点扶持的高科技民营企业。

博世科的发展历程中经历了起起伏伏。在创业初期，博世科在业务、技术和发展模式上处于摸索中，发展缓慢。然而，从2004年开始，博世科明确了自身的发展策略，在技术创新的基础上，逐

[①] 案例来源于博世科公司网站：www.bossco.cc。

步提升各项事业的经营水平，加快了企业的发展步伐。如今，博世科已经成为一家综合性环保服务供应商，并正在向更广阔的领域快速发展。除了技术创新和产品研发，博世科还非常注重人才培养和团队建设。公司坚持以人为本，建立了完善的人才激励机制，为员工提供广阔的发展空间和良好的职业晋升机会。此外，公司还积极培育企业文化，注重团队协作和员工的自我价值实现，建立了一支高素质、专业化的团队，为企业的快速发展提供了有力保障。博世科的成功并非一蹴而就，而是在不断创新和追求卓越的道路上积累的。在未来的发展中，博世科将继续秉承"以科技创新为核心、以环保服务为宗旨"的企业理念，不断加强技术创新和产品研发，扩大市场份额，不断提高企业核心竞争力，为建设美丽中国、推进绿色发展作出更大的贡献。

  博世科公司的创业团队在创业初期面临了许多困难，但是他们在广西大学轻工学院得到了很多资源的支持，这对于创业公司的成长非常重要。创业团队中的四名核心成员都是大学教师，他们保留了大学教师的身份，这样一来就可以继续享受大学提供的各种资源，例如科研设备、研发和生产材料等有形资源，以及专利、技术诀窍、社会声誉等无形资源。广西大学轻工学院为创业公司提供了许多机会，包括早期订单的获得，这些订单都与广西大学及其轻工学院的支持存在千丝万缕的关系。主要的技术创新活动都没有超出平台机构的业务边界，这些创新活动也都是在原来的平台上已经确定的科研项目。虽然创业团队还没有想好自己未来的技术主攻方向，但是他们的创新活动已经对创业企业的技术吸收能力进行了提升。这些活动为下一阶段企业技术创新能力的提升奠定了坚实的基础。此外，博世科公司采用了"以机遇为导向"的策略，以创业团队在创业之前已有的研究成果为核心，将其商品化，以达到"资金原始积累"的目的（曹平、唐华奕，2022）。在这个过程中，博世科公司不断推进技术创新，这对于提高公司竞争力、拓展市场非常有帮助。在未来，博世科公司会更加注重技术研发和创新，以满足市场需求和客户的期望。

在环保行业迅速发展的背景中，博世科也处于快速发展的时期。虽然经营团队的主体依然是原有的创业团队，但他们保持着"双元"的地位，并继续依托于平台组织的科研设备、环境、人力等优势，进行研究与开发。在这样的发展过程中，校方对公司的重视程度与日俱增。在项目融资、市场机遇获取、公共关系维护、品牌形象建设等各个领域，校方都以在当地政商两界的强大影响力，为公司提供更多的直接或间接帮助。同时，博世科也在强化自己的团队，在外部招聘了一批优秀的人才，逐步形成自己的研发和生产体系，并在外部不断扩大自己的营销渠道和市场，树立自己环保行业新星的形象，逐渐削弱依托于母体大学的形象。这是一个非常重要的发展阶段，在这一时期，企业采取的是以技术为核心的策略，不但可以持续地在机会捕捉、团队建构与资源获取等方面得到后者的支持，而且可以与后者进行合作研发，将公司的技术创新能力提升到一个新的水平，从而建立起公司的核心竞争力。

从此以后，公司越来越有信心，不再需要继续依赖于母体大学的滋润，而是更多地依靠自己的力量来实现发展。博世科的成功，离不开母体大学的支持。大学在博世科的成长过程中，提供了许多机会和资源，帮助其发展壮大。然而，随着公司逐渐壮大，母体大学的作用正在逐渐减弱。这也是博世科必须面对的一个问题，为了继续保持发展的势头，公司需要不断地寻找新的机遇，拓展自己的市场，并建立自己的核心竞争力，才能在激烈的市场竞争中占据一席之地。为了实现这一目标，博世科需要继续加强自己的研发能力，不断推陈出新，保持技术的领先地位。同时，公司还需要不断地拓展自己的营销渠道，增强自己的品牌形象，吸引更多的客户。此外，公司还应该注重人才的培养，建立起一支优秀的团队，为公司未来的发展打下坚实的基础。

在博世科的成熟阶段，随着公司的发展步入轨道，经营队伍仍不断与高校进行联系，同时从市场中吸收新鲜血液，人员组成也逐渐趋于多元化。此外，企业构建起了自己独立的研发系统，对外公开获取技术实力的提高日益依赖于市场运作的方式。企业的发展战略演化成构筑全面价值链战略、构筑国际化战略、积极探索PPP新模式和第三方投资管理服务三个支撑点。

在这一时期，企业与母体大学的联系越来越弱，企业更加注重独立自主和开放创新，无论是在技术创新上，还是在发展战略上。此外，企业的机会捕捉、团队建构与资源获取等领域也在一定程度上与母体大学有了分离。在这种情况下，企业需要通过市场运作的方式来识别和捕捉发展机遇。这意味着，企业需要更加注重自身的市场营销和品牌建设，以吸引更多的订单和合作项目。在构筑全面价值链战略方面，企业需要建立一个完整的价值链，以提高自身的竞争力和市场占有率。在构建国际化战略方面，企业需要在全球范围内开拓市场，以扩大自身的影响力和市场份额。在探索PPP新模式和第三方投资管理服务方面，企业需要更加注重与政府和社会资本的合作，以实现资源共享和互利共赢。

第六章 双链融合进程中的学术型企业家

第一节 学术型企业家的特征与价值

一 学术型企业家的概念界定

大学和研究机构是国家创新体系的重要组成部分，大学科研工作者从事创业等业务的数量也在不断增加，与之相关的学术创业研究也越来越多。近年来，越来越多的支持政策出台，学术界与产业界利益相关者也有更密切和更直接的接触。

当前，大学在推动创新和促进经济增长方面的职能逐渐增强，而学术创业作为一项重要活动，可以有效激发大学、学者以及研究人员在区域创新、创业以及科技转化等领域中发挥积极作用。全球许多地区的政策制定者纷纷推出相应措施，以鼓励和激励学界人员积极参与学术创新和创业活动。其中，1980年的贝耶-多尔法案和1986年的《联邦技术转移法案》，是美国政府最早颁布的两项立法，目的是加强科研院所、科研工作者和产业界的密切协作，从而进一步推动技术转让和经济增长（Grimaldi et al., 2011）。

近年来，中国制定了一系列政策来促进社会的创新和创业，特别是针对研究人员，创造了一个有利的创业环境，营造了良好的创业氛围。为鼓励科研人员在科研经费、科技成果所有权等层面上开展在职创业、离岗创业，先后出台了《关于实施高等学校创新能力提升计划的意见》《人力资源社会保障部关于支持和鼓励事业单位专业技术人员创新创业的指导意见》等文件。

在政策的支持下，越来越多的学者投身于创业活动中，成为学术型企业家。他们区别于传统教授的独特之处在于，他们往往会利用自己的专业能力、学术威望、社会资本等，参与一些与学术无关的企业运营活动。

从 20 世纪七八十年代开始，在全球范围内，随着大学的转型，学术创业者的角色与使命也在悄然改变，参与企业经营、创业等活动的大学教师的比例也在不断增加，他们的研究方式变得更具市场导向性和功利性。与此同时，欧美等国家涌现出一批对高科技市场具有敏锐洞察、善于引导高科技人才创业的风投资本，极大地激发了科技人才长期积累的自主创新精神，为科技人才的创业活动创造了有利条件。

自 20 世纪 90 年代开始，关于将学术成果产业化问题的研究，从最初的组织层次向上、向下进行拓展。研究者从宏观层面的制度设计、组织特性，到微观层面的个人决策、行为、特质均有涉及。1994 年，时任德国总理的科尔撰文指出德国应该培养"像企业家一样的科学家"和"像科学家一样的企业家"，就是我们现在所提到的学术型企业家（黄劲松，1996）。这些顶尖学者，可以将自己的研究成果通过产业化的方式推向市场。

二 学术创业与学术型企业家

学术创业的提出和"知识经济"的兴起密切相关。当今，以数字、网络为主要特点的信息技术的迅速发展，使得世界上的经济发展模式对知识的生产、扩散与应用的要求越来越高。知识经济的最大特点就是以知识作为经济发展的基础，知识的重要性已经超过了资产、劳动和土地等生产要素。只有具有高水平的知识产出和高水平的技术创新，才能推进知识经济。

知识经济时代下，企业之间的竞争越来越激烈，对企业家的素质要求也越来越高。具有高科技专业背景的学者，能够成为支撑企业技术创新的重要因素，也是企业获取持续竞争优势的重点来源。学术创业过程本身也是将大学先进知识向产业转化的重要方式。

学术创业，从狭义的角度来看，它是指在学术部门工作的研究人员，利用他们所创造的研究成果创立新公司的商业活动，从广义的角度来看，它指的是研究机构或研究人员对具有潜在商业利益的技术或知识的转让行为。表6-1给出了学术创业的一些定义。

表6-1　　　　　　　　　　　　学术创业的定义

作者	定义
Etzkowitz（1983）	在学术部门工作的研究人员利用其创造的研究成果成立新企业的行为活动
Louis 等（1989）	旨在通过提供咨询或科学产品增加个人或机构的利润、影响或声望的活动
O'Shea 等（2004）	大学及其行业合作伙伴进行的所有活动，旨在通过创建新企业，使高校和机构的研究成果商业化
Powers 和 Mcdougall（2005）	围绕大学开发的技术成立新公司，或向小型私人公司颁发许可证的商业化行为
Jain 等（2009）	具有潜在商业利益的技术或知识转让
Abreu 和 Grinevich（2013）	高校或科研人员通过提供咨询、专利转让等商业化方式来增加个人或机构的利润、影响力或声望的行为

在狭义的定义中，学术创业指的是学者将其在研究过程中获得的成果，以商业化的形式呈现并创造经济价值的行为。而广义定义下的学术创业，则更具有战略性，其综合考量学者在学术生涯过程中的方方面面，以制定更科学有效的管理策略为目的。即从其个人

学术活动的成果中创建一个新的产业或机构,可能伴随着商业化实践。学术创业作为一种特殊类型的创业,其本身呈现出两大显著的特征:首先,学术创业的主体通常包括研究人员、研究团队以及研究机构等;其次,学术创业的创业目标是实现自身研究成果的商业化、产业化,以获得利润。

学术创业活动的主体我们一般称之为"学术型企业家",并将他们界定为:具有在高等院校或研究机构中进行教学和研究的工作经历,通过从事学术创业活动而进行创业的学术性企业家(谢更巧,2003),是一种融合了有市场意识的学者身份和有科技知识的企业家身份的复合型人才。

学术型企业家在推动技术创新、促进科技成果转化为生产力方面发挥着至关重要的作用。学术型企业家与普通创业家的最大不同是,学术型企业家往往扮演着不同的角色与身份。当前,学术界主要从学术型企业家的身份、特点等方面对其创业活动进行探讨。学术型企业家兼具学者和企业家双重身份。陈劲等(2017)认为,学术型企业家既具备学者的身份特质,又具备企业家的身份特质,即他们既具有优秀学者的创造性特征,又具有企业家的创新性特征。熊立等(2019)提出,学者着眼于未来开展研究活动,以创新为基础,探索新的科学领域,企业家注重商业化,以实现技术创新为手段,追求成果的市场化和产业化。学术型企业家与普通创业者的差异如表6-2所示。

表6-2　　　　　　学术型企业家与普通创业者的差异

变量	学术型企业家	普通创业者
知识结构	教育水平较高,且专注于某一领域,具有明显的知识专长,但对其他领域知识了解较少	对于企业管理、销售、战略等方面知识了解更多
工作经历	多集中在科研院,工作经历较单一	工作经历更为丰富,工作经验更足

三 学术型企业家的特性

随着近代企业的飞速发展,在高新技术产业中涌现出了一批优秀的学术型企业家,其创业精神也已经相当成熟。他们大多是精通技术研发和运营管理的企业家,在各自的专业领域内,有自己独到的见解体系。进入创业阶段后,他们更加关注智力资源、技术进步、无形资产,这些都是知识经济时代不可或缺的要素。Shane S. (2003)、Simsek Z. 等(2015)通过对国外高校科研工作者创业情况的调查,发现他们除了具备独立、毅力、精力旺盛等特质以外,还展现出以下特点。

学术型企业家在大学技术转移过程中的作用关键。首先,大学在新技术向社会延伸并形成产业化的过程中,往往扮演着孵化器的角色,因此学者已成为重要的推动力。把科技成果转化为生产力,这是学术型企业家的一项重要任务,对他们的研究水平和技术转化能力提出了更高的要求。

学术型企业家往往既有扎实的理论功底,又有丰富的实践经验。他们既能将理论思考和实践应用相结合,又能将理论学习和市场需求相结合,将学术研究与商业实践相结合,能够在学术能力与管理能力之间找到一种平衡。他们不仅掌握着丰富的现代化科学技术知识,而且具备运用知识来处理信息并且创造价值的能力。因此,他们通常可以准确地计划和实施相关战略,在开发的关键时期作出的战略决策具备前瞻性、及时性等特点。

在管理理念上,学术型企业家往往比一般企业家的见解更独到。因为他们大都是在企业中扮演着"思想家"的角色,所以他们比那些没有受过高等教育的创业者们更经常地运用创造性的方法进行技术创新。学者的研究经验让他们有了"实证意识",比普通的创业者更有判断力,更有敏锐的市场嗅觉,更有"从失败中吸取教训"的天赋，更有坚韧不拔的精神，愿意"试错"，这些都是他们在科研工作中培养出来的素质。

在学术型企业家看来，人力资本是非常重要的生产要素，其重要性超过物质资本。因此，他们在创业阶段，基于自身的知识背景以及其特有的人格魅力，留下了一批杰出的科研人才。从现有的研究成果可以看出，相比于普通CEO来说，那些有学术背景加持的学术型企业家对研发投资的积极性更高，对研发人才培养的重视程度更高。除此之外，他们对杰出的年轻科技人才也加大了激励力度，久而久之形成了自己良好的技术积累，为持续创新创造了足够的空间。就用人而言，更强调"能力为本"，因此可以挖掘出更多的科技人才，极大地提高了企业的整体创造性，确保了企业的整体活力。

第二节 学术型企业家的角色冲突

关于学术创业的研究可划分为三个层面，从大到小依次为：一是系统层面，如政府背景、机构背景和地方性背景；二是大学层面，主要包括高校内外环境方面；三是个人层面，如个人创业动机、个人特质经历等。然而，大多数文献都集中在系统和大学这两个层面，相对而言，对于个人层面的研究数量相对较少，而且个人层面的文献主要集中在学者创业活动的动机、参与和偏好上，对角色冲突问题关注较少，而且侧重于角色冲突的表现形式和应对策略。例如，Jain等（2009）认为，学术型企业家可以通过委托和缓冲两种实践来管理混合身份。而角色冲突的前因和绩效影响仍需要进一步的探索。

一 学术型企业家的角色冲突

Hirsh和Kang（2016）将角色冲突定义为个体身份域之间的感

知不兼容，是指因不相容的期望导致的心理矛盾和行为冲突现象。可分两种类型：角色内冲突与角色外冲突。前者表现为两种形式：其一是个体对理想角色的认识与其实际角色行为的认识发生矛盾；其二是个体变换角色时产生的新旧角色冲突。后者也表现为两种形式：其一是不同角色地位的占有者对特定角色缺乏共同认识产生的冲突；其二是个体同时扮演几个角色时产生的多重角色冲突。个人需要在不同的社会环境中承担明显不同的角色，并在日常生活中随着时间的推移在这些不同的角色之间频繁地进一步转换。当这些角色在身体、时间、情感和义务价值方面提出了本质上不同的要求时，就会发生角色冲突。冲突角色之间价值观的不一致会导致认知失调，从而增加角色管理的心理和物理成本（如情感、时间、认知和空间成本）。

对学术型企业家的研究试图在社会和组织（如大学）层面确定制度因素，以解释学者参与创业活动表现出的个人属性。Fisher（2001）认为当两个或两个以上的角色需求同时存在的时候，就会导致学者履行其中一个角色时，另一个角色变得更为困难，从而导致了角色的实现变得艰难。在个人层面，先前的研究表明，参与商业化活动的学术企业家会发展双重身份——学者和企业家，当他们叠加相反的行为要求时，可能会导致身份不一致和冲突，从这个意义上说，学术型企业家具有双重职业身份，本书关于学术型企业家角色冲突的研究主要在于角色外冲突，具体关注学术型企业家同时扮演学者和企业家两个角色时，学者身份和企业家身份同时被激活，在这种情况下，两个差异性的身份要求不一致的行动，进一步产生双重角色冲突。

学术型企业家通常具有双重角色，即学术角色和商业角色。现有研究表明，这两种角色在许多领域都有所不同，如价值、时间、兴趣和动机。具体来说，企业家更注重短期目标、重商主义和货币利润；学术导向通常更关注长期目标和僵化等。显然，僵化在一定程度上有助于学者的研究工作，对于企业家来说可能并不合适，因为他们必须足够灵活和商业化，以应对动态的商业环境。可以认为，在学术创业过程中，角色冲突成为学术型企业家面临的最普遍的问题。

二 学术型企业家的角色冲突与社会认同理论

Reay（2009）和 Ramarajan（2014）等学者对多重社会身份的研究主要是调查跨社会领域的多重身份（例如，家庭、工作/职业、宗教）。个体对身份的目标和规范几乎没有控制，但需要遵守与这些身份相关的要求和行为约束。因此，个人能否在管理和协同多种社会身份的过程中发挥积极作用尚不清楚。对于学术企业家来说，他们在自己的专业领域内面临着多重身份，这些身份共同形成了他们的职业目标，影响了他们积极创造多重身份协同效应的行为努力。

（一）社会认同理论与角色冲突

社会认同理论起源于心理学，从最小群体范式发展而来，即个体有意识地倾向于他或她的社会阶层或群体（Fauchart & Gruber, 2011）。Tajfel（1978）将社会认同定义为"个体自我概念的一部分，它来自于他对自己在一个（或多个）社会群体中的成员身份的认识，以及附加在该成员身份上的价值和情感意义"，它驱使个体从事保护和提高群体形象的行为。Tajfel 认为群体产生冲突和歧视的根本原因就是对社会认同的追求。

作为对社会认同理论的补充，Turner（1994）提出了自我分类理论。该理论认为，随着资源配置的倾向，群体特征可以被赋予个体特征。因此，社会认同理论将范畴作为认同的基础。个人可以有多个身份，这些身份与不同的"价值观、信仰、实践、模式、脚本和意义创造系统"相关。每一个社会身份都提供了一个镜头，通过它来理解世界，影响决策过程，并导致不同的行为后果和反应。这就形成了身份冲突的基础。根据 Tajfel 和 Turner（1979）提出并完善的社会认同理论，社会认同是指把自己看作团体的一分子，在这个团体中，团体成员所具有的价值观、目标和态度都被看作是团队成员的标准，而非那些具有独一无二特点的个体。通过引导价值观、行为和态度，成为团体中的一员，有助于个体界定自我并降低不确定性。Ethier 和 Deaux（1994）研究表明，团队成员关系发生变化时，会对个体原有的价值观产生影响，从而导致不确定性增加，造成角色冲突。

就大学学者而言，当他成为一名学术型企业家，就代表着他既具有学者身份又具有企业家身份。Bartunek 和 Rynes（2014）研究表明这两个群体之间存在显著的差异。第一，在对问题的界定与解决方法上，学者和企业家有很大的区别，这就导致了他们在逻辑与战略上的区别。比如，对已有研究文献进行梳理是学者构造研究问题的主要途径，通常将理论知识作为问题的基础，而企业家则很少使用文献综述、理论模型等。第二，Shapiro 等（2007）研究表明企业家和学者的时间范畴有很大的区别，就时间线而言，学者比企业家的时间线更长。也就是说，学者们一般都要花大量的时间去打磨才能产出高质量的研究成果，但是企业家通常被要求在相对较短的时间里完成任务。第三，学术界和企业家的交流方式也有很大的不同。学者一般使用学术惯例进行交流，但这对于企业家来说并没有实际意义。第四，学者和企业家代表的利益和动机也有差异。学者对于学术地位的关注更多，比如怎么样才能得到终身教职以及发表高水平的文章。但就企业家而言，他们更多的注意力放在怎么更有效和更有利可图地经营他们的公司。

学者与创业者的角色认同比较如下表 6-3 所示。

当一个学者身份转变为学术型企业家时，这意味着企业家这个新身份被整合到原来的学者身份中去了。在学者创业的过程中，往往伴随着学者和企业家这两个身份的微观转换。学者身份的认同水

表 6-3　　　　　　　　学者与创业者角色认同的差异

变量	学者的角色认同	创业者的角色认同
规范 (Norms)	研究结论具有普适性	产品具有独特性
	成果共享	产出私人所有
	保持怀疑的态度	积极乐观
	企业内部资源	企业外部资源
过程 (Processes)	有很多新的想法并逐一实验	专注某一种产品或产业
	长期导向	短期导向
	个人或研究小组	团队
产出 (Outputs)	论文	产品
	同行认可	利润

平越高，角色冲突就越严重。

首先，对学者身份认同感较强的个体，会更认同学者的规则范式并且按照原来学者的处事作风来做事，和企业家的规则范式是不一样的。差异性身份导致的行为上的不一致性会带来角色冲突。

其次，学术认同程度高意味着个体仍然强烈认可学者的价值观和逻辑。当学术型企业家处理商业问题时，由于学者和企业家之间行为逻辑存在差异，这种脱节会导致角色冲突 (Bartunek & Rynes, 2014)。此外，除了对自身的看法，学术型企业家对非群体人员的认知都受到社会认同的影响。学者的自我认同导致将非学者视为异类，并对他们作出不太积极的评价 (Jetten et al., 1996)。因此，对学者身份的高度认同可能会导致学者对企业家的看法更加疏远——"我不喜欢他们，也不站在他们这一边"。这种身份对立会加剧角色冲突。

相比之下，企业家角色是学术型企业家的新身份。较高的企业家认同通常是学者接受了这一新的身份的结果。社会认同并不单纯是个人对某一群体的观点，更是把群体融入个人的自我观念中，这种认同的转换包含一个重要的发展阶段，那就是从对某个群体的看法到把该群体包含在自己的观念中。该过程是一种自愿过程，依赖个体对其自身与目标群体意识之间重叠的评估（Korschun，2015）。

（二）学术型企业家角色认同水平的高与低

较高的企业家认同表明当学者的自我概念与企业家的自我概念有一定程度的重合时，学术型企业家可以在规范、逻辑和价值之间实现平衡，进而降低角色冲突。当企业家认同水平高时，有助于缩短企业家和学者的感知距离，这对学术型企业家而言，无疑是一个巨大的助力。例如，一些学者研究表明，学者与企业家在逻辑方面产生的区别可以互相加成，并有助于推动研究成果。不过，如果学术型企业家对企业家身份认同水平低，这种差距会使学者很难轻易就适应企业家这一新的行为范式。若个人难以丢下自己的旧身份（Ellemers et al.，2003），就会抵制对新群体的认同。在这种情况下，学术型企业家更容易经历角色冲突。

学术认同和企业家认同对学术型企业家的角色冲突有不同的影响。Libaers 和 Tang（2012）认为大学教师可以同时认同这两个角色。一些学术型企业家首先认为自己是学者，然后才是企业家；其他人持相反的观点，如 Jain 等（2009）认为学者和企业家或多或少都是自我定义的。不管从哪个角度看，学术认同和企业家认同均会对学术型企业家的角色冲突产生影响。

当学术型企业家的学术认同水平较高而企业家认同水平较低时，他们可能会经历更多的角色冲突。Hogg 和 Terry（2000）、Hogg（2009）认为在这种情况下，学术型企业家既表现出自己对新的企业家身份不完全认同，又表现出对学者这一身份的执着。在此情况下，学术型企业家的角色冲突更加严重，使其学者身份和企业家身份很难融合。与此相对，低学术认同水平且高企业家认同水平时，由于其对自己的新身份的接纳和对自己的旧身份的舍弃，其角色冲突将会得到缓解。然而，这种舍弃并不等同于彻底的不要，学者身份仍然是学术型企业家身份的一部分，对两种身份认同的不一致仍可能继续导致角色冲突（Hirsh & Kang，2016）。例如，一个人可能会在时间分配上遇到冲突，因为一个人更愿意把更多的时间花在创业上，而不是研究上，后者通常也需要投入大量的时间。因此，我们认为学术认同水平低和企业家认同水平高的学术型企业家存在中等程度的角色冲突。

综上所述，在学术型企业家对自己的学者身份和企业家身份认同水平不相同时（一个身份认同水平高，另一个身份认同水平低），角色冲突更容易产生。此时，学术型企业家虽然会采用新身份来活动，但是观念、想法更多会沿用旧身份。这使得将两个身份整合到一个合适的个体身上变得困难，因为两个身份之间的距离较远（Jetten et al.，1996）。故而，学术型企业家在对两种身份认同水平不同时会加剧角色冲突的产生。

另外可能存在的情况是，学术型企业家对学术和企业家的认同感都很低。我们认为，在这种状态下，学术型企业家会经历中等程度的角色冲突。一方面，角色之间的价值观和规范冲突不会产生影响，因为这些个体既不认同学者，也不认同企业家。另一方面，学术型企业家的学术认同和企业家认同的低水平意味着这种身份并不是其想要的。角色冲突或由于其内在价值观和行为之间不一致（Rizzo，J. R. et al，1970）。相反，当学术型企业家的学术认同和企业家认同的水平都较高时，角色冲突应小于上述三种情况。学术型企业家身份认同水平与角色冲突程度的关系的四种情况如表6-4所示。

表6-4 学术型企业家身份认同水平与角色冲突程度的关系

学者身份认同水平	企业家身份认同水平	角色冲突程度
高	低	高
低	高	中等
低	低	中等
高	高	低

学者与企业家两种身份为学术型企业家形成整合的角色身份提供了良好的基础，这种整合的角色身份代表了一种更高层次的身份，它将说明作为学者的我是谁，作为企业家的我是谁，在某种程度上代表了这些相互竞争的身份的交集，从而定义了作为学术型企业家的我是谁。在此过程中，一些科学家为了保持自己的学者身份，可能会采取缓冲方法：他们很小心地注意保持了部分与学术有关的理念、规范，并且保证了在技术转让过程中学术观念不受影响（Jain et al., 2009）。学者企业家复合身份代表了解决学者和企业家交集冲突的结构（Shepherd & Haynie, 2009）。因此，当学术型创业者同时拥有较高的学术认同和创业认同时，他们的角色冲突水平最低。

三 学术型企业家的角色冲突与社会认同连续性

社会认同连续性是社会认同理论的一个重要概念，调查了个人对自己（即个人自我连续性）和他们的群体（即集体自我连续性）的看法随时间发生的改变（Sani et al., 2008）。当个体感知到他们（或他们的群体）现存状态与他们（或他们的群体）过去的状态相同时，他们会经历高水平的身份连续性（Iyer et al., 2009）。社会认同连续性衡量了个人与过去保持联系的程度（Haslam et al., 2008）。对于学术型企业家来说，高度的社会身份连续性意味着他们在成为企业家之后，仍然与学术群体有很强的联系。

学术创业不是学者到企业家的二元身份转换，而是学术型企业家双重身份的展现。这意味着他们将与以往的学者群体保持联系，以保持社会身份的连续性。社会认同连续性与群体内依恋有关，并增强社会联系（Sani et al., 2009）。属于一个群体的前提是参与一个群体有意义的活动，这是自我分类的基础，但保持和平衡学者和企业家相互竞争的身份需求是困难的。在本书的研究背景下，我们认为社会身份连续性与身份冲突是一种非线性的关系，身份冲突由两种机制引起：身份竞争与资源和情感支持。

随着社会身份连续性从低水平逐步提高到中级水平，身份竞争变得更加激烈。第一，Bartunek 和 Rynes（2014）以及 Zhang 等（2020）的研究先后证实学者和企业家属于两种不同的身份类别，具有不同的行为规范、利益和激励。价值观和行为规范之间的矛盾会随着社会认同连续性的逐渐提高而加剧（Hsu et al., 2016）。第二，个体会倾向于将自己分类以适应某个身份，这使得群体能够区分"内群体"和"外群体"（Bartel & Wiesenfeld, 2013）。学者和企业家完全不同的身份原型造成了身份竞争，会增加管理这些身份差异的难度。第三，学术型企业家必须增加时间、精力、资金和其他资源的投入，以保持与这两个群体的联系。当这些资源稀缺时，不同的身份就会相互竞争。这种激烈的竞争会大大加剧身份冲突。此外，如果没有足够的参与，很难从一个群体中受益。例如，如果个人想要与团队成员建立良好的伙伴关系，他们就需要积极地参与到团队中。因此，相对较低的社会认同连续性很难获得资源和情感支持。在这种情况下，学术型企业家可能更受困于身份竞争带来的苦恼，而不是获得资源和情感支持。

然而，当社会认同连续性高到超过一定阈值时，这种情况可能逆转。社会身份连续性的好处变得越来越明显。第一，学术创业是将学术成果转化为商业成果的过程。与学者保持密切联系，有助于学术型企业家获得更多的项目信息、技术资源、专业人才、风险投资等资源，为企业家提供更多解决困难和压力的途径。第二，社会认同连续性可以增加群体陪伴，帮助个体建立良好的社会支持网络，有利于提高接受度、自我价值和幸福感（Haslam, et al., 2005）。第三，从事创业活动涉及一些风险，这可能会使企业家感到焦虑或忧虑，特别是那些离开了稳定工作的人（Cacciotti, G. et al., 2016）。与原始群体保持密切联系可以为学术型企业家提供安全感，从而减少创业失败导致的身份丧失的负面影响，有助于降低焦虑和忧虑（Thoits，P. A.，2011），提高心理安全感（Haslam，S. A. & Reicher，S.，2006）。因此，社会认同连续性有助于提供资源和情感支持，从而缓解认同冲突。随着社会认同连续性的提高，学者认同与企业家认同可以逐渐转化为一种互补关系，有利于学者保持多重身份，并提供额外的社会资本来源，可以缓冲身份变更或身份丧失相关的负面后果，从而减少角色冲突。此外，多重身份为人们在困难时期提供了额外的支持来源。具有较高社会认同连续性的学术型企业家更容易从学术群体和从业者群体中获得支持，有助于减少认同冲突。第四，具有高水平社会身份连续性的人往往在管理多重身份方面有更多经验。这样的经历使个人能够发展特殊的技能，在不确定性情境下，这些技能还可以减少学术型企业家的身份冲突。

四 学术型企业家的角色整合

从本质上讲，多个职业身份对任务绩效的影响是通过个人整合角色，努力最大化协同性和最小化目标不一致性来实现的。这要求学术型企业家通过角色整合积极地接近他们的多重职业身份，这一过程与认知灵活性、更高的创造力有关。社会认同理论认为，整合不同职业身份之间的重叠可以减少角色之间的冲突。高度的角色整合有效降低角色分化的负面效应，减少了任何社会威胁。相比之下，如果多个角色身份没有很好地融合在一起，就不可避免地会因为行为不一致而导致冲突。我们认为，角色整合可以使学术企业家缓解角色冲突，增强角色合法性，从而更好地获得支持学术企业家行为的社会、认知和情感资源。

学者的企业家身份产生多重职业身份——学者身份和企业家身份。对这些职业角色的认同可能会触发学术企业家的角色整合过程。从理论上讲，Olson-Buchanan 和 Boswell（2006）认为角色识别是角色整合的重要决定因素，因为 Huyghe 等（2016）以及 Jain 等（2009）的研究都表明多重身份在很大程度上能够激励个体通过实现混合身份来协调整合。在学术创业的背景下，角色整合是可行的，而且回报很高，因为在学术和创业工作的增值过程中，知识是共同的底层要素。创造知识的学者，由于他们对知识价值的原创性和排他性的理解，能够很好地认识和追求这些知识的商业化效益。基于大学运营的科技园和企业孵化器等市场中介服务（如会计、法律、物流、营销和其他商业服务）和制度、资源支持，通过商业化来创造知识和利用知识之间的差距也在不断缩小。具有强烈企业家认同的学者可能会认为角色整合会带来高回报，并有很高的可能性获得这种回报。

通过参与角色整合，Anicich 和 Hirsh（2017）以及 Mok 和 Morris（2009）研究都表明提高个体的认知灵活性，而不是强调冲突，会使学术企业家更容易接受将企业家角色作为其社会身份的一部分，同时以更大的热情和努力积极参与学术创业，这反过来又有助于学术创业表现。企业家身份和学者身份的角色整合提供了知识、社会、认知和情感资源，也有助于从事学术创业的灵活性。

角色整合使得学术企业家能够更好地识别各个环节之间的互补性：

学术和创业规范——是选择知识生成还是用以逐利？

过程——是进行知识探索还是加以利用？

产出——是将研究结果发表还是用在商业化？

角色整合是学术型企业家增强任务绩效的重要机制，但角色整合的过程受到学术型企业家社会支持（外部条件）和整合角色的任务适应能力（内部条件）的约束。

从外部来看，虽然社会资本是个体可利用的资产，使他们能够从其在社会网络中的位置获得资源支持，但个体行动者需要调整其社会资本的配置以适应不断变化的资源需求，特别是当现有社会网络无法提供必要的资源时。作为一种融合了学术和企业家角色的混合身份，个别学者需要将自己的社会资本扩展到学术网络之外，与产业伙伴和更广泛的商界建立新的关系。

在内部，角色整合重新定义了任务目标和实现这些目标所需要的方法和能力。任务适应性反映了个人平衡任务目标实现和战略方向的能力，为学术型企业家实现角色整合提供了手段。同时，任务适应性还在情感和操作层面上发挥作用。例如，在情感层面，任务方法的适应性使学术型企业家能够对任务环境的变化保持积极的态度，乐于接受新的流程来执行任务。任务适应性高的个体也能够通过关注目标实现的前景来更积极地解释不确定性。在操作层面，适应性激活了实现目标的认知灵活性（Morris et al.，2013），使学术型企业家对角色整合任务具有更强的适应性，他们可以更好地评估新的任务要求，并相应地调整他们的资源投入和执行方法，从而优化任务结果（Puhl et al.，2014）。

关于学术型企业家身份认同、角色整合对角色冲突影响的理论模型如图 6-1 所示。

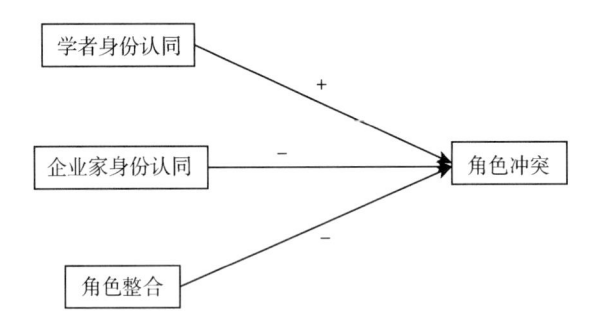

图 6-1 社会认同理论与角色冲突理论模型

第三节 学术型企业家角色冲突感知对学术创业绩效的影响

一 学术型企业家角色冲突感知与学术创业绩效的实证研究设计

时间分配是学术型企业家角色冲突的一个主要问题。在教学、研究和创业之间,一些学者发现很难有效地管理时间。Payne等(1996)的研究显示,要产出高品质的科研成果,通常需要投入相当长的时间成本才能完成透彻、深度的研究,但商业决策则是迅速、即时的,以应对不断变化的环境(Payne et al., 1996)。不恰当的时间分配会损害学术企业家的业务和学习能力(Lahey, 2009)。角色冲突的另一个重要方面是两个身份的不同行为规范,包括思维方式和解决问题的方式。用学者的逻辑来处理商业问题是不合适的,反之亦然。例如,严谨是学者的一个重要特征,但对于需要灵活性来应对不断环境变化的企业家来说是不合适的。学者通常追求论文数量或同行认可,而企业家通常关注企业生存和利润。因此,行为规范的混乱也会损害学术创业绩效。

此外,Hirsh和Kang(2016)研究发现角色冲突会产生高度的焦虑和压力,Lahey(2009)研究表明角色冲突会影响身体健康,Mcgregor等(2012)研究发现角色冲突会影响情绪健康,导致效率降低。冲突会对工作满意度产生负面影响,并阻碍工作表现,可能导致焦虑、低动机和低敬业度。对于严谨的学术型企业家来说,这种负面情绪往往会持续更久,将严重影响创业绩效。同时,Zeidner和Zevulun(2018)认为身份冲突是学术创业的一个重要压力来源,它会带来工作不安全感和心理负担,威胁心理健康。不良的心理状况会影响工作，比如降低幸福感和自我效能感，这对工作表现有负面影响。在创业过程中，学者寻求实现学术型企业家身份，但角色冲突会威胁这一最终目的，影响对实现学术企业家身份的期望，进而影响目标承诺。降低目标承诺使学术企业家更容易受到挫折和负面反馈的影响，这对提高学术企业家绩效是不利的。

（一）研究假设

在以往的研究中，关于角色冲突更多探究的是其负面作用。然而对于学术型企业家而言，如果能够感知到角色冲突并积极应对，他们特有的企业家精神（如在做学术研究过程中坚韧的试错能力，适应能力）也有可能将角色冲突转化为动力。对学者与企业家两种角色的行为要求冲突感知越具体、越清晰，学术型企业家越有信心应对复杂的创业情境，并有能力化解相矛盾的角色要求。学术型企业家角色冲突感知会产生正面效应基于以下四点情境：首先，适当的冲突能够促进学术型企业家对自身角色行为进行反省、检讨，并对其自身的角色进行评价，进一步提高其所需的角色契合度；其次，角色冲突促使学术型企业家以"社会角色"的标准来审视自身存在的不足，使学术型企业家更好地提高自己的实践能力；再次，如果学术型企业家们自己感知到了这种角色冲突，能够处理好这种角色冲突，就能对创业绩效产生正向的影响；最后，当学术型企业家主动化解了角色冲突，这种化解冲突的行为都是其对所处环境、自身角色的新的认识，也是对自身的一次升华。

根据以上论述，我们提出假设1：

假设1：学术型企业家角色冲突感知与创业绩效正相关。

根据"扩张—加强假说"，当一个人同时扮演多个角色，这些角色能够互相产生积极影响，这样其在角色表现上所获得的收获就会大于因为付出导致的资源损失。这种多重角色间的相互促进可以通过多种形式来实现。

从创业者获取资源的途径来看，学术型企业家在担任学者、从事学术研究活动中学到的知识和技能能够在企业经营活动中加以利用，可以看作是通过自己创造的方式来集聚资源。并且，学术型企业家的角色冲突感知会导致他们学术研究过程中获得正面反馈和正向情绪，也会对企业的生产经营起到积极作用，学术型企业家在企业经营过程中感受到的促进作用越大，个体在角色表现中累积的收益越多。

根据以上论述，我们提出假设2：

假设2：学术型企业家角色冲突感知与资源获取正相关。

与经营资源相比，知识资源的获得对于企业的未来发展更为重要。特别是关键隐性资源的稀缺性、不可替代性、不可模仿性，使得其获取成本很高，而且由于其模糊性和不可言传性，很难在公司内进行高效的分享，也无法快速地将其转换为公司的业绩。同时，由于创业公司自身的资源稀缺、信息不对称、高不确定性等，使其难以获得合作伙伴的信赖，又进一步加剧了获得关键资源的难度与成本。本书借鉴朱秀梅等（2011）的研究，把创业资源划分成知识资源和资产资源。

有形创业资源（即资产资源）可以帮助创业者采用高效的管理模式，扩大市场份额，提高绩效。无形创业资源（知识资源）随着在企业中的不断积累，对绩效的贡献越来越大，新的知识资源的获取成本和研发成本也会越来越小，因此，它会对绩效产生正向影响。研究表明，创业团队的资源获取与创业绩效之间存在显著的正向关系。赵文红、李秀梅等（2014）也发现，就创业者而言，资源获取对其创业绩效也具有正影响。

根据以上论述，我们提出假设3：

假设3：学术型企业家资源获取与创业绩效正相关。

拥有双重身份的学术型企业家，在生产经营过程中不可避免地会产生冲突。对于学术型企业家，Zhang等（2021）认为他们先前拥有的学术经验，学术研究过程中面对挫折产生的积极精神使其面对冲突时产生的损耗会小于收益，从而可以增加学术型企业家在创业过程中的资源获取能力，进而对创业绩效也有正向作用。在本研究中可以具体化为学术型企业家的角色冲突感知可以提高其资源获取效率，而学术型企业家获取的资源越多，其创业绩效相对而言越好。

根据以上论述，我们提出假设4：

假设4：资源获取对学术型企业家角色冲突感知与创业绩效的关系起到了中介作用。

（二）样本与数据

本章的研究样本与数据来自2021年9月至2022年1月所做的调查，累计发放问卷423份，共回收问卷394份，其中有效问卷375份，问卷的回收率为93.14%，有效率为95.17%。具体的描述性统计见表6-5及表6-6。

表6-5　　　　　大学衍生企业的基本统计特征　　　　　单位：%

企业创办年限		企业最大股东		企业员工人数	
5年及以下	29.3	母体学校	50.0	50人及以下	63.1
6—10年	34.1	国有企业	9.9	51—100人	17.9
11—15年	15.2	私营企业	12.9	101—200人	9.9
16—20年	14.4	个人	27.0	201—300人	2.1
21年及以上	7.0			301—400人	1.9
				401—500人	1.9
				501人及以上	3.2

表6-6　　在高管团队中任职同时仍在承担教学科研任务的

学者统计资料　　　　　单位：%

性别		年龄		职称		教育程度		学科背景	
男	83.5	30岁及以下	3.7	院士	4.5	博士研究生	70.9	自然科学	12.8
女	16.5	31—35岁	4.5	长江学者	4.3	硕士研究生	26.7	工程与技术科学	63.6
		36—40岁	14.2	杰出青年	6.1	本科及以下	2.1	农业科学	10.7

续表

性别	年龄		职称		教育程度	学科背景	
	41—45岁	23.0	教授	57.0		医药科学	8.6
	46—50岁	34.8	副教授	22.7		人文与社会科学	4.1
	51岁及以上	19.8	讲师	5.3			

(三) 变量测量

1. 角色冲突感知

对于角色冲突感知的测度,我们基于 Rizzo 等 (1970)、Bartunek 和 Rynes (2014) 等的研究,从时间、精力、工作要求等方面的角色冲突,最终以五个题项来测量,题项以李克特5级量表来衡量。本次测量的 α 系数为 0.412。探索性因子分析显示,本问卷量表 KMO 为 0.604,适合进行因子分析,因子分析结果如表 6-7 所示。

表 6-7　　　　　　角色冲突题项的因子分析结果

变量	题项	因子载荷
角色冲突感知	1. 必须接受两套完全不同的考核制度	0.710
	2. 需要经常处理互相矛盾的工作要求	0.801
	3. 时间和精力常常不够用	0.793
	4. 学术工作和管理工作中,必须与完全不同的团队合作	0.816
	5. 有时候不得不违反大学或者企业的规则	0.777

2. 资源获取

对于资源获取测度,本书参考朱秀梅 (2011) 等学者的研究,将创业资源划分成知识资源和资产资源。其中知识资源包括技术、人才等;资产资源包括资金、场地与设备等,最终以六个题项来测量,题项以李克特5级量表来衡量。本次测量的 α 系数为 0.770。探索性因子分析显示,本问卷量表 KMO 为 0.763,适合进行因子分析,因子分析结果如表 6-8 所示。

表 6-8　　　　　　　资源获取题项的因子分析结果

变量	题项	因子载荷
资源获取	1. 资金	0.889
	2. 场地与设备	0.726
	3. 技术	0.876
	4. 人才	0.788
	5. 关系资源	0.539
	6. 战略引导	0.658

3. 创业绩效

对于创业绩效测度，学术创业指的是学者基于大学创造的技术建立新的衍生公司（Hayter et al.，2018）。受社会身份影响的企业家可能对绩效有不同的认知，这表明研究人员在衡量绩效时应考虑到企业家的多重身份追求。我们基于 Chrisman 等（1998）和 Chang 等（2016）的研究，最终将创业绩效分为财务指标和非财务指标两方面。财务指标以销售利润率来测度（"年均利润率 5% 及以下"=1，"年均利润率 6%—15%"=2，"年均利润率 16%—20%"=3，"年均利润率 21%—25%"=4，"年均利润率 26% 及以上"=5）。非财务指标由 7 个题项来测度，题项以李克特 5 级量表来衡量。本次测量的 α 系数为 0.800。探索性因子分析显示，本问卷量表 KMO 为 0.832，适合进行因子分析，因子分析结果如表 6-9 所示。

表 6-9　　　　　　　创业绩效题项的因子分析结果

变量	题项	因子载荷
非财务指标	1. 企业非常强调研发、技术领先和创新	0.609
	2. 企业在最近三年里有许多新产品（服务）线上马	0.691
	3. 企业的新产品（服务）大多是大幅度的创新	0.709
	4. 基于外部经营环境，企业倾向于采取大胆的、迅速的行动来达到企业目标	0.671

续表

变量	题项	因子载荷
非财务指标	5. 面对不确定性情况进行决策时，企业更倾向于采取较大胆积极的态度，以掌握潜在的机会	0.684
	6. 倾向于作为"领导者"，经常比同行先推出新产品、进入新市场，或率先引用新的管理模式和技术	0.837
	7. 高层主管经常审视产业发展趋势，率先掌握机会，提早行动应对变化	0.757
财务指标	8. 企业的年均利润率	0.942

二 实证结果与讨论

（一）实证检验结果

本研究首先对控制变量、自变量、因变量两两之间的关系进行皮尔逊相关分析。结果如表6-10所示。

表6-10　　　　　　　　各变量的相关系数

	1	2	3	4	5	6	7	8
1. 性别	1							
2. 年龄	-0.077	1						
3. 职称	-0.057	-0.146**	1					
4. 教育程度	-0.074	0.070	0.112*	1				
5. 学科背景	0.002	-0.007	0.030	0.066	1			
6. 角色冲突感知	0.047	0.091	-0.054	0.034	-0.029	1		
7. 资源获取	0.024	0.086	0.021	-0.034	0.013	0.247**	1	
8. 创业绩效	-0.006	0.113*	-0.082	-0.013	0.016	0.148*	0.209**	1

注：$*p<0.05$，$**p<0.01$。

学术型企业家角色冲突感知和创业绩效的相关性分析结果显示，角色冲突感知和资源获取（$r=0.247$，$p<0.01$）正相关，角

色冲突和创业绩效间（r=0.148，p<0.01）正相关，资源获取和创业绩效（r=0.209，p<0.01）正相关。

我们采用普通最小二乘回归分析来验证我们的假设。表6-11中模型3的回归结果显示，当我们控制企业家的性别、年龄、职称等因素，学术型企业家的资源获取与创业绩效显著正相关（β=0.190，p<0.001），R^2提高了3.9%。

表6-11　　　　　　　　　　回归分析结果

	创业绩效				资源获取	
	模型1	模型2	模型3	模型4	模型5	模型6
性别	-0.008	-0.022	-0.019	-0.028	0.060	0.034
年龄	0.059*	0.053	0.048	0.045	0.0577	0.045
职称	-0.042	-0.038	-0.047	-0.044	0.031	0.038
教育程度	-0.021	-0.029	-0.09	-0.015	-0.066	-0.079
学科背景	0.014	0.018	0.012	0.015	0.012	0.018
角色冲突感知		0.155**		0.105		0.294***
资源获取			0.190***	0.169***		
调整R^2	0.004	0.020	0.043	0.048	-0.002	0.056
$\triangle R^2$		0.016	0.039	0.044		0.058
F	1.333	2.290*	3.745***	3.676***	0.888	4.652***

注：*p<0.05，**p<0.01，***p<0.001。

为了验证资源获取在学术型企业家角色冲突感知与创业绩效关系中的中介作用，我们采用Baron和Kenny（1986）提出的中介效应检验法三个步骤：第一步，我们首先检验了学术型企业家角色冲突感知与创业绩效的关系，如模型2所示，学术型企业家的角色冲突感知与创业绩效显著正相关（β=0.155，p<0.01），R^2提高了1.6%。第二步，如模型6所示，当资源获取作为因变量时，我们发现学术型企业家的角色冲突感知与资源获取之间显著正相关（β=0.294，p<0.001），R^2提高了5.8%。第三步，我们在模型2的基

础上，将资源获取加入回归方程中，以检验学术型企业家角色冲突感知和创业绩效关系的变化。如模型4所示，结果表明，学术型企业家角色冲突感知与创业绩效的正相关关系由显著变成了不显著（β=0.105，p>0.05），而资源获取与创业绩效显著正相关（β=0.169，p<0.001），而模型4的R^2比模型2提高了2.8%。由此，说明资源获取在学术型企业家角色冲突感知与创业绩效间起到了中介作用。

（二）结果讨论

在以往关于角色的研究中，关于冲突这一话题，想到的更多是矛盾、对立、损益等负面词汇，但压力即动力，角色冲突也会有积极的一面，在学术型企业家创业进程中，要规避因为角色认知不足、时间精力有限的超负荷冲突等导致的负面影响，也要增加一些增益性的角色冲突，使学术型企业家能够清晰感知并有动力应对，朝着利于创业行动的方向发展。

规避角色冲突的策略：

①创业前期需要对所承担的角色任务有清晰的认知。可以降低由于角色模糊等问题导致的角色冲突，学术型企业家的"学术"特点，决定了其角色设计时需要遵循组织使命，而非仅仅是自身兴趣；在设计个人职责时要符合组织战略，而非仅仅是个人喜好。学术型企业家在设计自己的角色时，要考虑所处环境的要求，尤其是在进行创新研发时，需要关注研发成果可能带来的法律风险。同时，不同行业、不同企业的外部环境也有很大差异，也要纳入考虑范围。②个人特质与角色相匹配。进行企业经营的学术型企业家，除了注重学术水平外，人格魅力、价值观、社会资本等个人特质都应该与企业家的身份相匹配，否则就容易出现角色冲突。③建立相应的制度以降低或避免角色冲突。创业制度是一个由一系列相关的制度与流程所构成的体系。如果能建立一个健全合理的制度，并用相关的制度管理方法来加强制度的完善，就可以使学术型企业家规

避许多协调工作，从而减少角色冲突。④营造公平公正的创业氛围。学术型企业家在角色上产生的一些冲突往往与其所处的创业环境有关，因此在学者创业的过程中，需要培育公平公正、宽容包纳和积极进取的创业环境。⑤社会与家庭支持。来自社会与家庭的支持能缓解个体心理压力、改善社会关系。

增加角色冲突的策略：

①完善学者创业的相关制度。通过对学者创业相关制度的完善，提高由多元化引起的有利冲突。②采取激励与奖励机制。当学者们的创业行为超出了学者所承担的职责范围和能力边界时，就会直面各种冲突和挑战。学术型企业家所处的环境会导致典型的角色冲突，一味规避冲突很难做到。合理的激励与奖励机制，如在制度政策上鼓励、支持学者回应、挑战冲突，引导冲突朝着对学者有益的方向进行，会促进学者创业行为。

第七章　大学技术转移的模式创新

第一节　科技资源与企业资源的转化与利用模式

一　科技资源与产业资源的概念

（一）科技资源的概念与分类

1. 科技资源的内涵

科技资源是指在科技活动中所涉及的各种要素和资源，包括人力资源、物质资源、财务资源、组织和管理资源以及信息资源等。这些资源为科技活动提供了必要的物质基础和支持，同时也为科技管理、决策和科学研究提供了基本的条件和保障。在国家发展和创新中，科技资源被视为重要的战略资源，其充分利用和合理配置对于提升国家科技实力和竞争力至关重要。科技资源的整合和有效利用能够推动科技创新、促进经济发展，并对社会进步和改善人民生活产生积极影响。（赵伟、赵奎涛、彭洁等，2008）。

从宏观层面来看，科技资源能够为一个国家的繁荣和发展提供无尽的驱动力，是其他创造性活动的基础。从微观层面来看，科技资源使企业掌握先进的生产技术、拥有先进的选才方法和创新思维方式，使企业不但拥有核心的竞争源泉，为其持续发展注入活力，而且能够引领行业发展，成为行业中的佼佼者（陈佳楠，2022）。科技资源直接或间接地推动了科学技术进步，从而促进了与经济发展有关的劳动力、资金、信息、人才等其他资源的发展。科技资源是科技活动所必需的重要条件，它不仅包括人力、财力、物力和知识信息等输入要素，还包括科技成果等科学研究和技术创新的产出（杨子江，2007）。科技资源具有一些共同的特点：首先，它支撑着科技活动，是促进科技进步和经济社会发展的物质基础。其次，科技资源不是杂乱孤立的，而是一个系统，是多要素的集合。再次，科技资源不仅仅涉及人和物，而且包含了很多要素，如有形资源和无形资源。最后，科技资源的各个组成要素通过相互作用形成一个整体的系统，各要素有不同的功能和作用，具有一定层次性（董明涛等，2014）。

2. 科技资源的分类

不同学者对科技资源中具体资源要素的分类各有所不同，其中具有代表性的为"三要素论""四要素论""五要素论"。表7-1可见，对于目前的科技资源分类，学者们大多从其内容上进行了划分，但多数分类仍较为笼统，分类不够细致，分类层次也不够深入。

表7-1　　　　　　　　科技资源现有分类

典型分类理论	科技资源要素的主要内容
三要素论	科技人力资源、科技物力资源、科技财力资源
四要素论	科技人力资源、科技财力资源、科技装备资源、科技信息资源
五要素论	科技人力资源、科技财力资源、科技装备资源、科技信息资源、科技政策与管理资源

资料来源：董明涛、孙研、王斌（2014）。

科技资源具有动态性，不仅经济发展和社会进步对科技资源具有推动作用，而且外在积极或者消极的环境因素介入也会影响科技资源，因此其包含的具体内容也在不断变化。在发展变化的过程中，科技资源的分类也更为完善，具体分类见表7-2。

表7-2 科技资源分类

所属种类	内容及形态
科技人力资源	直接从事科技活动的人员和为科技活动提供直接服务的人员，比如：专业技术人员、研究与发展人员，是社会中一类拥有较高素质的人力资源。课题组、研究机构、企业研发部门、高校等
科技物力资源	各种科研仪器、设备，为科研活动准备的原材料、科研场地和基础设施等。主要分布于研究机构、高校、科技服务机构等
科技财力资源	科技活动的资金投入，包括为科研活动或高校、研究机构顺利运行拨付政府科研专项资金，企业投资、科研活动的贷款及其他款项
科技信息资源	以各种科技文献、期刊、科研图书、专利、数据库、网络平台等为载体的科学技术产出，主要表现为知识信息性成果
科技技术资源	文献检索技术、仪器相关技术、科技评估检测技术、管理决策技术、研发创新技术、发明专利技术、科技培训技术

（二）产业资源的概念与整合

1. 产业资源的概念

产业资源是指产业企业运作所拥有的各种资源要素，包括有形资源和无形资源。一般来说，产业资源包括在生产过程中所需要投入的生产要素的总和，具体包括资金、员工、设备、品牌、专利、技能等（Grant, R. M., 1991）。最基础的产业资源分类方式是根据资源要素的参与程度，将其直接划分为直接资源和间接资源。直接资源也称为有形资源，包括财务、人才、管理等，间接资源也称为无形资源，包括信息、科技、政策等（王丹，2021）。产业资源也可以按照使用主体的边界，划分成企业内部资源和企业外部资源两种类型，它们涵盖了企业为了发挥并实施自身战略发展而使用的任何基础物资，如企业的人力资源、制度文化、知识产权等（俞欢，2021）。

2. 产业资源的整合

产业资源整合作为一种战略决策，其目的是使企业获得长远的收益。为了适应市场的发展和变化，企业必须对各种资源进行有效的整合和优化，并具有很强的统筹和协调能力。企业要制定一个动态的、综合的指标，及时地调整资源和优化能力，以使长期发展目标更加完善。以下是企业进行资源整合的三种主要方式。

（1）纵向整合

纵向整合又被称为垂直整合，是指将在产业价值链上存在利益关联的企业（可以使两个或者两个以上的企业）联合起来，形成一个共同的经济体系，通过这种模式，把其他资源聚集到一个整体的经济价值链中，实现其他资源的融合与调动，从而产生更大的经济价值。

传统制造产业的纵向价值链可以概括为：采购原料、加工制造、销售和运输。企业应该着重考虑怎样才能在整个产业链上找到关键的、最重要的价值环节，在经济链中占据最有效的位置，最大限度地发挥和利用自己的优势。同时，也应该通过利用其他资源和外力，来提高资源融合效率。

（2）横向整合

横向整合是在产业链的单个环节中寻求并行的发展，为了使此环节最大限度地发挥其价值，需要寻找在横向延伸扩展方面可以被调用和重新组合的资源。横向整合与垂直整合的区别在于：横向整合是指将同一类型的多个资源用于整合产业链某个环节的过程，而垂直整合则是将各种不同类型的资源集中到产业价值链的各个节点上。它的关键在于各企业之间的协作，各企业在各自的价值链上可以寻找适合自己的位置，而各节点之间的合作，则会产生更多的价值。一般来说，横向整合的资源多为产业链之外的资源。

（3）平台式整合

无论是横向的资源整合还是纵向的资源整合，企业本身也会作为"资源"参与到整合的过程中,能够和其他企业进行良好的合作,这是资源整合的本质。平台式整合是指集合各种资源,以企业自身为一个信息处理的网络中间平台,以此来加工处理供需资源,提供信息服务,平台服务的对象为信息提供者、信息需求者甚至是第三方集成商。

例如,美团是一个很好的资源整合平台,它把本地的各类线下服务供应商资源都进行了整理归纳,然后以"团购"的方式进行推广,并收集了大量的用户,建立了一个用户和供应商通过 App 进行交易的网络交易平台,为用户和供应商提供了便利,与此同时,美团通过交易平台的服务费来赚取利润。目前我国还有许多相似的进行资源整合的案例企业,例如淘宝、微信、携程旅行、去哪儿旅行等。

二 科技资源与产业资源的转化与利用

(一)技术导向的创新

技术导向的创新资源集聚是将世界先进技术通过"技术挪用""技术移植""技术外溢""外部技术内化"等方式来满足本地化的技术需求,进而吸引与技术相关的人才、设备、管理等创新要素。其主要模式有直接技术引进、技术交易、共建技术合作基地等(李福、赵放,2018)。此类技术创新资源的集聚通常经历四个阶段:引进、吸收、创新和拓展。在第一阶段(引进阶段),国内企业因为缺乏技术成果或技术研发能力,通过从外部引进技术弥补自身的技术短板,拓宽技术领域的知识边界,并为后续的创新提供基础;第二阶段(吸收阶段)指的是对外来技术的娴熟运用,同时对外来技术进行本土化的适应性研究和开发,使之变为自己的技术;第三阶段(创新阶段)指的是借鉴国外技术,鼓励国内企业利用现有的知识、经验,通过对国外技术的吸收,开发出具有自己知识产权的新产品、新技术；第四阶段（拓展阶段）指的是通过多种方式，进行一系列的资源整合与创新整合，以保持可持续的竞争力，为区域内的创新与创意储存更多的资源与能量（李福、赵放，2018）。

比如，中国台湾新竹之所以能跻身全球知名科创之列，就是因为它采用了以技术为核心的创新资源聚集方式（见表7-3）。20世纪80年代，新竹科学工业园被公认为亚洲践行和借鉴硅谷模式最成功也是发展最迅速的科技园之一，更被称为以高科技为主要推动力的地区"增长极"。

表7-3　　　　　　　　中国台湾新竹创新资源聚集过程

时间	过程和主要内容
20世纪70年代中期	◆ 以引进新技术和发展高级及精密工业为主导，旨在转变过去以劳动力为主导的经济结构 ◆ 战略目标是实现经济的结构升级和转型
20世纪80年代初期	◆ 为了弥补科技基础、人才支撑和产业环境相对较薄弱的短板，台湾新竹地区采取了由"外引主导"到"自主创新"的发展模式。这一模式的核心是积极引入美国硅谷地区的半导体技术，并将其进行技术转移 ◆ 台湾工业技术研究院采用"技术引进—消化吸收—再创新"模式
20世纪80年代后期至90年代中期	◆ 新竹地区的自主创新能力逐渐增强 ◆ 相关产业开始进行自主设计与研发，从OEM的接单生产模式转变为OBM（自有品牌制造商）的品牌自创模式 ◆ 当地企业积极开展自主创新和研发，将自己的品牌推向市场

（二）人才导向的创新

人才不仅是知识生产的主体，也是知识流动的载体。创新型人才既是国家科技创新、社会经济发展的第一要素，又因其高度的流动性，而成为各地区（城市）打造全球创新中心而相互竞争的关键要素。在知识经济进入一个更高层次的过程中，科学技术研究人员、创新人员在促进经济增长中的重要作用日益凸显。在我国，人才的流动与集聚是智力资本的流动和投资方式，它集中体现了知识、技术、创意、管理等要素。其中，人才驱动型的创新资源聚集方式主要体现在：对人才培养的投入，对人才的吸引机制、激励机制，对人才流动的服务与支持。

比如，为了突破人才发展中的体制性桎梏，北京在人才集聚利用、梯队培养、探索人才自主流动机制以及评估激励机制等方面，提出了许多战略性的措施（见表7-4）。北京正致力于建设一个世界级的人才培养平台和聚集高地，为建设一个国际化且有影响力的创新中心而努力。

表7-4　北京为破除人才发展的障碍而提出的战略举措

类型	战略举措
人才聚集	◆ 实施极具吸引力的海外人才集聚政策 ◆ 建立人才与项目对接机制，引进一批掌握国际领先核心技术、有助于提升技术和产业发展主导权的高端人才 ◆ 为人才提供更多的机会和平台，吸引他们在北京发展并贡献自己的才华
梯队培养	◆ 实施"北京市科技新星计划""科技北京百名领军人才培养工程""北京学者计划""高层次创新创业人才支持计划""中关村高端领军人才聚集工程""优秀企业家集聚培养工程"等人才计划，建立健全人才梯度培养机制 ◆ 建立健全的人才梯度培养机制，重点培养和引进各领域的优秀人才
探索人才自主流动机制	◆ 简化人才跨界流动的手续和程序，鼓励人才在企业和机关事业单位之间自由流动，提供更多的职业发展机会和平台 ◆ 建立人才交流和合作项目，促进企业和机关事业单位之间的合作，加强创新创业人才的共享和互动
评价激励机制	◆ 通过科研项目资助、科研基金等方式，为优秀科研人才提供经费支持 ◆ 为人才提供住房优惠政策，包括租金减免、购房优惠等，帮助他们解决住房问题 ◆ 提供创业支持政策，包括创业培训、创业孵化器、创业资金等，帮助人才实现创业梦想 ◆ 设立中关村外国人永久居留服务大厅，设置永久居留"直通车"，以进一步吸引国际顶尖人才，为外籍人才提供便利和优惠措施

第二节　科技资源与产业资源融合、转化的挑战

科技资源转化为产业资源的研究热潮起源于美国。自拜杜法案

出台以来，美国的科研成果无论是在数量上还是在商业化程度上，都有了明显的提高（Wong & Singh, 2010; Grimaldi et al., 2011）。美国高度重视科技资源向产业资源的转化，因此形成了一大批以科研机构为基础的大学衍生企业，并因科技进步所产生的内生性成长优势，使美国长期保持全球第一大经济体的地位。一些欧洲学者注意到科技资源转化为产业资源给各国的经济发展所带来的变化，并在对比欧盟和美国两个地区的科研机构和技术转移水平后，得出一个结论：欧盟国家尽管在科技创新和研究方面做得很好，但是，将科技资源转化为产业资源的能力却并不优秀，欧洲的学者们把这种高研发投入却低产出的成果转化现象称之为"欧洲悖论"（Conti & Gaule, 2011; Jonkers & Sachwald, 2018）。在科研体系的不断完善、研究开发程度不断提高的情况下，我国在近些年来也出现了"欧洲悖论"，即我国每年都有大量的高质量的学术论文以及专利成果，但在科技资源向产业资源转化的效率方面仍有待提高（Guan & Chen, 2010）。究竟是哪些因素阻碍了科技资源向产业资源的转化进程呢？

一 个人和企业层面

（一）角色冲突

学术型创业公司的特点是以学者为创业主体。学者和企业家的角色之间常常存在冲突，这主要是因为学者往往会带有浓重的学术色彩，学者印记对学者转化为创业者以及其创业过程影响较大，如果不能在两者之间寻找一个平衡，那么在从学者转变为创业者的过程中便会出现失败的风险，这是由于学者和企业家两个不同的身份会使学术创业者分心，导致创业者的"角色冲突"（Wang et al., 2021）。另外，因为高校科研部门和科研人员缺乏对知识产权的保护意识和市场意识，以及科研管理制度的不完善等，科研部门和科研人员在科技成果转化的过程中一直处在相对弱势的位置，如果他们的合法权益没有得到很好的保障，势必会对他们科研工作的积极性、主动性和创造性产生不利的影响，从而对科技成果转化的总体工作水平产生不利的影响。

目前，学者们的研究主要集中在对学术型企业家的企业家身份的探讨上，虽然研究者们拥有非常丰富的科学研究经验，但是他们对与企业管理有关的知识却相对匮乏，所以他们往往不擅长公司的商业运营（Poon et al., 2006），但是，在企业各种类型的成长资源形成中，创业者的经营管理技能起到了很大的作用，它是将公司的各类资源转化为发展资源的一个关键因素。学者创业企业如果在其成长过程中无法充分地发挥创业服务与管理服务的功能，既不能通过创业服务寻找到商机，也不能通过管理服务对创业企业的要素进行有效的组织，则其识别机会并成功创业的机会非常渺茫（Penrose, E., 1959）。

（二）资金保障以及创业者承担的义务

对于创业公司的生存和发展来说，资金保障和创业者责任显得尤其重要。资金保障是指新创企业在经营过程中要注意现金流量状况、借贷结构、费用核算等问题；同时，创业者也需要承担各种各样的责任，比如创业的毅力、创业的风险、战胜困难的勇气等。在公司成立并经营的初期，创业者是公司的绝对领导者，他们的这些素质可以帮助公司的发展，增加公司的存活概率。一个公司如果经过了市场的初步考验，并且可以在某种范围内取得稳定的收益，那么这个公司就从"婴儿期"进入"学步期"（Adizes, I., 1989）。

二 环境层面

首先，创业者所在的外部环境对创业者创业构想的产生影响很大。创业者往往会对客观存在的环境进行主观化的猜测和判断，因此，创业者在进行创业准备的时候，既有可能是客观环境引起创业者发现创业机遇，当然也有可能是创业者主观制造的创业机遇（Penrose, E., 1959）。其次，科技资源向产业资源转变，还需要在发展初期经历一段艰难时期，需要依赖企业孵化器、风险投资、政府政策和其他各方力量的支持（Rasmussen & Borch, 2010）。在科技资源驱动产业成长的过程中，市场需求与风险投资是其获取经济利益最主要的因素，政府的政策扶持通常在企业创业初期作用显著（Parmentola & Ferretti, 2018）。环境动态性与创业活动有着紧密的关联，环境动态性越高，新公司所处的市场环境中，各个因素之间的关系就会变得更加动态、隐晦与模糊，对它的认识与理解也会由于信息的匮乏，难以进行客观的审视与准确的判断（王丹，2021）。

现有数据显示，我国高校科技成果转化活动在最近几年取得了积极的发展态势。以2019年为例，共有3450家高校院所通过转让、许可和作价投资等方式将科技成果转化为合同项目，合同项数达到15035项，较上一年增长了32.3%（许可，2021）。尽管如此，我国高校的科技成果转化效率仍然不高。虽然我国的科研成果很丰富，但与国外的60%—70%相比，我国的科技成果转化率仅有30%左右。究其原因，主要在于大学的科研成果从研究到运用，都与一般的企业有所不同。从科研的视角来看，"成果"是科研成果转化的根本，科研成果产生的主要途径是科学研究。高校是我国科技成果转化的主要提供方，高校的科技成果主要追求科学属性，具有较强的公益性、前沿性、基础性、战略性等特点，因此在产业化成熟度和成本控制上往往存在一些不足之处。然而，科学技术成果的科学性与先进性，并不一定与其是否能够实现产业化有关，以其为指导生产的科学技术成果，也不一定适于转化。因此，基于高校与市场的科研环境、文化氛围、战略导向的差异，高校的科技成果转化率在一定程度上也会受到影响。

三 加速科技资源向产业资源转化的措施

（一）加大科技资源的配置效率

研究表明，科学技术推动了社会的发展，科技资源配置效率与企业发展存在着相互促进的作用，科技资源的分配效率越高，对要素资源的利用程度也就越充分。资源的分散对科技资源的配置效率具有不利的影响，信息不对称、沟通存在障碍也会降低科技资源的配置效率（陈佳楠，2022）。政府制定的针对性政策和不断涌现的创新理念，为科技资源的有效配置提供了良好的条件，保证了资源的合理分布，从而能够有效地促进社会的发展。应该充分发挥政府在资源配置中的协调和指导作用，明确每个组织的职责任务和优劣势，为快速调动资源做准备。不少研究指出，我国科学技术活动和经济发展"两张皮"的问题仍然突出（周元等，2015），如何在科研活动和其产业化发展间架起"桥梁"是一个亟待解决的问题。从可持续发展的角度出发，在公立科研院所中创造一个良好的学术商业化环境，应该是科学技术决策者继续努力的一个方向（孙林波、陈劲，2018）。

（二）突破资源转化的各种障碍

第一，可以通过培育人才加速科技资源向产业资源转化的效率。研究结果表明，提高人才的专业水平和学术水平、建立"知识产权"跨学科专业的综合型人才培养平台，对科技成果转化方式进行培训优化和提升等措施，有利于提高科技人才参与商业活动的信心。与此同时，需要加大对知识产权以及成果转化等专业人才培养的资金投入（朱雪忠、李闯豪，2016）。第二，突破科技资源向产业资源转移机构的"瓶颈"。可以支持高校与科研机构设立一些技术转移机构，比如知识产权办公室、技术转移办公室等，让科技成果转化具有专业性，并完善制度机制，打破信息不对称的障碍。与此同时，还要拓展高校技术转移机构的资金来源渠道，以市场化的金融手段将资金注入到高校技术转移机构或者成果转化项目中进行深入的研究（吴净，2019）。第三，科技资源转化为产业资源关键的因素是企业主体技术商业化的能力。大部分初创企业在将科技资源转化为产业资源时，都会受到两个因素——技术成熟度、市场成熟度影响，而母体大学组织可以从路径引导、资源共享、角色平衡三个维度对初创企业提供支持和帮助（赵晨，2022）。另外，通过对外融资，可以有效地补偿企业创新行为的不确定性，同时，巧妙的设计高管团队配置也可以使企业发挥自己的技术优势，对技术成果进行多样化的转移，从而最大限度地将科技资源转换为产业资源。

（三）健全高校科技成果转化保障机制

第一，对于那些具有重大价值但转化难度高、周期长、不确定性大的科技成果，可以给予特殊政策扶持。政府可以通过设立专项资金、提供专项补贴等方式，对这类科技成果进行定向支持，帮助解决其转化过程中的技术、经济等方面的难题。与此同时也可以使用金融工具参与等市场化的手段来推动其转化落地，并在考核这类科技成果转化状态时兼顾科技成果的创新性、社会影响力以及商业化潜力等方面，给予科技成果更加全面和客观的评价（许可，2021）。第二，在经济发展的转轨时期，成果转化所面临的重要挑战是对技术创新的内部需求，因此需要积极借鉴国外先进国家的制度设计和管理经验，从法律制度、外部环境、激励政策等多个角度来构建学术商业化的保护体系，推动科技成果转化为经济生产力（黄瑞雪等，2017）。对于近些年来具有重大意义的区块链、新能源、智能驾驶、碳中和等技术，应该予以有针对性的支持，推动这类科技成果落地并转化为生产力。第三，高校和企业等通过合伙制成为合作伙伴并建立契约，不仅能提高科技资源的整合效率，还能加快跨界融合，调动高校和企业等组织成员的积极性（李春成、郭海轩，2021）。

第三节 双链融合驱动的新模式：创新联合体

科技创新是提高社会生产力和综合国力的原动力。近几年来，我国在科技领域面临着限制升级、对抗加剧的严峻局面，确保战略产业核心技术的突破和解决"卡脖子"问题是我国科技创新发展的关键所在。党的十九届五中全会提出，要把科技自立自强作为国家发展的战略支撑，"十四五"规划更是提出组建创新联合体这一重大举措，支持企业牵头组建创新联合体，促进各类创新要素向企业集聚，推进产学研深度融合。

一 创新联合体的概念

改革开放以来，我国不断地探索和实施产学研联合攻关的新模式。创新联合体是我国提出的一种联合攻关组织，是一种任务型、体系化的创新组织。它由创新领军企业牵头，以关键核心技术攻关需求为牵引，将高等院校、科研机构和优势企业合理有效地组织起来进行协同创新合作，从而突破传统科研体制机制约束，形成创新联合体构建新路径，真正地实现创新链、产业链、供应链、价值链四链融合（陈晨等，2022）。

在技术创新方面，创新联合体充分体现了企业的主体地位和主导作用，企业更加了解市场，可以以企业为中心聚集创新资源，在一些龙头企业的推动带领下，能够更好地将联合创新成果推向市场。作为创新组织者，政府主要发挥了引导和推动作用。政府对创新联合体的支持主要体现在三个方面，第一，政府要与企业共同确定联合技术攻关方向；第二，作为科研活动的主要经费来源，政府要给予一定的资金支持；第三，为打造出良好的创新生态环境，吸引更多的市场主体参与其中（余桂玲，2021）。创新联合体是以承担符合国家需求的研发任务为主导,通过产业化研究与基础研究、应用研究的深度融合,使得供应链上中下游更加紧密、创新链各环节彻底打通、产业链与创新链精准对接,彼此缔结成为龙头企业牵头、高校院所支撑、政府产业政策引领以及大中小企业广泛参与的联合体(王巍等,2022)。

创新联合体深度融合的组织形式,符合当前产业链和技术创新链的跨行业、多领域交叉特征,有利于"卡脖子"技术的研究和开发。创新联合体可以被认为是市场经济条件下创新资源融合发展的新型技术创新组织方式,也是新使命下实现产业链自主可控的必然选择(吴晓波等,2021)。我国产学研合作的实践表明,创新资源的集聚效应并不必然提高企业创新能力(陈劲等,2021;韩炜等,2014),关键在于创新联合体内,知识等创新要素能否有效地流动、共享,并紧扣关键技术需求形成协同创新力量。从更深层次上看,需要有"领军"企业来协调和引导相关创新创业主体,以优化知识的整合方式和整合效率。

二 创新联合体的变化发展

创新联合体的雏形起源于改革开放的早期,最早的一个联盟被称为"产学研联盟",并于2006年在全国范围内确定了其在我国经济发展中的战略地位。产学研联合体指企业、高校和研究院之间进行合作,各自发挥独有优势,形成一个有利于提高创新技术、实现合作共赢的联合体。随着我国科学技术水平的提高和技术创新的不断推进,政府、用户等主体在技术创新活动中的作用日益增强。除了传统的产学研联合体外,新的创新联合体形式也逐渐出现,例如政产学研用和政用产学研联合体。

政产学研用联合体是以产学研联合体为基础,将政府和用户结合起来,在创新过程中发挥积极的推动作用。在这种联合体中,政府扮演着制定相关政策、提供支持和资源的角色,用户则成为创新活动的中心,需求驱动创新成为主导力量。政府的政策和平台搭建为用户和产学研提供了合作的机会,促进了需求和技术的对接,加速了技术创新的转化和应用。

创新联合体具有独有的特征和优势。它是由政府、产业界、学术界和用户等多个主体组成的合作网络,旨在促进创新活动的开展。通过多方合作,创新联合体能够实现资源的整合和优势互补,共享专业知识、技术和经验。政府在这个联合体中发挥着重要的推动和引导作用,制定相关政策、搭建平台,以企业为主体,为创新提供支持和保障。创新联合体的独特性在于其多元的参与主体、资源整合和协同效应的产生,为创新创业提供了更广阔的发展空间和更多的合作机会。联合体模式促进了创新主体之间的紧密合作和沟通,加快了科技成果的商业化和应用落地,推动了创新链条的完整性和高效运转。

(一)高校推动创新联合体正向演进的案例

自2011年起,我国开始实施科技强企政策,旨在促进企业成为技术创新的主体,提升企业核心竞争力。2012年《关于深化科技体制改革加快国家创新体系建设的意见》更是明确提出确立企业在技术创新中的主体地位。浙江省低压电器产业创新联合体就是一个典型案例(见表7-5)。拥有众多中小企业的温州市,民营经济十分发达,这为以企业为主体的产学研战略联盟的成立提供了市场和舞台。

表7-5　　　　浙江省低压电器产业创新联合体形成过程

时间	内容	成就
2005年	致力于打造电气工程省重点学科、电气工程及计算机应用硕士点、温州大学电器研究所、电气工程及自动化专业,并且开设了"正泰班""人民电器班""乐清电气班"等学历继续教育送教进企班	为产学研战略联盟的构建奠定了基础

续表

时间	内容	成就
2009—2010年	浙江省以正泰集团为主导，聚焦低压电气行业的技术改造和提升，建立了"浙江省温州低压电气科技创新服务平台"和"浙江省低压电气智能化技术重点实验室"，以推动智能化和可通信技术的发展。这些平台和实验室为行业的科技创新和发展提供了重要的支持	产学研战略联盟演替为产业技术创新战略联盟
2019年	在正泰等领军企业的引领下，温州大学成立了乐清工业研究院，与浙江省低压电器技术创新服务平台合作，积极参与"乐清电气产业创新服务综合体"和世界级先进电气产业集群的建设。通过这些举措，推动了温州市战略性新兴产业的培育和发展，为电气产业的创新和进步作出了积极贡献	产业技术创新战略联盟进一步正向演替为产业技术创新联合体
2022年	温州理工学院以战略性新兴产业培育和乐清重点产业转型升级的需求为基础，加快乐清校区的建设进程，为低压电器行业打造创新联合体提供支持。借助数字赋能、生态圈联盟和产业与孵化投资等综合手段，创建了一个融合新兴概念的产业园区，旨在进一步推进"工业生态发展"	探索打造电气企业智能制造矩阵

从2005年开始，温州大学面向低压电器产业开拓研究方向，致力于打造电气工程省重点学科、硕士点、研究所等，并且开设了各种学历继续教育，为产学研战略联盟奠定了基础（钱强、张艳超，2022）。在21世纪初，西门子、ABB、施耐德等电器巨头对我国低压电器行业的生存和发展构成非常大的威胁，影响着我国低压电器行业的可持续发展和产业转型。因此，2009—2010年，由正泰集团等行业领军企业牵头，温州大学等高校积极参与，以"智能化""可通信"为核心，围绕着低压电气行业的技术改造与提升，校企共同研发了智能电网低压用户端技术，促使产学研战略联盟演替为产业技术创新战略联盟，这是产教进一步深度融合的结果（见图7-1）。

随着新一轮的技术革命与产业变革的深化，2019年，温州大学成立乐清工业研究院，参与电气产业集群建设工作，并启动温州市战略性新兴产业培育计划，使产业技术创新战略联盟进一步正向演替为产业技术创新联合体。2022年，温州理工学院秉持战略性新兴

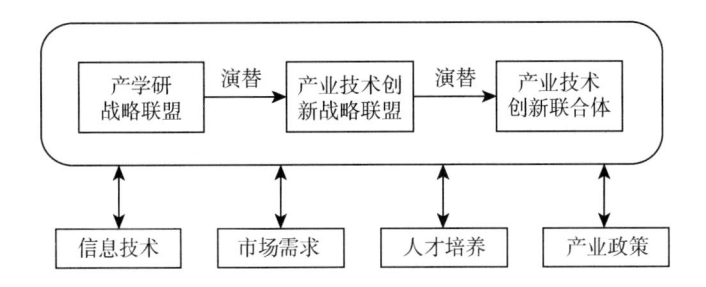

图 7-1　浙江省低压电器产业创新联合体历史演进

产业培育和乐清重点产业转型升级的目标，加速乐清校区的建设进程，为低压电器行业打造创新联合体提供有力支持。以"数字赋能+生态圈联盟+产业与孵化投资"为核心，创建了一个新兴概念产业园区，旨在进一步推动"工业生态发展"。同时，温州理工学院还探索打造电气企业智能制造矩阵，致力于推动行业智能化和创新发展。这一举措将为乐清地区电气行业的转型升级提供重要动力，并促进产业的可持续发展。

（二）高校促进创新联合体发展的机理

创新本身就是一个很复杂的过程，其中存在多种动力，创新行为的出现是外部动力和内部动力共同起作用的结果。创新联合体是创新系统的新形态，与其他系统本质的不同之处在于"市场—政策—技术—人才"四轮驱动，而高校的强大支持则促进了系统中各主体间的协同与融合。

第一，在主体层方面，浙江省低压电器产业创新联合体采用的是"市场—政策—技术—人才"四轮驱动的发展战略，扩大市场、提高产业能级、完善新兴数字领域的储备、加快人才聚集。第二，在职能层方面，以主体层为依托，浙江省低压电器产业创新联合体通过中央和地方的支持，加强制度和机制的保障，打造区域创新高地，强化体制机制保障，精准对接科创资源，加快了科技成果的转化。第三，在价值层方面，注重三大绩效目标：战略科技人才培养、关键核心技术突破和重大科技成果转化。为实现目标，该联合体特别关注"政策链""产业链""资金链""人才链"和"科研链"的精准对接。通过融合这五个链条，创新联合体为科技成果的产业化奠定了坚实的基础。

三 创新联合体的构建

（一）创新联合体构建的核心要素

在创新联合体组建层面，国家明确提到"强化企业创新主体地位，支持企业牵头组建创新联合体"，发挥龙头企业在组建创新联合体中的重要引领作用。李晋章等（2022）提出创新联合体构建的核心要素主要有核心主体、组织模式、技术突破、资源投入、成果分享和政策获取（见图7-2）。

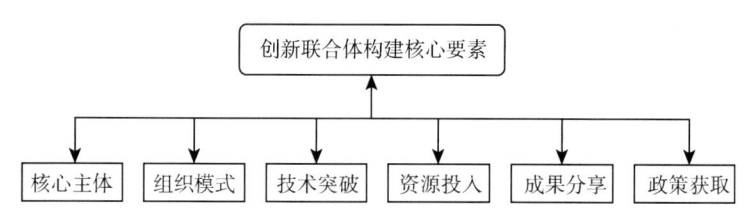

图7-2 创新联合体的核心要素

第一，企业作为创新联合体的核心主体，在科技创新的工作中有着非常重要的作用。所以，在建立创新联合体的最初阶段，须强化领军企业在投入、决策、转移转化等方面的主导权，充分发挥领军企业前沿的技术识别与研发能力。第二，适合创新联合体的组织模式是其运营稳定的关键。创新联合体是指以企业为核心，构建高校和科研院所广泛参与的"产学研"协作模式，并在此基础上，以技术创新中心、国家工程中心、产业园或者"互联网+"和"智能+"为载体，开展多种形式的产学研合作。第三，创新联合体的成立，其最直接的目的就是要突破关键核心技术，通过创新联合体开展基础性、关键性技术攻关，可以让企业更快地进入基础研究领域，让科研机构参与到实验验证与应用研究中，实现产学研用深度融合的目的。第四，完善科研经费的使用制度，重点对基础性、关键性的研发加大投入。以国家财政为主要支撑，以市场化的方式吸引企业投资等资本的注入。第五，创新联合体的目标是整合资源、突破关键技术、协同合作、促进产业链的升级和发展。合理的成果共享保障了成员的利益，减少了运行中的风险，使创新气氛更加团结，提高了科研攻关的效率。成员共同出资的科研成果可以内部分享。对于由不同组织出资的研发成果，可以根据其成员的实际贡献，将其分成一定的比例。第六，在创新联合体的运营和发展过程中，政策支持起到了非常关键的作用。尤其是在初期阶段，在土地、税收、科研项目等方面提供的相应政策支持使创新联合体能够更快地步入进行科研工作预定的轨道。

（二）创新联合体的运作特色与保障

创新联合体的运作，核心要素是科技领军企业进行主导，这也决定了创新联合体运作的起点。政府所发挥的作用，主要是明确牵头的科技领军企业，并与牵头企业进行合作，对组织模式和运作机制进行持续的探索（李辉，2022）。在稳定运营后，由研发中心引领产业链上下游企业，推动科研人才、技术、团队、产品、企业等创新资源聚集于创新联合体，与此同时，通过对产业龙头揭榜攻坚、科研院所支撑、创新型企业协同、金融赋能产业升级、政府公共服务供给等创新资源进行整合，建立起"政产学研用金"深度融合的产业创新支撑体系。创新联合体能否顺利组建并得到运营，能否顺利支撑科技成果的有效转化，主要有三个关键点：创新联合体组建运营的前提是地方政府积极主动的作为；创新联合体组建运营的基础是需要有一个可以整合、调配资源的专业平台；组建和运营创新联合体的关键是拥有一个可持续发展的商业模式（唐军、蓝志威，2022）。

创新联合体通过协同创新、成果共享和风险控制等方面进行运营。首先，根据产业的关键问题，确定创新联合体成员的主要研究方向和任务，以确保任务之间的衔接、方向的互补，并最终实现协同创新的布局。其次，根据技术创新的参与程度，确定创新联合体形成的知识产权归属，包括技术、方法、专利、论文、装备等。同时，创新联合体成员也需履行对知识产权和技术机密的保护责任。最后，鉴于科技创新的高风险性，为激励创新联合体进行科技创新，需要建立一套既能确保工作顺利进行又不会产生无限责任的纠错容错机制。

通过利益分配、绩效评价、经费保障可以对创新联合体实施保障。首先，对创新联合体成员进行合理的收益分配，将极大地激发成员的工作热情和积极性，并能有效地防止创新联合体内部的冲突。因此，要建立合理的利益分配制度，保护创新联合体成员的利益与企业的合法权益。以实现各组织成员之间的互利双赢、共同发展为利益分配的原则，实现各组织成员的利益最大化。其次，以创新联合体运营的效果为依据，明确创新联合体相应的评价体系，与此同时，创新联合体绩效评价应该以提高核心竞争力、提高整体效益、实现高效技术创新为目标。绩效评价可以针对创新联合体整体和创新联合体成员两方面设定标准。最后，政府应对创新联合体给予重要的支持，对成果转化予以税收优惠政策，同时保障参与联合研究组织的权益，使创新联合体实现协作共赢、稳步发展。

（三）创新联合体的网络特征

创新联合体不同于已有的产学联盟、产学研合作等组织形态。从创建目的上看，创新联合体的应急性政策需求更加明显，需要产学研深度融合，推动不同来源创新力量的互动、流转与聚集，以突破关键核心技术（张赤东等，2021）；从成员结构上看，创新联合体更加突出"引擎"企业的核心地位，并以供需链和创新链上的产学研机构为紧密联合对象，通过优势互补构筑协同效应。

创新联合体的使命和构成特征决定了它是一种立足产业技术创新却超越产业界限的网络化组织（白京羽等，2020），不同成员间的异质性知识延伸了整个联合体创新资源的边界。网络内横向纵向的知识共享能够有效促进创新联合体缩短创新周期、突破现有创新范式，进而形成资源融合互补、共创价值实现的融通创新发展模式（周岩等，2021；陈劲等，2021）。

一方面，创新联合体具有明确的技术需求导向，创新领军企业需要高效率地调动不同网络节点的异质性知识，加速知识流动以形成合力尽快突破关键技术瓶颈，促进协同创新能力螺旋式提升。另一方面，合作成员存在网络地位不对等，行业背景、价值取向不一致等问题，仍然面临异质性主体间行为协调的困难（Autio et al., 2018）。由于创新不确定性、非线性及知识嵌入性，正式契约难以对知识共享的边界进行明确说明（余维新等，2020），因此需要从非契约的角度对该问题进行挖掘。

这样一来，创新联合体内，领军企业、大学、政府、其他企业、中介服务机构等不同主体形成了一个互补性的协同创新网络（Spigel & Harrison，2018）。他们往往遵循一种耦合策略，在从协作中获得资源弥补自身不足的同时，也将自身需求与内部资源输出到网络中。由于一些隐性资源的缄默性特征，创新主体间通过彼此信任达成战略共识、构建行为默契是协同创新的前提条件。

根据创新联合体的结构与使命特色，在构建阶段，正式与非正式契约往往最初都形成于领军企业与其他关键资源持有者（如大学、科研机构）之间，通过增进信任程度、减少机会主义行为，促进创新性知识与技术需求的双向流动（Kafouros et al., 2015）。随着创新联合体成员交流的不断深化，在创新联合体的成长阶段，一些惯例化行为和规则出现，信任和默契使不同类型资源的相互转移和组合更加顺畅，其叠加效应将促进网络成员进行更深层次的协作和学习（Roundy et al., 2018；Becker et al., 2005），出现了一些嵌套式的网络结构。此时创新联合体内各类资源和信息的传递更加顺畅，深入的协作行为会促使资源双向流动增多，有效性也进一步提升。创新联合体成长到一定程度，到达扩展阶段，一些新的协作关键节点凸显出来，它们也发挥着资源的整合和协调功能，与创新领军企业形成合力，有益于协同攻关，实现突破性创新（吴言波等，2019）。创新联合体不同成长阶段中的网络联结特征如图7-3所示。

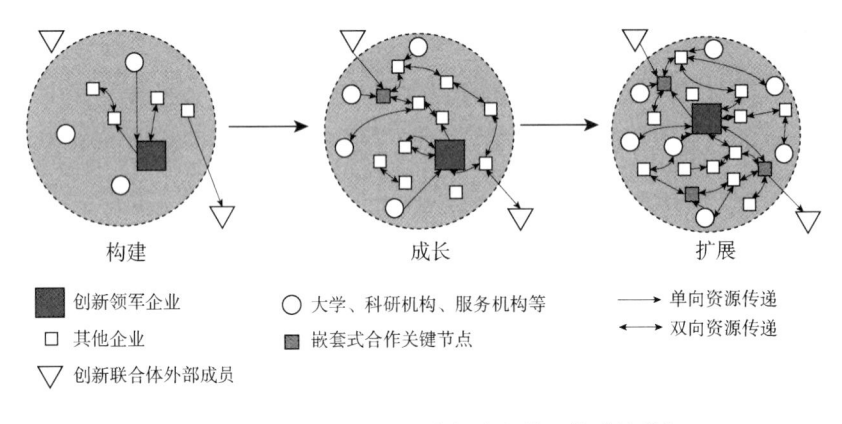

图7-3 创新联合体不同成长阶段的网络联结特征

第四节 创新联合体的价值创造模式

创新联合体作为我国新提出的联合攻关组织，是充分发挥企业作为技术创新的主体地位和主导作用，政府作为创新组织者的引导推动作用，以关键核心技术攻关重大任务为牵引的一种任务型、体系化的创新组织。创新联合体与其他联合攻关组织有一些相同之处，也存在显著差异。创新联合体与产业技术创新联盟、研究联合体等，都是由企业、大学、科研机构或其他组织机构组成，以产学研合作作为组织特色，都是为了解决长期存在的科学技术与经济脱钩的问题。

一 创新联合体与其他产学研合作、联盟的差别

创新联合体不同于之前的战略联盟、产学研合作等形式，是一种实体组织或有股权关联的新联盟（白京羽等，2020）。创新联合体强调领军企业的主体地位，牵头方比较明确，所以创新联合体的组织方式、运作方式都不同于过去的联盟（见表7-6）。

表7-6　创新联合体与其他产学研合作、联盟的区别

主体		成员构成	目标宗旨	建设动机	承接项目
创新联合体		由领军企业牵头组建，相关企业、高校、科研机构可作为成员参与	推进产学研深度融合、承担关键核心技术攻关任务、提高企业技术创新能力	市场失灵下，以国家重大科技项目或任务为核心导向联合组建	经科技部审核组建，成立时即可承接国家重大科技计划/项目
产业技术创新联盟		由领域骨干企业、在合作的技术领域具有前沿水平的大学或科研机构负责构建，其他组织机构可作为成员参与	以企业为主体、市场为导向，建立产学研用技术创新体系，提升产业技术创新水平	遵循市场经济规则下自由组建	经科技部审核并开展试点，可作为项目组织单位参与国家科技计划项目的组织实施，选择性承担国家重大科技计划/项目
研究联合体		领军企业牵头，其他企业、大学、科研机构或政府机构等组织机构可依据需要作为成员单位或外包商参与	提升本国/地区相关产业的竞争力和技术水平	加大与后发国家之间在高技术领域技术水平上的差距；保障健康的国内产业体系，以应对供给中断等风险	成立的直接目标即为申请科技计划/项目
科技创新平台	国家技术创新中心	依托重点领域骨干企业、科研院所，各级政府参与和支持	推进关键技术研发、科技成果转化及产品示范应用	科技前沿技术和国家重大需求	国家重大科技计划、成果转化引导基金
	国家产业创新中心	依托现有国家工程研究中心、国家企业技术中心等创新平台	布局战略性领域或创新方向，推动新兴产业聚集	战略性领域	国家予以资金补助，同时承担国家高新技术发展项目

（一）与产学研合作研发平台比较

在宏观层面上，产学研合作代表着科学与产业的结合。不同国家的制度环境决定了不同的科学与产业之间的连接方式。产学研合作指的是企业、高等院校和科研院所在技术创新领域的合作。它是科研、教育和生产在功能和资源优势上的协同与集成，涉及技术创新上、中、下游的对接与耦合。这种合作符合社会生产力发展和技术创新的规律，具备强大的技术创新机制，是技术创新的主要内容和重要形式，也是知识经济时代科技与经济结合的基本形式。

知识生产方式存在两种模型：传统模型和现代模型。根据知识生产模型的理论结论，现代科学的知识已经不再是科学系统的内生产物，更多的是科学和产业两个系统相互影响的结果。在知识经济时代，知识更多的是科学和产业的结合，是与知识相关的不断推动经济发展的创新（Ghoshal & Bartflett，1998）。产学研合作研发平台的主要目的是解决产业发展中的技术问题，通过将相关企业、科研院所和高校聚集在一起，进行产业技术的预先研究。在已经建立的产学研合作研发平台中，国外主要采用研究联合体作为载体，而国内则主要采用产业技术创新战略联盟为载体（李晋章等，2022）。

（二）与科技创新平台比较

功能完善的科技创新平台主要包括国家技术创新中心和国家产业创新中心。国家技术创新中心是一个综合性科技创新平台，旨在推动关键技术的研发、科技成果的转化以及产品的示范应用。而国家产业创新中心则是一个重要平台，专注于开展战略性颠覆性技术创新、开发应用和投资孵化。

与这两者不同的是，创新联合体是国家科技发展和实现关键核心技术突破的重要平台。创新联合体强调的是不同主体之间的合作与协同，包括企业、高等院校、科研机构等组成的联合体，共同致力于科技创新、关键技术攻关和产业升级等方面的合作（李晋章等，2022）。

因此，国家技术创新中心、国家产业创新中心和创新联合体在推动科技创新和关键技术发展方面发挥着不同的作用和重要性。

(三) 与产业技术创新联盟比较

创新联合体旨在充分发挥创新领军企业的引领作用，并与研究型大学、科研院所和其他大中小企业进行联合合作，以突破关键核心技术、开展前沿引领技术和颠覆性技术创新为目标。创新联合体以契约为基础，通过资金、人才、技术、设备等形式的投入，形成股权分配、知识产权共享、资源共用以及风险共担等互利共赢的合作机制。在《关于推动产业技术创新战略联盟构建的指导意见》中，"产业技术创新战略联盟"是指由企业、高校、科研院所或其他机构组成的合作组织，以企业的发展需求和各方的共同利益为基础，旨在提升产业技术创新能力。该联盟以具有法律约束力的契约为保障，通过联合开发、优势互补、利益共享和风险共担等方式进行技术创新合作。

从组织结构上看，创新联合体通常由多个组织主体组成，如企业、高等院校、科研机构等，共同合作进行科技创新和技术攻关。而产业技术创新联盟主要由企业组成，旨在实现特定产业领域的技术创新和发展。

从战略目标定位上看，创新联合体的目标通常是推动国家科技发展、关键核心技术突破和产业升级等方面的合作。而产业技术创新联盟的目标更侧重于特定产业领域的技术创新、市场开拓和产业发展。

从合作方式上看，创新联合体强调多方参与的合作与协同，各组织主体在项目研发、资源共享和技术交流等方面展开合作。产业技术创新联盟则更加注重企业之间的合作，包括技术共享、联合研发、市场合作等形式。

从合作范围和规模上看，创新联合体通常具有较广泛的合作范围，可以涵盖多个产业领域和多个技术领域。而产业技术创新联盟则更加专注于特定的产业领域，旨在该领域内进行深入的技术创新和发展。

(四) 与研究联合体相比

研发合作与竞争的相关文献中，与创新联合体最为类似的当属"研究联合体"概念。对于该词条中的 Joint Ventures，OECD 于 2002 年给出了以下定义："联合体是为承接特定商业项目而由公司或个人组成的联合。它类似于伙伴关系，但仅限于特定项目（如生产特定产品或在特定领域进行研究等）"（张赤东、彭晓艺，2021）。研究联合体以攻克关键共性技术、保持技术领先优势为目标，往往具有不同的组织形式，有由少数企业一起出资成立的为承担技术发展、特定产品研发任务的新商业实体，既有传统的"合资企业"，也有自愿承担共同研发任务的联合组织（不需要全部成员都实行等额投资）。创新联合体的合作内容主要围绕产业技术创新展开，关注关键核心技术、前沿引领技术和颠覆性技术创新。合作内容更加贴近实际产业需求和应用。研究联合体的合作内容则更侧重于学术研究领域，涉及基础研究、学术交流、学术论文发表等。

合作成员上，创新联合体注重产学研多方合作，通常由企业、高校、科研院所等组成，通过共享资源、技术交流和合作研究等方式进行合作。合作形式更加多样化，旨在解决产业创新中的具体问题和需求。研究联合体则更加强调研究机构之间的合作，包括共同申请科研项目、共享研究设备和资源、开展联合研究等形式。

二 创新联合体中三方的作用机制

（一）高校和科研院所的作用机制

根据《2020 年中国专利调查报告》，"27.5% 的企业与高校或科研院所开展过产学研合作"，"产学研协同创新"已经成为当下重要的合作创新模式之一（Steinmo et al., 2018；赵胜超等，2020）。同时，应用类高校也是创新联合体的"助推器"和"催化剂"，不仅推动了创新联合体的建立，而且最大限度地发挥了创新联合体的作用，帮助领军企业承接国家重大科技项目，攻克了国内外"卡脖子"的技术难题（钱强、张艳超，2022）。高校是我国创新发展的主体，并且是培养创新型人才的最主要平台，在创新发展的进程中起着举足轻重的作用。首先，面向科技自立自强的国家战略，高校的科技力量是创新联合体的使命驱动。其次，高校在创新联合体中起到了"创新供给"的作用，如以学科的交叉融合为手段，建立各类研究院、研究中心、设备平台等。同时，高校不断深化与企业的协作和融通，弱化了学科和学院的约束，并通过整合社会的力量，将创新要素聚集起来，促进它们自由流动，从而应对科学研究的复杂性、系统性和协同性所带来的挑战，提升原始创新培育、共性技术研发和创新人才培养的能力（王巍等，2022）。

（二）中央和地方政府的作用机制

在创新联合体中，中央政府与各地政府发挥战略性的引导作用。各级政府积极主动地介入并主导创新的整个进程，通过长期的战略性投资等手段，努力为创新联合体提供新的发展机遇、创造新的市场，建立以国家重大战略为基础并以公众利益为导向的政策体系，积极地承担着由重大创新所产生的风险（Mazzucato，2018；张学文等，2019），特别是在高度不确定的应用性研究、前沿性基础研究等方面，政府的战略引导具有重要的意义（柳卸林等，2017），有助于摆脱以经济价值为导向的单一技术资源聚集，向社会和未来价值转移，从而更大范围地聚集全国的创新要素，服务于国家的重大需求，充分发挥新型举国体制的制度优势（陈劲等，2021）。

（三）创新型领军企业的作用机制

创新型领军企业为创新联合体提供了需求牵引。积极贯彻落实习近平总书记在清华大学考察时强调的"加强基础学科培养能力，打破学科专业壁垒"和"加快创新成果转化应用"的要求，与此同时，创新型领军企业为创新联合体实现融通创新，提供了一个重要的应用场景。在联合攻关过程中,企业参与创新联合体的科研工作,为后续创新成果的转化提供平台,从样本到产品再到商品,提高了科技创新成果的转化效率。此外,企业也能够跳出成果转化的环节,实现创新链与产业链的无缝融合,为创新联合体的整体发展和科技创新的推进作出重要贡献(王巍等,2022)。领军企业在项目自主研发与科技攻关中占据着绝对的优势和主导地位,它将调动各个层次的企业,在推动创新资源的优化配置等方面起到重要作用(钱强、张艳超,2022)。

三 创新联合体在知识向价值转化过程中的贡献

(一)科技资源与产业资源融合的四种方式

科技资源向产业资源融合的过程有四种不同的方式:研究成果商业化、学术参与、学术创业以及学术衍生企业。这四种活动的本质都是科技资源向产业资源的融合,只是侧重的方向略有不同(见图7-4)。

主体	研究方向	研究核心	目的	自由化
学术研究机构:大学科研院所	研究成果商业化	"学术成果"	将专利成果用于商业目的,获取技术交易的经济来源	低
	学术参与	"组织互动"	与外部组织建立合作关系,向业界进行知识转移	
	学术创业	"商业活动"	根据学术成果制订商业计划,建立持续的商业模式	
科研工作人员	学术衍生企业	"企业制度"	为学术商业化活动提供场所,通过企业制度实现利润最大化	高

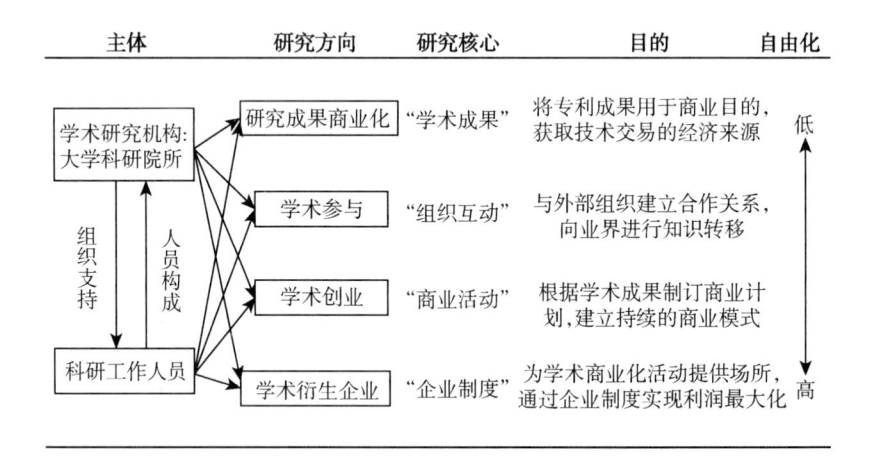

图7-4 科技资源向产业资源融合的研究方向框架

资料来源:赵晨(2022)。

研究成果商业化是基于科学研究得到的具有商业价值的技术专利成果，对其使用权、许可权以及其他权力进行交易活动的行为（Chang et al.，2009；Giuri et al.，2013）。"学术成果"是研究成果商业化研究方向的核心，即通过法律授权的技术交易行为，对学术成果或者技术知识实现产品化。

学术参与是学术研究人员与非学术组织间关于知识的合作，这种互动可以是正式的，如合作研究、合同研究和咨询业务，也可以是非正式的，如提供决策建议和建立学术网络关系（Perkmann et al.，2013；Tartari et al.，2014）。学术参与也被称为"非正式的技术转移"，尽管这些活动大部分都会签订正式合同（Link et al.，2007）。学术参与研究方向的核心是"组织互动"，基于学术组织的内部需求与外部环境，建立学术界与业界的合作关系。通过交流将隐性知识转移到学术机构外，这实际上是一种外部性活动，其创造的外部价值高于技术专利的授权和许可行为（Karnani，2013）。

学术创业又被称为"学术资本主义"，指学术研究机构作为创业活动的策源地，以学术研究成果为纽带与产业界建立合作关系，通过领导、教育、商业化研究的副产品或科研人员创业，最终成立初创企业或者衍生企业（Davey et al.，2016）。学术创业方向的核心是"商业活动"，目的是通过制订有潜力的商业计划，建立持续的商业模式。狭义的学术创业特指研究组织中的科研人员通过自己创造的成果创立公司的行为，广义概念则认为基于商业目的的学术成果转移都是学术创业活动。

学术衍生企业是学术创业活动的行为结果，指学术研究机构将知识付诸实践的商业化场所，通过企业的组织形式将公共研究组织固有的知识，开发出新的流程、产品以及服务（Miranda et al.，2018）。学术衍生企业研究方向的核心是"企业制度"，即通过建立企业制度开展学术商业化活动。与公司衍生企业不同，学术衍生企业的母体组织是公共性质的学术研究机构，按照母体组织的类型可以将其划分为大学衍生企业和科研院所衍生企业（Gusberti 等，2018）。

（二）创新联合体的协同作用

第一，创新联合体可以在科技创新的过程和成果的管理中，建立起一个双向的通道。

创新联合体不仅可以帮助高校和科研机构高效地将科技创新成果转化为产品和服务，还能够把科技创新的各个环节连接起来，对创新资源的有效配置进行高效的支撑和协调。创新联合体还可以解决技术创新中的不确定性问题，在特定的历史阶段，它是我国高技术产业高质量发展的重要途径（沈家文，2021）。

第二，在创新联合体中，各参与方之间形成了良性的接力模式，推动科技成果在不同阶段的演化。

通过充分发挥各方的比较优势，彼此分工合作，创新联合体实现了科技成果从理论到实践、从构想到实现、从实验室到市场的全生命周期管理。企业作为市场主体能够有效利用自身的市场获利，以多种方式向联合体中的其他成员进行反哺，包括授权费、转让费、委托研究费以及为合建研发机构提供经费等形式。通过这种良性循环，各参与方得到了合理的回报，同时也促进了创新联合体的持续发展。

这种良性接力模式使得创新联合体形成了一个协同合作、互利共赢的机制，推动科技成果的转化和应用。各方通过相互支持和资源共享，共同推动科技创新的发展，实现了科技成果的最大化价值和社会效益（王炜，2021）。

第三，创新联合体的建设极大地促进了应用型高校的学科专业建设。在外部环境的影响下，创新联合体逐渐演替形成，对高校的支撑和服务能力提出了更高的要求。这就迫使应用型高校开展供给侧的变革，以集群化的方式与创新联合体的建设相结合（钱强，张艳超，2022）。创新联合体是我国高水平研究型大学为解决"产学研协同创新"问题的一种有益的探索。尽管科教融合、产教融合和协同育人模式已经广泛应用，但面对人工智能和新型数字技术的冲击，传统的产学研合作已不足以应对挑战。高水平研究型大学应该努力实现政府、高校和企业之间的深度融合，组建创新联合体，采用联合攻关、优势互补、成果共享和风险共担的合作模式，实现三者的融通创新。这种新的合作模式有助于突破产学研合作的瓶颈，为中国特色的研究型大学发展开辟新的道路（王巍等，2022）。

通过深度融合，政府、高校和企业可以共同面对科技发展的挑战，共同开展联合攻关，实现资源和优势的互补。同时，它们可以共享科研成果，促进知识和技术的共享与交流，加速创新成果的转化和应用。此外，还可以共担风险，通过共同投入资金、人力和设备等资源，承担科技创新过程中的风险和挑战。这种创新联合体的合作模式将为高水平研究型大学提供更广阔的发展空间，促进科研成果的转化和应用，推动产学研合作向更高层次、更深度的阶段发展，以满足新时代对科技创新和高等教育的需求。

第三，构建创新联合体是提高国家创新资源配置效率的战略举措。

①创新联合体是现阶段科研攻关组织架构的创新。高校、科研机构牵头主导的应用型、工程技术研究项目，有行业企业参与制定成果转化方案，有利于缩短研究与应用的时间、提高应用的精准性；而企业牵头的科研项目，高校和科研机构的研究自始至终朝着成果产品化、项目产业化的目标，创新效率大幅提升。②创新联合体是推动企业创新能力提升的重要支撑。许多行业领军企业也在积极努力，积极打造企业创新基地、创新实验室，创新积极性很高。政府与产学研共同作用，建立创新联合体，是推动原始创新能力、成果转化能力、科学技术产业化的重要手段。③创新联合体打通了成果转化的通道。创新联合体除承担项目，获得经费支持以外，企业更加在意社会效应，且能对准产业发展的关键环节，产学研完美衔接，快速产生经

济效益。④创新联合体使产学研联系更加紧密。建立企业创新联合体延长产业链和价值链，形成"政、产、学、研、用"产业化的科研体制，使"政府引导、企业为主体、市场为导向的产学研相结合的科研体制"走向实际，突出了企业主体地位，弥补了产学研协同不紧密的缺陷。⑤创新联合体推进企业的创新实践更贴近市场。按照技术要求、产业发展需要来组织创新联合体，不同产业不同行业不同技术领域所形成的组织形式可以多样化，目标是有利于推动创新实践、提高科研成果的转化效率（余桂玲，2021）。

四 创新联合体价值创造的整合模型

高校、科研院所、中央和地方政府以及创新型领军企业通过融通创新，形成了创新联合体，实现了政策链、人才链、创新链、产业链和资金链的融合。这种融合促进了战略性科技人才的培养、关键核心技术的突破和重大科技成果的转化效能。

中央和地方政府在创新联合体中扮演着产业链倡导者、支持者和调控者的角色。它们争取政策支持，放宽市场准入，在牵线搭桥、统筹产业要素资源中发挥了重要作用。

高校和科研院所与创新型领军企业是创新联合体成为区域性国家战略科技力量的两个关键因素。高校和科研院所构成了科研院所、先进技术研究院（或国防院）、工业技术研究院（或成果转化机构）、产业科技园等组织架构，为与国家战略目标对接和战略任务相匹配提供了基础的协同创新体系。创新型领军企业则通过整合产业链上下游资源，将点状的产业分布转化为链状的产业联动，作为"链长"构建起一个网状的产业集群发展生态。

这种多方合作的创新联合体推动了创新资源的优化配置和创新能力的提升，为区域科技创新和经济发展提供了强有力的支撑（见图7-5）。

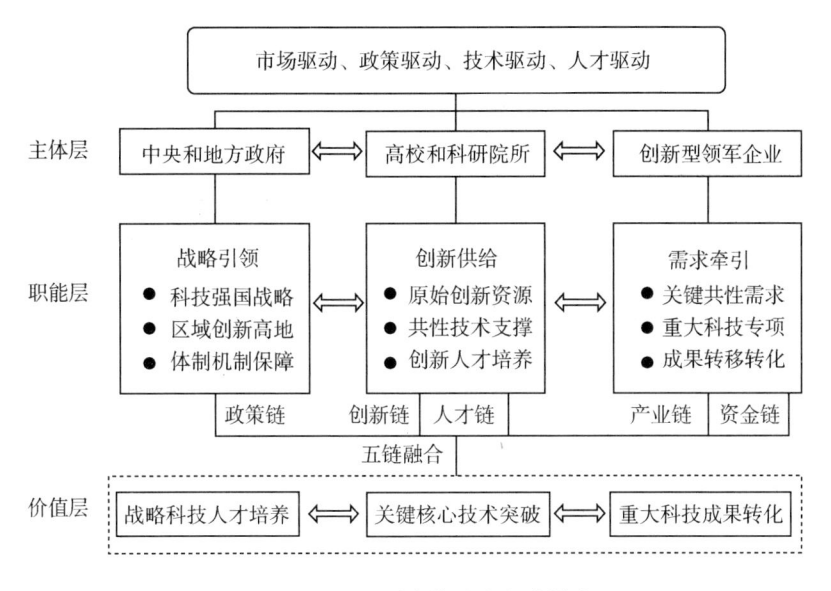

图 7-5 创新联合体价值创造模式

创新联合体不仅是科技研究的集聚地，还实现了科教产教的深度融合，这对于培养具有过硬专业素质的战略科技人才非常有利。此外，创新联合体通过"五链"的融合，推动了关键核心技术的突破和重大科技成果的转化，在高水平科技自立自强方面发挥了关键作用。政府、产业界、高校和科研机构之间的高能级协同创新促进了创新联合体的形成，实现了从科技创新的源头到应用的深层次融合。这种融合模式积极响应了科技自立自强的要求，并在贯彻"四个面向"的理念上作出了积极的实践探索。

第八章 产学合作创新集聚成长模式调研

——以湖北省光电子信息产业为例

高新技术开发区是我国区域创新能力发展的重要载体，集成了企业、大学、科研机构等各类创新主体的人才和成果，具有优良的研发试验条件和产业孵化环境，有条件组织跨学科、跨部门的协同创新。这种多创新主体形成的创新集聚效应为高新技术产业发展提供了强劲的动力。现实中，著名的高新技术产业集聚区大多也是创新集聚区。因此，研究高新技术开发区内的创新集聚方式，以及其对高新技术产业的促进作用具有积极的战略意义。

东湖新技术开发区于2001年被批准为国家光电子信息产业基地，即"武汉·中国光谷"，这标志着该地区在光电子信息领域的重要地位和发展潜力。经过30多年的发展，东湖高新区综合实力和品牌影响力大幅提升，知识创造和技术创新能力提升至全国169个国家级高新区第一。2021年9月，《中共中央 国务院关于新时代推动中部地区高质量发展的意见》指出，统筹规划引导中部地区产业集群（基地）发展，在长江沿线建设中国（武汉）光谷。加速推动产业转型升级，提升科创能力，今日的光谷，已经跻身全国重点建设的"世界一流高科技园区"。

这些成绩充分展示了东湖新技术开发区在推动高新技术产业发

展、促进创新创业和经济增长方面的卓越成果。它已经形成了一批具有国际竞争力的高科技企业,涌现出了一批科技创新成果和高新技术产品。作为光电子信息产业基地,它为该领域的科技创新、产业融合和发展提供了重要的支持和平台,进一步推动了武汉市及整个中部地区的经济繁荣和科技进步。

光电子信息产业作为东湖新技术开发区的主导产业,保持快速发展势头。据科技部火炬高技术产生开发中心统计,2020年,东湖高新区实现总收入12405亿元,其中技术收入4241亿元,产品销售收入6230亿元,其中光电子信息产业实现收入5585亿元,占总收入的45.02%。在经济效益稳步增长的同时,东湖新技术开发区也孕育了一批富有竞争力的高新技术企业。2020年,东湖高新区新认定高新技术企业992家,有效期内高新技术企业数量达到3146家,总数居全国高新区第5位、中部地区第1位;科技企业孵化器66家,众创空间115家,在孵企业6350家,累计毕业企业2967家;产业技术研究院数达14家。

本章以湖北省高新技术开发区内企业、科研机构、中介机构、政府等多个创新主体的互动合作为逻辑起点,探索在多创新主体形成的集聚创新效应下,光电子信息产业发展的模式、效益和障碍;接下来,深入探索并构建创新驱动的光电子信息企业成长模式,即整合来自不同支持主体的创新要素,并转化为有效核心能力,最终促进企业绩效提升的途径;最后提出相应的政策建议。

第一节 调研基本情况

本次调研的目的在于:剖析在东湖新技术开发区的创新集聚效应下,光电子信息企业整合创新资源、增强核心能力,获得持续性成长的模式。调研内容主要包括光电子信息企业与开发区内高校、科研机构、其他企业、政府等创新主体的合作方式、效果、障碍,以及创新合作对企业成长的支持效应。调研对象为武汉东湖新技术开发区内的光电子信息企业。

一 调研过程

本次调研工作分为预调研与正式调研两个阶段进行。

预调研阶段：在理论积累和深度访谈的基础上，调研项目组首先完成初步问卷设计，并进行预调研。预调研于2021年9—10月展开，以面对面访谈的形式进行，请受访者填写问卷并提出反馈意见，共发放问卷100份，回收问卷72份，回收率为72%，在预调研数据的基础上，项目组成员根据信度效度分析结果，进一步修改完善测量题项，确定正式的调研问卷。

正式调研阶段：项目组成员首先通过网站统计了东湖新技术开发区内光电子信息企业的基本情况，包括企业的行业分布、数量、规模等情况，确定了问卷发放数量、行业、问卷调研负责人等，这些措施有助于提高问卷的回收数量和质量。在此基础上，正式问卷调研工作于2022年3月展开，2022年6月结束，历时4个月。我们向东湖新技术开发区内的光电子信息企业累计发放问卷550份，共回收487家企业的反馈问卷，问卷总回收率为88.6%，其中35份问卷部分内容缺失，21份问卷数据出现异常，最终获得有效问卷431份，总有效率为78.4%。

为保证问卷质量，本次调研的问卷填写人大部分为对企业经营情况了解详细的中高层管理人员，例如CEO、副总经理、经理助理、办公室主任等。

二 样本企业的统计特征

光电子信息产业中431家受访企业的年龄、规模、产业分布、治理结构等基本企业特征如下。

(一) 企业年龄

统计结果显示，东湖新技术开发区内的光电子信息企业普遍成立时间不长。截至2022年，受访企业创办年限大部分在15年以下（占比86.0%），其中11—15年的企业最多，为147家，占比34.2%；5年及以下的企业为92家，占比21.4%，创办年限为6—10年的企业占比30.4%。另外创办年限为16—20年的企业占比11.8%，21年及以上的企业仅有9家，占比2.2%。

(二) 企业规模

本书以企业的员工人数来衡量企业的规模，统计结果显示，企业规模在201—400人的数量最多，为133家，占比30.9%；其次是101—200人的企业，占比23.0%。401人以上的企业有79家，占比18.3%（见表8-1）。

表8-1　　　　　　　样本企业的规模统计　　　　　单位：家，%

企业规模（员工人数）	企业数量	百分比
50人及以下	31	7.2
51—100人	89	20.6
101—200人	99	23.0
201—400人	133	30.9
401人及以上	79	18.3
总计	431	100

(三) 产业分布

对样本企业产业分布的统计结果显示，431家受访企业大部分集中在光通信、光纤光缆和光电器件、激光设备、存储和光显示4个行业，合计占有效样本企业总数的73.9%。其中，光通信产业的企业数量最多，为130家，占比30.2%，其次是光纤光缆和光电器件，企业数为76家，占比17.7%（见表8-2）。

表 8-2　　　　　　　　样本企业的行业分布统计　　　　　单位：家，%

行业分布	企业数量	百分比
光通信	130	30.2
光纤光缆和光电器件	76	17.7
激光设备	59	13.7
存储和光显示	41	12.3
消费电子	54	9.7
半导体照明	28	6.6
其他	43	9.8
总计	431	100

（四）企业治理结构

对东湖新技术开发区内光电子信息企业治理结构的分析通过企业创立时的资本来源、企业股东结构两个方面进行。

1. 创立资本来源

调研结果显示，受访企业创立时，个人资金投入在企业创立资本中所占比重最大，179家企业创立时的资金来源包括个人投资，占比41.5%；其次，高校、私营企业的资金投入也是企业创立资金的重要来源，分别有22.7%和23.3%的企业在创立时包括这两种渠道的资金来源（见表8-3）。

而政府资助在受访企业创立资金中所占比重并不高，仅有8.9%的企业在创立时获得了政府资助。

表 8-3　　　　　　　　企业创立时的资本来源　　　　　　单位：次，%

资金来源	频次	百分比
高校投资	98	22.7
政府资助	38	8.9
风险投资	49	11.4
个人投资	179	41.5

续表

资金来源	频次	百分比
国有企业投资	72	16.8
私营企业投资	100	23.3
银行贷款	87	20.1

注：企业创立时注册资本由多种来源构成，因此该题项为多选，百分比之和大于100。

2. 企业股东结构

我们进一步对受访企业的股东情况进行了调研，调查企业的最大股东，结果表明：431家受访企业中，最大股东是个人的企业所占比重最大，217家，占比达到50.3%；其次为高校，119家，占比27.6%；另外，最大股东为私营企业的占比12.5%，为国有企业的占比9.6%（见图8-1）。

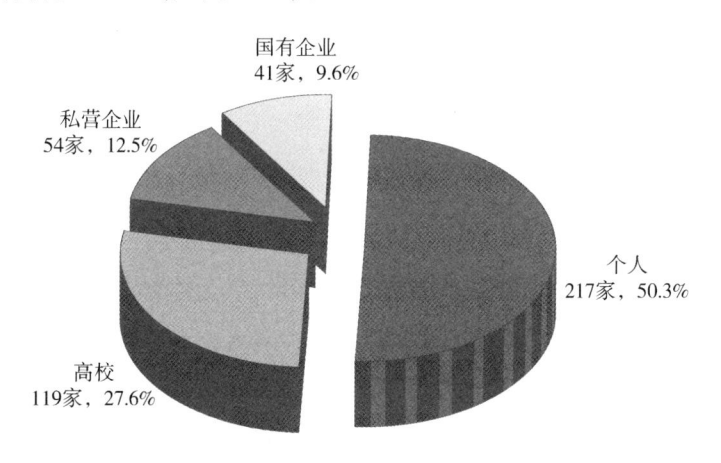

图8-1 企业的最大股东统计

本节以东湖新技术开发区内的光电子信息产业中的431家为样本，统计了年龄、规模、治理结构等企业基本信息。从统计结果来看，光电子信息企业大部分处于成长期。2001年，东湖新技术开发区被批准为国家光电子产业基地之后，开发区内的光电子信息产业得到飞速发展，产业集群效应也吸引了更多相关企业。东湖新技术开发区被批准为国家自主创新示范区后，基础设施、创新氛围、投资环境等进一步优化，对投资者和创业者的吸引力也更强。

同时，研究结果也表明，高校在光电子信息产业发展过程中扮演着非常重要的角色。22.7%的企业在创立时得到了高校的资金支持，27.6%的企业目前最大股东为高校。这一结果在一定程度上反映了开发区内大学知识转移的积极效应。这些企业大部分是基于高校科研成果，由高校或高校教师主导创建的大学衍生企业，这已成为高校创新性成果产业化的重要路径。

第二节 创新集聚效应下光电子信息企业的成长

本节内容聚焦于东湖新技术开发区内，光电子信息企业的发展现状，主要包括经营特色和竞争优势、创新能力、经济效益三个方面的调研。

一 经营特色和竞争优势

（一）经营特色

从企业的经营特色来看，41.9%（181家）的企业认为其经营特色是研发、制造与营销并重，另外，25.2%的企业认为其经营特色是营销与市场导向；21.4%的企业认为其经营特色是研发主导，11.5%的企业认为其经营特色是研发与制造（见图8-2）。

（二）竞争优势

相对于行业竞争对手，150家企业认为自身最大的竞争优势来源于先进的技术，占比达34.8%，其次是创新人才，占比达29.5%。相较而言，经营管理模式和特殊性资源的获取对于开发区内光电子信息企业核心竞争优势的重要性并不高。

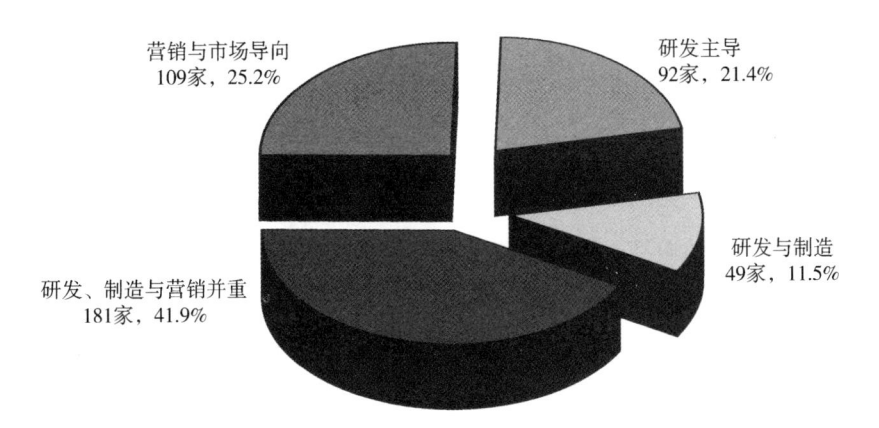

图 8-2 企业的经营特色

二 创新能力

企业成为创新决策、研发投入、科研组织和成果应用的主体是提升光电子信息产业创新能力、增强内生发展动力的核心。因此，我们对开发区内企业的创新方式和创新投入进行了调研。

（一）实现创新的主要方式

表 8-4　　　　　实现创新的主要方式　　　　　单位：次，%

实现创新的主要方式	频次	百分比
模仿其他企业	37	8.6
与其他企业合作开发	104	24.1
与高校或科研机构合作开发	124	28.8
自主研发	249	57.8
从研究机构购买	32	7.4

注：企业可能存在多种实现创新的方式，因此该题项为多选，百分比之和大于100。

统计结果表明，东湖新技术开发区内的光电子信息企业自主创新能力较强，57.8%的企业将自主研发作为一种主要的创新方式；

其次，28.8%的企业通过与高校或科研机构合作开发新技术或新产品来实现创新。比较而言，企业较少采用模仿其他企业或从研究机构购买等创新性较弱的方式。

（二）创新投入强度

技术创新依赖于持续的创新投入。本次调研统计了431家受访企业2019—2021年的R&D投入强度（即R&D投入经费占销售收入的比重）。根据经济合作与发展组织（OECD）的标准，企业R&D投入强度超过4%，表示企业创新能力较强；在1%至4%之间，表示企业创新能力中等；小于1%，表示企业创新能力较低。开发区内光电子信息企业R&D投入强度的分布情况如表8-5所示。

表8-5　　　　　2019—2021年的R&D投入强度　　　　单位：家，%

R&D投入强度	2019年 企业数量	百分比	2020年 企业数量	百分比	2021年 企业数量	百分比
1%及以下	63	14.6	55	12.7	44	10.2
1.1%—4%	244	56.5	237	55.0	222	51.6
4.1%及以上	124	28.9	139	32.3	165	38.2
总计	431	100	431	100	431	100

按照OECD的创新能力衡量标准，大部分受访企业的创新投入处于中等水平，2019—2021年，R&D投入强度在1%—4%的企业数量均超过50%。但同时可以看到，企业的创新能力逐年增强，企业R&D投入强度超过4%的企业比例逐年提升，2021年，已占受访企业总数的38.2%。

三　经济效益

武汉东湖新技术开发区在2019—2021年间，发展势头强劲，企业销售收入稳步增长，年平均增长率超过15%。在这一背景下，调研组对受访企业的销售利润率进行了统计分析：

对"2019年到2021年的年均销售利润率"的调查结果表明，431家企业中，2019—2021年的年均销售利润率在6%—10%的数量最多，为154家，占比35.7%；其次为11%—15%，104家，占比24.1%。而年均销售利润率在26%及以上的企业有25家，占比5.8%（见表8-6）。

表8-6　　　　2019—2021年的年均销售利润率　　　　单位：家，%

年均销售利润率	企业数量	百分比	累计百分比
5%及以下	65	15.1	15.1
6%—10%	154	35.7	50.8
11%—15%	104	24.1	74.9
16%—20%	51	11.8	86.7
21%—25%	32	7.5	94.2
26%及以上	25	5.8	100
总计	431	100	

统计结果表明，东湖新技术开发区内，光电子信息产业形成了以创新促进增长的良好发展态势。企业自主创新能力增强，以授权专利为代表的创新产出增长迅速，并形成具有创新优势的产业集群，实现了整体经济效益的稳步增长。

第三节　产学合作创新集聚方式及其积极效应

科技资源的有限性和科技产业的创新性、动态性使其高度依赖于外部环境。这意味着科技型企业通常需要借助外部环境的支持和资源来推动其发展。对东湖新技术开发区内光电子信息企业而言，产学合作、政策支持、产业集群等多个创新主体共同组成了一个创新系统，为企业成长起到了重要的驱动作用。根据OECD的观点，创新是系统内部各要素之间相互作用和反馈的结果。创新集聚是一个系统内相关创新主体之间交互的过程，其核心在于知识的流动和传递。在创新集聚过程中，不同的创新主体通过共享知识、经验和资源，相互影响与合作，从而促进创新的产生和发展。这种创新集聚效应要发挥对企业成长的实质促进效应，一方面依赖于创新主体间新知识、新技术的传递，另一方面依赖于相应的资金、人才、关键资源、基础设施等支撑要素。

因此，笔者首先对东湖新技术开发区内各创新主体间的合作方式和作用进行了调研，以光电子信息企业为核心，分析企业与高校、科研机构、产业中合作伙伴、政府等创新主体间的相互作用方式。随后研究了在各创新主体的交互作用下，光电子信息企业的核心能力发展情况。

一　与高校、科研机构的合作方式与支持作用

东湖新技术开发区内拥有众多高等院校、科研院所和技术开发机构，形成了一个高密度的科技创新生态系统。其中包括著名的武汉大学、华中科技大学等18所高等院校，以及中科院武汉分院、武汉邮电科学研究院等56个国家级科研院所。此外，还有10个国家重点开放实验室和700多个技术开发机构。这些院校和科研机构在东湖新技术开发区的集聚，为该区域提供了丰富的科技资源和人才支持。每年，这里的科研人员共获得1500余项科技成果，涵盖了多个领域和行业。这使得东湖新技术开发区成为中国智力资本最密集的地区之一。

这些高校与科研机构为开发区内的光电子信息企业提供了大量的创新性机会和技术支持。因此，形成良好的产学合作关系已成为光电子信息企业保持持续性创新动力的关键途径。调研组对企业与高校、科研机构的合作方式，以及这些合作对企业成长的积极作用

进行了调查。

(一) 与高校、科研机构的合作方式

企业与高校、科研机构最主要的合作方式是技术转移(包括技术转让、技术许可),占比44.8%;其次是共同研发新技术和新产品,以及合作完成科研项目,分别占比33.2%、29.9%(见表8-7)。统计结果表明,东湖新技术开发区内,产学合作的方式已逐渐从单向的知识传递转变为更为有效的双向互动合作方式。但共同组建实验室、成为战略合作伙伴等更深入的合作方式仍较少。

表8-7　　　　　企业与高校、科研机构的合作方式　　　　单位:次,%

合作方式	频次	百分比
技术转移(包括技术转让、技术许可)	193	44.8
引入创新型人才	112	26.0
共同研发新技术和新产品	143	33.2
合作完成科研项目	129	29.9
共同组建实验室	45	10.4
成为战略合作伙伴	87	20.2
没有合作经历	61	14.2

注:企业与高校、科研机构之间往往存在多种合作方式,因此该题项为多选,百分比之和大于100。

(二) 高校、科研机构的支持效应

对于"与高校、科研机构的合作中,企业获得了哪些支持",表8-8进行了归纳和统计分析。本次调研中,对高校、科研机构支持效应的测度采用李克特的5分量表法,5代表"非常同意",4代表"比较同意",3代表"一般同意",2代表"不太同意",1代表"完全不同意"。图8-3对各题项的均值和标准差进行了统计分析。均值反映了受访企业对该题项的平均认可程度,均值得分越高,表示对该题项越认可;而标准差反映了受访企业态度的离散程度,标准差越大,表明对该题项的认可程度越分散(以下类似调研题项均采用此方法进行统计）。

表8-8 高校、科研机构的支持效应

高校、科研机构的支持效应	非常同意（频次/%）	比较同意（频次/%）	一般同意（频次/%）	不太同意（频次/%）	完全不同意（频次/%）
有利于企业技术创新	218（50.6%）	139（32.3%）	40（9.3%）	13（3.1%）	21（4.7%）
有利于企业获得优秀人才	131（30.4%）	132（30.7%）	101（23.3%）	48（11.2%）	19（4.3%）
有利于企业把握未来的发展方向	66（15.2%）	90（20.8%）	95（22.1%）	142（32.9%）	38（9.0%）
有利于获得更多的关系资源	76（17.7%）	133（30.7%）	100（23.3%）	88（20.5%）	34（7.8%）
有利于获得政策支持	106（24.5%）	128（29.8%）	110（25.5%）	70（16.2%）	17（4.0%）
有利于企业提升知名度	78（18.0%）	135（31.4%）	103（23.9%）	92（21.4%）	23（5.3%）

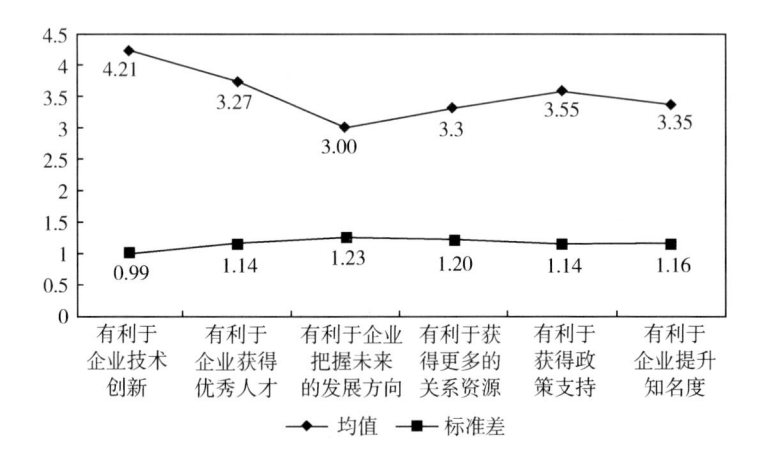

图8-3 "高校、科研机构的支持效应"各题项的均值和标准差

统计结果表明，受访企业对"与高校、科研机构合作有利于企业的技术创新"认可程度最高，达到82.9%（包括非常同意和比

较同意），其中，218家企业表示非常同意，占比50.6%，139家企业表示比较同意，占比32.3%。该题项均值达到4.21，标准差为0.99，说明受访企业的看法较为一致，非常认可与高校、科研机构合作对于技术创新的积极作用。

其次，大部分受访企业也肯定了与高校、科研机构合作对于"有利于企业获得优秀人才"和"有利于获得政策支持"的积极作用。对"有利于企业获得优秀人才"表示同意的企业，占比61.1%（包括非常同意和比较同意），其中，非常同意的企业有131家，占比30.4%。比较同意的企业有132家，占比30.7%。该题项均值为3.72；对于"有利于获得政策支持"，表示同意的企业占比54.3%，该题项均值为3.55。

而对于其他几个题项，受访企业的看法较不一致：对于"有利于把握企业未来的发展方向"，表示同意的占比36.0%（包括非常同意和比较同意），持中立态度的占比22.1%，该题项均值较低，仅为3.00；对于"有利于获得更多的关系资源"，表示同意的占比48.4%；对于"有利于企业提升知名度"，表示同意的占比49.4%。

二 与产业内其他企业的合作方式与支持作用

经过20多年的发展，东湖新技术开发区已形成以光电子信息为主导的高新技术产业集群，群体内企业通过利益分配、相互合作的机制，发挥协调效应，促进整个产业的发展，也为企业自身赢得了良性的成长空间。Beaudry和Breschi（2009）对意大利和英国制造企业的创新活动进行了跟踪研究，发现企业在创新企业较多且潜在技术溢出较大的集聚区域内，往往能够展现出较高的创新水平。企业之间的知识网络是新技术知识的重要来源。为了解高新区内产业集群的集聚优势，我们对企业与行业内企业的合作方式及效果进行了调研。

(一) 与产业内其他企业的合作方式

表 8-9 的统计结果表明，东湖新技术开发区光电子信息产业集群内企业的合作方式以"共同进行产品推广"最为普遍，其次是"定期信息交流"和"联合培训"，分别有 30.4%、29.5% 和 18.8% 的企业与光电子信息产业中其他企业存在以上合作交流方式。而企业间相互融资的情况较少，仅占 6.7%。

表 8-9　　　　　　企业与产业内其他企业的合作方式　　　　单位：次，%

合作方式	频次	百分比
联合采购	57	13.2
共同进行产品推广	131	30.4
产品合作开发和改进	64	14.8
联合培训	81	18.8
定期信息交流	127	29.5
企业间相互融资	29	6.7

注：企业与产业集群内企业往往存在多种合作方式，因此该题项为多选，百分比之和大于 100。

(二) 产业集群的支持效应

对于开发区内产业集群对光电子信息企业成长的积极效应，我们作出了如表 8-10 的统计。图 8-4 对各题项的均值和标准差作出了统计。

结果表明，企业在与其他企业的交流合作中，获得的最大收益在于快速获取信息（53.4% 的企业表示认同，均值为 3.5）和技术创新（49.4% 的企业表示认同，均值为 3.4），其次是集群效应带来的良好的品牌声誉（39.4% 的企业表示认同）。但合作过程中，大部分企业并没有获取集群规模经济带来的降低经营成本、降低经营风险的优势（24.2% 和 17.7% 的企业表示认同），对于自身企业管理制度完善的积极作用也不明显（仅 24.2% 的企业表示认同）。

表8-10　　　　　　　产业集群对企业成长的支持效应

产业集群的 支持效应	非常同意 （频次/%）	比较同意 （频次/%）	一般同意 （频次/%）	不太同意 （频次/%）	完全不同意 （频次/%）
有利于技术创新	76 (17.7%)	137 (31.7%)	132 (30.7%)	56 (13.1%)	30 (6.8%)
有利于快速获取信息	81 (18.9%)	149 (34.5%)	130 (30.1%)	46 (10.6%)	25 (5.9%)
有利于拓宽销售渠道	50 (11.5%)	90 (20.8%)	160 (37.3%)	95 (22.0%)	36 (8.4%)
有利于降低经营风险	24 (5.6%)	52 (12.1%)	139 (32.3%)	160 (37.0%)	56 (13.0%)
有利于降低经营成本	29 (6.8%)	75 (17.4%)	155 (36.0%)	122 (28.3%)	50 (11.5%)
有利于完善企业管理制度	32 (7.4%)	72 (16.8%)	118 (27.3%)	135 (31.4%)	74 (17.1%)
有利于建立良好的品牌声誉	52 (12.1%)	118 (27.3%)	111 (25.8%)	114 (26.4%)	36 (8.4%)

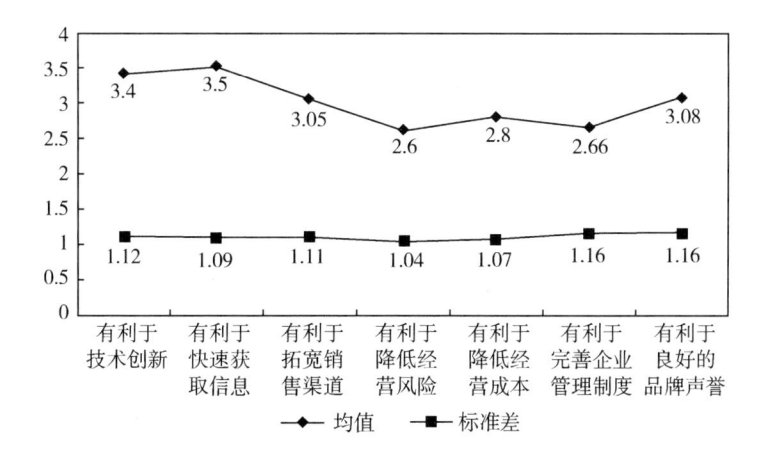

图8-4　"产业集群的支持效应"各题项的均值和标准差

图8-4给出了"产业集群的支持效应"各题项的均值和标准差，可以看出7个题项的标准差均大于1，显示受访企业的看法并不一致，在与其他企业合作的过程中获得的支持效应存在较大差异。

三 开发区环境的支持作用

欧洲创新环境小组（GREMI）提出，产业集聚区域提供了一个有利的环境，对企业创新起到了类似孵化器的作用，为企业创新提供了丰富的机会和资源。在这样的区域内，企业聚集在一起，形成了一个相互关联、相互支持的创新生态系统。东湖新技术开发区的产业成熟度、基础设施建设、创业政策、融资渠道等也会对光电子信息企业的成长产生重要影响。对于"开发区环境为企业发展提供了哪些支持或便利条件？"我们给出了如表8-11所示的7个题项。统计结果表明：

对"人才丰富""良好的基础设施和交通设施""有多项优惠政策"三个题项，有超过60%的企业表示认同。经过统计，对"人才丰富"的认可程度最高，共有66.4%的受访者表示同意，均值为3.75，非常同意91家，占比21.1%，比较同意195家，占比45.3%；其次是"良好的基础设施和交通设施"，有63.4%的受访者表示同意，非常同意占比23.3%，比较同意占比40.1%，均值为3.73；对于"有多项优惠政策"，也有62.4%的受访企业表示认同。

这一结果表明东湖新技术开发区实施的"3551中国光谷人才计划"等一系列聚集和扶持人才的政策取得成效，为区域内科技创新和产业化提供了大量的智力支持。

"良好的公共技术服务和创业服务"与"多渠道的资金提供者"的认可程度均较低，均值分别为3.20和3.18。对于"多渠道的资金提供者"，受访企业的看法差异较大，该题项标准差达到1.18。其中，表示同意的企业占比39.5%，持中立态度的占比30.1%，不同意的企业占比30.4%。

表8-11　　　　　　　新技术开发区环境的支持效应

开发区环境的支持效应	非常同意（频次/%）	比较同意（频次/%）	一般同意（频次/%）	不太同意（频次/%）	完全不同意（频次/%）
良好的产学研合作平台	63 (14.6%)	115 (26.7%)	178 (41.3%)	59 (13.7%)	16 (3.7%)
人才丰富	91 (21.1%)	195 (45.3%)	100 (23.0%)	37 (8.7%)	8 (1.9%)
创新创业氛围浓厚	79 (18.3%)	163 (37.9%)	123 (28.6%)	56 (13.0%)	10 (2.2%)
良好的基础设施和交通设施	100 (23.3%)	173 (40.1%)	108 (25.1%)	39 (9.0%)	11 (2.5%)
多渠道的资金提供者	72 (16.8%)	98 (22.7%)	130 (30.1%)	99 (23.0%)	32 (7.4%)
有多项优惠政策	100 (23.3%)	169 (39.1%)	84 (19.6%)	60 (14.0%)	18 (4.0%)
良好的公共技术服务和创业服务	59 (13.7%)	104 (24.2%)	154 (35.7%)	92 (21.4%)	22 (5.0%)

以上7个题项的均值和标准差如图8-5所示。

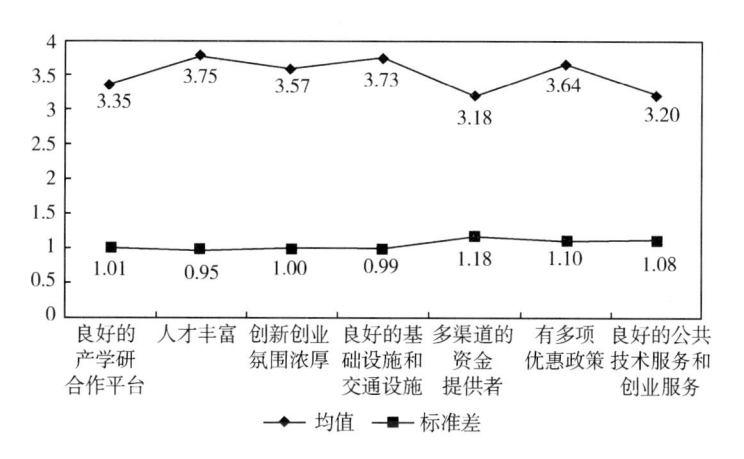

图8-5　"开发区环境对企业支持效应"各题项的均值和标准差

四 光电子信息企业的核心能力构建

光电子信息企业自身的核心能力系统，即企业吸收、整合各种成长性资源并进行再创新的内部能力系统是企业成长的内部动力源，也是光电子信息产业实现内生增长的核心力量。在快速变化和激烈竞争的环境中，企业需要同时具备可靠性和灵活性。可靠性保持高效率和稳定运作，而灵活性提升学习能力和适应环境的能力。这样的企业能够保持竞争力、满足客户需求，并及时调整战略以适应市场变化（Beckman et al.，2010）。

对于光电子信息企业来说，创新能力是其独特的竞争优势，并引导着其他能力的整合和协调。企业的创新能力不仅包括获取和开发创新性技术，还涉及将这些技术转化为新的生产工艺、新的产品或服务，并最终开拓新市场、为企业创造新价值等一系列综合活动。同时，企业还需要建立高效和合理的组织能力系统，通过独特的管理经验、组织惯例和工作流程等方式，促使知识和信息在企业内部更容易获取、更快速传递和更有效应用。

表8-12统计了受访企业对每个题项认可程度的频次与百分比。

表8-12　　　　　　　　企业的内部能力系统

企业的内部能力系统	非常同意（频次/%）	比较同意（频次/%）	一般同意（频次/%）	不太同意（频次/%）	完全不同意（频次/%）
创新能力					
企业非常强调研发、技术领先和创新	221（51.2%）	114（26.4%）	65（15.2%）	23（5.3%）	8（1.9%）
企业在最近三年里有许多新产品（服务）线上马	76（17.7%）	91（21.1%）	162（37.6%）	76（17.7%）	26（5.9%）

续表

企业的内部能力系统	非常同意（频次/%）	比较同意（频次/%）	一般同意（频次/%）	不太同意（频次/%）	完全不同意（频次/%）
企业的新产品（服务）大多是大幅度的创新	75（17.4%）	122（28.3%）	149（34.5%）	65（15.2%）	20（4.6%）
组织能力					
企业的凝聚力强	12（2.8%）	97（22.4%）	169（39.1%）	84（19.6%）	69（16.1%）
企业的发展战略明确	43（9.9%）	95（22.1%）	153（35.4%）	103（23.9%）	37（8.7%）
企业的治理结构清晰	52（12.1%）	94（21.7%）	109（25.2%）	147（34.2%）	29（6.8%）
企业各部门能很好地配合协调工作	34（7.8%）	109（25.2%）	144（33.5%）	132（30.7%）	12（2.8%）

图 8-6 则对企业内部能力系统 7 个题项的均值（mean）和标准差（S.D.）进行统计。

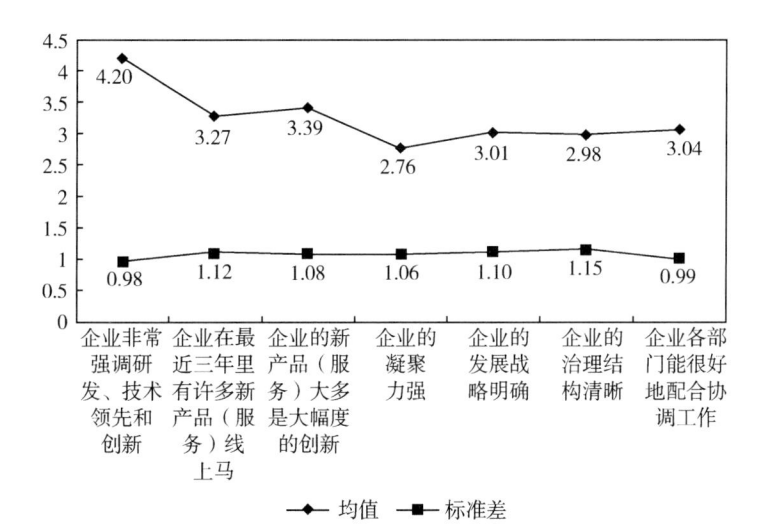

图 8-6 企业内部能力系统各题项的均值和标准差

统计分析的结果显示，总体而言，受访企业对企业的创新优势认同度较高，而不同企业对于企业内部组织管理能力的态度则存在较大差异。

企业创新能力："企业非常强调研发、技术领先和创新""企业在最近三年里有许多新产品（服务）线上马""企业的新产品（服务）大多是大幅度的创新"三个题项的均值分别为4.20、3.27和3.39。其中，受访企业对"企业非常强调研发、技术领先和创新"的认同度最高，为77.6%（包括非常同意和比较同意），选择"非常同意"的企业有221家，占比51.2%，选择"比较同意"的有114家，占比26.4%，该题项均值达到4.20，且受访者看法较为一致，标准差仅为0.98。

而对于企业组织能力，受访企业的观点不太一致。四个题项的均值都不高，分别为2.76、3.01、2.98和3.04，而且标准差均大于1，说明受访企业的内部组织管理效率存在较大的差异。对于"企业的凝聚力强"、"企业的发展战略明确"和"企业各部门能很好地配合协调工作"三个方面，持中立态度的企业最多，分别占比39.1%、35.4%和33.5%。而对于企业自身的治理结构，认为不太清晰的企业数量最多，占比34.2%。

以上统计分析结果表明，光电子信息企业与高校、科研机构的合作方式多样化，在开发区相关政策的引导下，创新从研究机构向企业集聚的渠道通畅，从合作的形式和层次来看，大部分合作限于信息、技术的传递，缺乏深入的长效合作机制。

技术、信息、人才等关键创新资源的集聚和整合效应促使光电子信息企业形成了较强的自主创新能力，但企业在凝聚力、治理结构、发展战略等管理制度的建设上仍存在困难，有待进一步优化内部组织能力。

第四节 光电子信息企业成长的主要障碍

本节针对光电子信息企业在成长过程中的障碍进行了调研。深入研究光电子信息企业成长面临的内外部瓶颈，进而对整体产业的发展障碍进行分析。

一 内部发展障碍

调研组首先对企业内部可能出现的阻碍企业成长的障碍进行了分析调查，包括企业的技术、产品、治理结构、文化、战略等方面。统计结果如表8-13所示。"企业成长的主要内部障碍"各题项的均值和标准差如图8-7所示。

表8-13　　　　　　　企业成长的主要内部障碍

企业成长的 主要内部障碍	非常同意 （频次/%）	比较同意 （频次/%）	一般同意 （频次/%）	不太同意 （频次/%）	完全不同意 （频次/%）
缺乏创新性技术	48 (11.2%)	90 (20.8%)	106 (24.5%)	155 (36.0%)	32 (7.5%)
研发成果难以转化	52 (12.1%)	130 (30.2%)	119 (27.6%)	98 (22.6%)	32 (7.5%)
产品（服务）不具备市场竞争力	22 (5.0%)	41 (9.6%)	115 (26.7%)	198 (46.0%)	55 (12.7%)
治理结构存在问题	66 (15.2%)	111 (25.8%)	122 (28.3%)	108 (25.1%)	24 (5.6%)
缺乏长远战略规划	55 (12.7%)	127 (29.5%)	167 (38.8%)	64 (14.9%)	18 (4.1%)
企业文化缺乏凝聚力	66 (15.2%)	159 (37.0%)	88 (20.5%)	78 (18.0%)	40 (9.3%)
生产、管理效率低	41 (9.6%)	71 (16.5%)	129 (29.8%)	154 (35.7%)	36 (8.4%)

从企业未来发展的内部影响因素来看，大部分企业对自身的技术创新能力和产品竞争力较有信心，仅有14.6%的企业认为产品（服务）不具备市场竞争力，32.0%的企业认同自身仍缺乏创新性技术。

而从企业的内部管理机制来看，"企业文化缺乏凝聚力"被认为是企业未来发展的最大障碍，有52.2%的企业认可这一观点，该题项均值为3.31；其次，42.3%的企业认为企业的研发成果转化仍存在困难（均值为3.20）；42.2%的企业认为企业存在"缺乏长远战略规划"的问题（均值为3.32），会制约企业未来的成长空间。

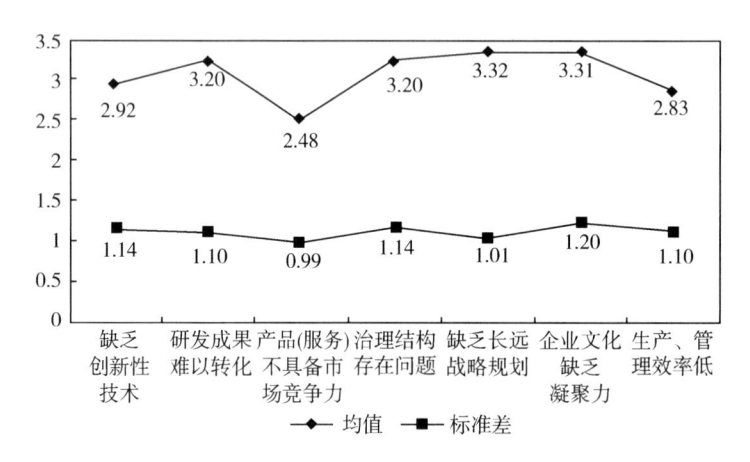

图8-7 "企业成长的主要内部障碍"各题项的均值和标准差

二 外部发展障碍

人才、信息、资金等关键资源的约束也是阻碍企业成长的重要因素，企业与外部环境的交流方式以及从外部获取整合关键资源的能力也限制了企业的发展空间。因此本次调研也进一步对开发区内光电子信息企业发展的外部阻碍因素进行了分析（见表8-14）。"企业成长的主要外部障碍"各题项的均值和标准差如图8-8所示。

第八章 产学合作创新集聚成长模式调研

表 8-14　　　　　　　企业成长的主要外部障碍

企业成长的 主要外部障碍	非常同意 (频次/%)	比较同意 (频次/%)	一般同意 (频次/%)	不太同意 (频次/%)	完全不同意 (频次/%)
信息渠道不通畅	57 (13.1%)	72 (16.8%)	119 (27.6%)	142 (32.9%)	41 (9.6%)
销售渠道不通畅	42 (9.7%)	91 (21.1%)	116 (27.0%)	143 (33.2%)	39 (9.0%)
得不到政策支持	35 (8.1%)	119 (27.6%)	144 (33.5%)	86 (19.9%)	47 (10.9%)
难以吸引优秀人才	36 (8.4%)	92 (21.4%)	132 (30.5%)	143 (33.2%)	28 (6.5%)
融资困难	81 (18.9%)	158 (36.6%)	123 (28.6%)	57 (13.1%)	12 (2.8%)

统计结果表明，资金仍然是制约企业成长的最重要因素。有55.5%的受访企业认为"融资困难"是企业未来成长的重要障碍，该题项均值为3.56，远高于企业成长面临的其他可能障碍；其次，35.7%的企业和30.8%的企业认为"得不到政策支持"和"销售渠道不通畅"也是企业成长的制约因素。

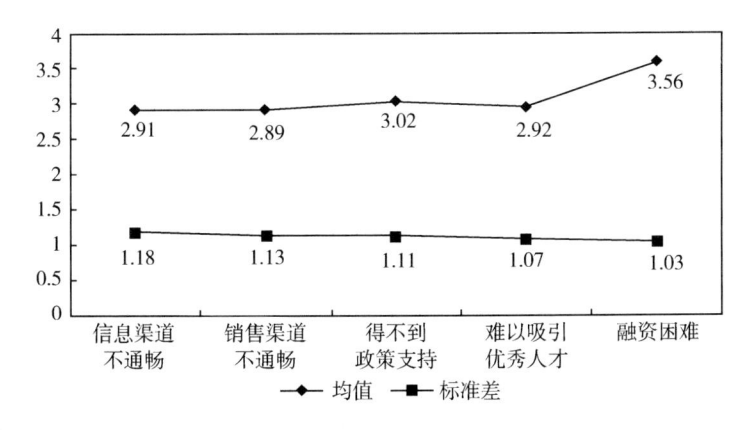

图 8-8　"企业成长的主要外部障碍"各题项的均值和标准差

调研结果表明，资金问题仍是光电子信息企业成长的最大瓶颈。而销售渠道不通畅、企业文化缺乏凝聚力、研发成果难以转化、缺乏长远战略规划等经营管理方面的问题已超过技术创新问题，成为制约企业成长的主要障碍。

第五节　实证分析

——东湖新技术开发区光电子信息企业的成长模式

在以上统计分析的基础上，我们进一步运用结构方程模型的实证检验方法，来探索东湖新技术开发区中光电子信息企业的成长模式，着重分析在企业的成长进程中，外部的创新支持要素（包括高校、产业伙伴、区域环境政策三个主要支持主体提供的技术、资金、信息、人才等关键要素）和企业的内部能力系统如何相互作用，转化为企业的核心能力，进而促进企业成长。

一　模型构建

光电子信息企业的成长可以看作是外部驱动系统和内部能力系统相互作用、创造竞争优势的过程。外部环境驱动系统中的组织和个体为企业提供资金、信息、技术等各种成长资源；企业的内部能力系统由创新能力和组织能力两个子系统组成，它们相互作用，将各类成长资源消化、转化，并纳入企业的实际运营中。这样做可以扩展和整合现有的能力，或者创造新的能力，最终转化为企业的成长绩效。创新能力使企业能够不断引入新的想法、技术和解决方案，推动产品、服务和流程的创新。组织能力则涉及企业内部的资源配置、协调和管理，以确保创新能力得以发挥并与企业的战略目标相一致。通过这两个子系统的相互作用，企业能够持续提升自身的竞争力和发展潜力。

根据以上分析，我们提出如图8-9所示的理论模型。新技术开发区内，高校和科研机构、产业伙伴、开发区环境为企业提供技术、人才、信息等关键成长资源，并在与企业互动的过程中支持企业构建起核心竞争优势，对企业的创新能力和组织能力均有积极的促进作用，进而促进企业获得良好的成长绩效。同时，企业内部的创新能力系统引导组织能力系统的运作模式与变革方向，组织能力系统为创新能力提供结构上的稳定以及各种成长支持，两者形成了互相促进的良性循环。同一区域中，高校、科研机构、产业集群和园区环境提供的创新支持要素也具有一定的联系。

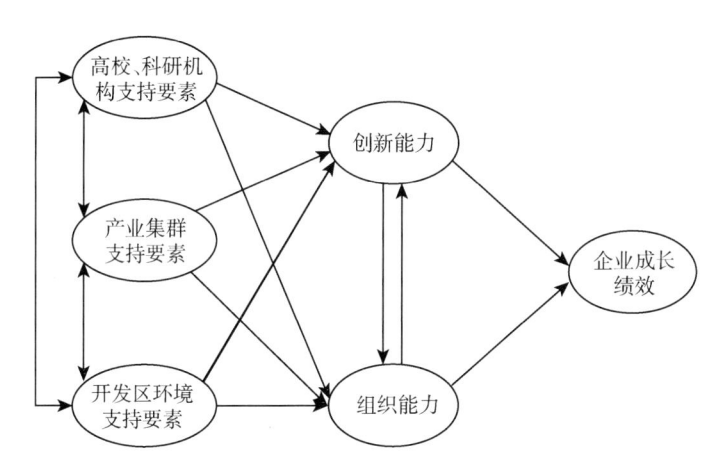

图8-9 东湖新技术开发区光电子信息企业成长模式的理论模型

接下来，我们将运用AMOS软件对以上理论模型进行检验，通过调研数据对东湖新技术开发区内光电子信息企业的成长模式进行实证分析，探索在开发区创新要素集聚的积极效应下，企业如何构建自身的核心能力系统，获得成长。

二 测量模型与检验结果

我们通过探索性因子分析（Exploratory Factor Analysis，简称

EFA）和验证性因子分析（Confirmatory Factor Analysis，简称CFA）对测量模型的有效性进行评估（Byrne，1998）。首先通过EFA分析确认测量模型的因子结构（factor structure），即通过测量模型中众多变量之间的内部依赖关系，建立问卷的建构效度，然后通过CFA检验测量变量与潜变量间的关系。

在探索性因子分析（EFA）的过程中，已剔除因子载荷值较低的测量题项，最终各变量的测量题项如表8-15所示。

表8-15　　　　　　　　测量模型与测量题项

变量	维度	因子	测量指标
高校、科研机构支持 University Supports KMO=0.793	高校、科研机构支持 University Supports	0.878	（Univer 1）有利于企业技术创新
		0.857	（Univer 2）有利于企业获得优秀人才
		0.823	（Univer 3）有利于获得政策支持
		0.799	（Univer 4）有利于企业把握未来的发展方向
		0.689	（Univer 5）有利于企业提升知名度
		0.67	（Univer 6）有利于获得更多的关系资源
产业集群支持 Industrial Cluster Supports KMO=0.864	产业集群支持 Industrial Cluster Supports	0.914	（Indus-C 1）有利于快速获取信息
		0.905	（Indus-C 2）有利于技术创新
		0.88	（Indus-C 3）有利于建立良好的品牌声誉
		0.861	（Indus-C 4）有利于拓宽销售渠道
		0.772	（Indus-C 5）有利于降低经营成本
		0.764	（Indus-C 6）有利于降低经营风险
		0.689	（Indus-C 7）有利于完善企业管理制度
开发区环境支持 Regional Environment Supports KMO=0.899	开发区环境 Regional Environment	0.869	（Regio-E 1）人才丰富
		0.832	（Regio-E 2）良好的基础设施和交通设施
		0.799	（Regio-E 3）创新创业氛围浓厚
		0.743	（Regio-E 4）有多项优惠政策
		0.709	（Regio-E 5）良好的产学研合作平台
		0.682	（Regio-E 6）良好的公共技术服务和创业服务
		0.644	（Regio-E 7）多渠道的资金提供者

续表

变量	维度	因子	测量指标
企业能力系统 Enterprise Functional Systems KMO＝0.755	创新能力 Innovation Function	0.847	（Innov-F 1）企业在最近三年里有许多新产品（服务）线上马
		0.823	（Innov-F 2）企业的新产品（服务）大多是大幅度的创新
		0.743	（Innov-F 3）企业非常强调研发、技术领先和创新
	组织能力 Organizational Function	0.851	（Organ-F 1）企业的凝聚力强
		0.83	（Organ-F 2）企业的发展战略明确
		0.756	（Organ-F 3）企业的治理结构清晰
		0.688	（Organ-F 4）企业各部门能很好地配合协调工作
企业成长绩效 Growth Performance KMO＝0.718	静态成长绩效 Static	0.877	（Static-P）企业近三年的年均销售利润率
	动态成长绩效 Dynamic	0.869	（Dynam-P 1）企业的销售收入增长率
		0.847	（Dynam-P 2）企业的知识产权数增长率

本书对东湖新技术开发区内光电子信息企业的成长模式进行分析时，所使用的问卷题项大部分也为李克特量表，因此对信度（Rehability）的检验采用"Cronbach's Alpha"系数法。我们计算了每个潜变量的Cronbach's α值，结果表明，"高校、科研机构支持"（Cronbach's α＝0.793）、"产业集群支持"（Cronbach's α＝0.864）、"开发区环境支持"（Cronbach's α＝0.899）、"企业能力系统"（Cronbach's α＝0.755）和"企业成长绩效"（Cronbach's α＝0.718）五个变量的测量模型信度α值均大于0.7，说明测量模型具有良好的信度水平。

为了检验各潜变量的测量模型构建的合理性，我们进一步通过验证性因子分析来评估测量模型的拟合情况。拟合结果见表8－16，"高校、科研机构支持""产业集群支持""开发区环境支持""企业能力系统"和"企业成长绩效"5个测量模型基本上达到模型的可接受程度，说明模型与数据拟合良好。

表8-16 验证性因子分析拟合指标

	χ^2/df	RMSEA	CFI	GFI	NFI	IFI	PCFI
适配标准	<3	<0.10	>0.90（>0.80尚可）				>0.50
高校、科研机构支持	2.089	0.076	0.924	0.933	0.886	0.905	0.599
产业集群支持	1.959	0.069	0.911	0.945	0.898	0.936	0.542
开发区环境支持	1.884	0.072	0.957	0.945	0.904	0.956	0.683
企业能力系统	2.221	0.079	0.914	0.936	0.891	0.947	0.596
企业成长绩效	2.377	0.089	0.933	0.959	0.873	0.964	0.568

（一）数据分析与模型检验

在结构方程模型评估和修正过程中，我们遵循理论驱动修改原则与简洁原则。即以理论或者实践出发进行修改，而不能以数据驱动修改。同时对于均通过拟合标准检验的模型，选择较简洁模型（卡方值 χ^2 相对较低而自由度 df 相对较高）。最终的修正模型如图8-10所示，拟合指标如表8-17所示。

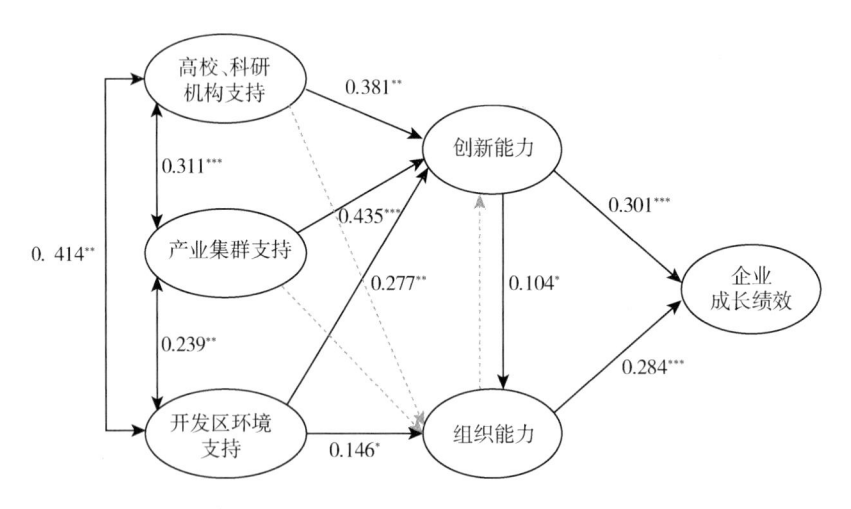

图8-10 东湖新技术开发区内光电子信息企业成长模式（N=431）

注：*p<0.05，**p<0.01，***p<0.001。

表8-17 东湖新技术开发区内光电子信息企业
成长模式的拟合指数

拟合指数	χ^2/df	RMSEA	CFI	GFI	NFI	IFI	PCFI
检验结果	2.341	0.088	0.926	0.931	0.887	0.934	0.623

从图8-10可以看出,东湖新技术开发区中,尽管光电子信息企业与高校、科研机构、产业伙伴等保持合作,获得了企业成长的重要资源,同时也从开发区政策中得到了支持,但这些企业外部的支持要素对企业成长的影响存在显著差异。

技术开发区内高校和科研机构对企业的创新能力有显著的促进作用(路径系数为$\beta=0.381$,$p<0.001$),而对企业的组织能力没有明显的积极影响;在与产业伙伴的合作交流中,产业集群提供的支持要素也仅对企业的创新能力有积极的影响($\beta=0.435$,$p<0.01$);开发区内各种政策支持对企业的创新能力和组织能力均有积极作用($\beta=0.277$,$p<0.01$;$\beta=0.146$,$p<0.05$)。

企业内部能力系统中,创新能力对于组织能力具有积极影响,路径系数β为0.104($p<0.05$),同时,企业能力系统对于成长绩效的积极效应也通过检验,创新能力与组织能力均能够有效促进企业成长($\beta=0.301$,$p<0.001$;$\beta=0.284$,$p<0.001$)。

(二)研究结果

实证研究结果表明,东湖新技术开发区内光电子信息企业形成了"外部创新要素支持—内部能力系统—企业成长绩效"成长模式。研究发现,高校科研机构、产业中其他企业、开发区政策环境为企业提供的创新支持要素提升了企业的创新能力,进而对企业的成长绩效有积极作用。但是,这些集聚的创新资源对企业组织能力的促进作用却并不明显,仅开发区环境对企业组织能力提升产生积极影响。研究结果也表明,企业内部能力系统的构建过程中,企业创新能力对于组织能力构建有显著的引导作用。

第六节 结论与政策建议

创新投入与创新产出之间出现断裂，技术创新难以转化为经济上的竞争优势，一直是制约区域经济发展的重要问题。东湖新技术开发区作为国家自主创新示范基地，聚集了大学、科研机构、企业、中介机构等共同作用，形成一个区域创新网络，聚集了技术、人才等大量创新性资源。这种创新集聚效应如何促进产业集群的发展，并转化为经济价值，对于湖北省整体创新能力和经济竞争力的提升具有重要意义。

本书以东湖新技术开发区的主导产业——光电子信息产业为研究样本，通过问卷调查的形式对光电子信息产业中的431家企业进行了调研。深入分析了在创新集聚效应下，企业与开发区内创新主体的合作方式、合作效果，以及对企业成长的支持作用，并对企业的发展障碍进行了研究。接下来，根据以上调研结果，构建了创新集聚效应下，光电子信息企业的成长模式的研究模型，并运用结构方程模型对企业成长模型进行了实证检验。

一 研究结论

第一，光电子信息企业的自主创新能力逐年增强，产业竞争优势凸显。

总体而言，光电子信息企业自主创新能力较强，自主研发已成为企业最重要的创新方式。企业R&D投入强度逐年增长（2021年，R&D投入强度在4%以上的企业占比38.2%）。统计结果表明，持续的创新投入也有效地转化为创新产出，企业的创新能力，如技术研发能力、新产品开发速度等也得到了大幅提升。

从统计数据上看，创新能力的提升促进光电子信息产业的经济效益实现稳步增长,有效地促进了区域经济发展。

第二,创新驱动企业成长的模式已经形成,但企业管理制度的建设落后于创新能力。

开发区内企业、大学、科研机构、科技中介和政府形成的集聚创新效应推动创新源不断产生、流动和扩散,促进光电子信息企业形成创新驱动的发展战略。东湖新技术开发区内人才引进政策的积极效应得以体现,形成了以项目集聚人才、以人才驱动创新的良性循环。人才、技术等创新资源的集聚,为产业发展提供了强劲的创新动力,企业的自主创新能力也因此进一步增强。

但不足的一面是,开发区对于治理结构、管理机制等企业制度建设的指导力度不够,使得企业的管理制度落后于创新能力。调研数据表明,"企业文化缺乏凝聚力(52.2%)""缺乏长远战略规划(42.2%)""治理结构存在问题(41.0%)"等内部能力的弱势使得企业对各种创新性资源的吸收应用能力欠缺,也缺乏有效的转化机制。

通过对光电子信息企业成长模式做进一步的深入实证分析,发现高校、科研机构、产业集群、政策环境形成的创新系统对企业创新能力的积极作用远高于对企业内部管理制度的帮助,仅区域政策对完善企业组织能力有积极影响,而其他支持要素更多的是促进了企业的创新能力的提升。

第三,新技术开发区内产学研合作形成良好的发展态势,但合作深度不够,尚未形成有效的协同创新机制。

新技术开发区内,产、学、研之间的交流合作已形成规模,合作方式从单向的知识转移向多维的合作方式转化,校企之间、企业与企业之间都存在"合作研发""共同完成科研项目"等合作创新行为。但总体而言,大部分合作限于技术层面,而共同组建实验室、战略合作等深入的合作方式较为缺乏,导致创新性知识和技术的辐射扩散效应有限,未能发挥良好的协同创新效应。技术创新价值转化为经济价值的渠道仍不够顺畅，科研成果转化效率亟须提升（42.3%的企业存在"研发成果难以转化"的成长障碍）。

合理的解释是，产学研合作涉及资金、人才、资源等多方面的因素，各方利益分配与保护机制建设尚未成熟，这导致合作积极性不高，并且缺乏牢固的信用基础。在合作过程中，各方参与者希望能够公平地分享利益，并确保其权益得到保护。然而，由于现有机制的不完善，包括利益分配机制、合同执行机制和纠纷解决机制等方面，合作伙伴之间存在不确定性和信任缺失。这可能导致合作意愿的下降，甚至使得一些潜在的合作机会难以实现。许多企业注重短期效益，对长期的创新合作缺乏动力。科研机构中的技术团队又受到程序烦琐、知识产权保护机制不够完善、技术转移收益难以落实等问题的困扰，缺乏与企业合作的激励。

第四，资金问题仍是制约光电子信息产业发展的重要瓶颈，全方位集成服务仍待增强。

资金瓶颈被认为是阻碍科技创新的一个重要因素。本次调研的统计数据表明，东湖新技术开发区内光电子信息企业成长的进程中，资金问题仍然是大多数企业面临的重要成长障碍，55.5%的企业认为未来发展存在"融资困难"的问题。

数据表明，光电子信息企业的资金来源渠道较为单一。企业的创立资金中自有资金成为最大来源；尽管开发区内光电子信息产业集群已形成规模，但仅有6.7%的企业在与同行业企业存在互相融资的企业行为；企业的融资能力存在明显差异，39.5%的企业表示能够接触到多渠道的资金提供者，但仍有30.4%的企业并不认同。在与企业的深入交流过程中，我们发现，规模较小的企业更难获得外部的资金资助。

同时，调研数据也表明开发区内的"公共技术服务和创业服务"也未能为产业发展提供足够的保障，所提供的服务大部分是政务服务、事务性的服务，而融资、成果转化、法律、企业制度建设等专业性服务比较缺乏，对企业的系统化的全方位集成服务也不够。

二 政策建议

第一，从制度上强化产学研间的长效深度合作机制，促使创新要素向企业聚集。

产学研合作的制度建设应以长效创新机制为导向，引导高校、科研机构、企业之间以持续性创新能力构建为目标，建立持续的、深入的战略合作关系。建立高效运作的机制，促使创新要素向企业集聚，使其成为研发投入主体、技术创新主体和创新成果应用主体。如，引导企业资金进入大学实验室，建立起长期的合作创新机制；鼓励产业内企业建立共同的技术创新、产品开发机构；深化利益分配制度改革，鼓励技术等生产要素参与分配等。

借鉴剑桥和麻省的"知识整合社区（KIC）"模式，可以由政府牵头组成一个由研究、教育和产业部门构成的联盟机构，共同提出解决问题的方案，为技术、经济和社会问题提供创新平台。在这个机构中，企业提供资金并确定研究主题，以满足产业需求；大学研究者指导研究活动；政府的角色是构建吸引利益相关者的机制和网络结构；大学教育组织确保学生在理论和实践层面掌握知识交流。KIC的核心任务是促进知识交流，超越传统的单向知识转移，强调以产业问题引导创新，并通过各方的协调合作实现创新性知识的多方流动。

第二，从制度上促进系统化服务体系的构建，提高创新向价值的转化效率。

高效率、系统化的服务体系是开发区内高新技术企业成长的重要支撑。东湖新技术开发区在中介服务体系的建设上，仍存在功能单一、针对性不强的问题，需要进一步整合和优化。

为企业成长提供高质量的服务支持，一方面，强调提高效率、简化程序，达到降低交易成本、促进信息流动的目的；另一方面，需要能够针对企业的实际发展状态，提供有针对性的服务和建议，包括在深化企业体制改革、专业人才引进、管理咨询等方面提供更为全面的支持。

具体而言，应整合优化孵化器、法律咨询机构、担保机构、公共服务平台等中介服务体系的功能，把封闭式的部门管理，转变成资源共享的管理模式，构建扁平化的服务机构，为企业提供政策咨询、成果转化、投融资、企业咨询、知识产权等全方位的专业服务，推动知识、资本等创业要素的流动与整合。并建立合理的监督机制和问责机制，确保服务系统的有效运作。东湖高新区计划重点推进的"光谷企业之家"体制改革，有望推进政府的扁平化管理，实现这一系统化服务体系的建设。

第三，从制度上构建多渠道、多层次的资本市场，拓宽企业融资渠道。

融资状况是企业生存质量的重要影响因素，作为国家重要开发区，武汉东湖新技术开发区需要有切实可行的措施，积极为企业提供融资服务。鼓励产业资金的进入，将金融和风投资本进入演变为常规机制，而不是主要依赖国家或政府的资金投入。可采取的措施包括以下几点。

提供便利的上市通道：通过利用"新三板"扩容机遇，为实力强、有融资需求的企业提供更便捷的上市通道。这将增加企业融资的机会，并提高企业与资本市场的互动。

促进产业整合与创新导向：将东湖新技术开发区内技术优势与武汉其他优势产业有机整合，使"新三板"主体与创业板对接。这将激发创新活力，推动产业升级，并提高企业在资本市场的竞争力。

提供优惠政策支持：降低税收负担、增加政府补贴等优惠政策可以吸引和引导风险资本投资。这些政策措施将提高企业融资的吸引力，为创新型企业提供更多资金支持。

建立多层次的资本市场：发展多层次的资本市场，包括股权市场、债券市场、创业板等，为企业提供更多选择和灵活的融资渠道，这将增加融资机会，提高企业的融资能力和发展空间。并且完善风险资本退出机制，为风险投资提供良好的退出环境，包括并购、上市等多种方式，以激励投资者参与创新型企业，并为其投资提供回报保障。

建设多层次的企业信贷支持结构：通过建立多层次的信贷体系，为创业企业提供灵活的融资支持。政府补贴和政策性信用担保等手段可以帮助拓宽企业的融资渠道，提高企业的融资能力和发展机会。

这些措施的综合应用可以加强东湖新技术开发区内企业与资本市场之间的联系，促进创新和发展，为创新型企业提供更多机会和资源，推动经济的可持续增长。

参考文献

一 中文文献

习近平:《高举中国特色社会主义伟大旗帜 为全面建设社会主义现代化国家而团结奋斗——在中国共产党第二十次全国代表大会上的报告》,人民出版社2022年版。

习近平:《论把握新发展阶段、贯彻新发展理念、构建新发展格局》,中央文献出版社2021年版。

林学军:《基于三重螺旋创新理论模型的创新体系研究》,暨南大学出版社2010年版。

[美]大卫·科伯:《高等教育市场化的底线》,晓征译,北京大学出版社2008年版。

[美]亨利·切萨布鲁夫:《开放式创新》,唐兴通、王崇锋译,广东经济出版社2022年版。

[美]迈克尔·波特:《竞争优势》,陈小悦译,华夏出版社2006年版。

[英]亚当·斯密:《国富论》,富强译,北京联合出版公司2014

年版。

［美］约瑟夫·熊彼特：《熊彼特：经济发展理论》，邹建平译，中国画报出版社2012年版。

白景坤、王健：《环境威胁与创业导向视角下的组织惰性克服研究》，《中国软科学》2016年第9期。

白京羽、刘中全、王颖婕：《基于博弈论的创新联合体动力机制研究》，《科研管理》2020年第10期。

曹平、唐华奕：《大学衍生企业的创业与创新发展：对博世科公司的案例研究》，《广西大学学报》（哲学社会科学版）2022年第6期。

蔡坚：《产业创新链的内涵与价值实现的机理分析》，《技术经济与管理研究》2009年第6期。

蔡莉、黄贤凤：《西方创业行为研究前沿回顾及对我国众创的展望》，《科学学与科学技术管理》2016年第8期。

常爱华、王希良、梁经纬、柳洲：《价值链、创新链与创新服务链——基于服务视角的科技中介系统的理论框架》，《科学管理研究》2011年第2期。

常红锦、杨有振：《创新网络惯例、网络位置与知识共享》，《研究与发展管理》2016年第3期。

陈晨、徐彦尧、葛亮、周峰：《长三角示范区创新联合体构建模式与对策研究》，《老字号品牌营销》2022年第24期。

陈佳楠：《河南省科技资源配置效率测度及影响因素研究》，硕士学位论文，河南财经政法大学，2022年。

陈劲、尹西明、梅亮：《整合式创新：基于东方智慧的新兴创新范式》，《技术经济》2017年第12期。

陈劲、阳镇：《融通创新视角下关键核心技术的突破：理论框架与实现路径》，《社会科学》2021年第5期。

陈劲、阳镇、朱子钦:《新型举国体制的理论逻辑、落地模式与应用场景》,《改革》2021年第5期。

陈军、张韵君:《政策工具视角下我国高等教育产教融合政策分析》,《黑龙江高教研究》2023年第3期。

陈晓敏:《产教融合背景下高校学术创业与技术创业的政策支持与落地保障》,《林区教学》2022年第12期。

程瑛:《我国大学衍生创业的制约因素与应对策略》,《湖北职业技术学院学报》2014年第4期。

戴维奇、林巧、魏江:《集群内外网络嵌入与公司创业——基于浙江省四个产业集群的实证研究》,《科学学研究》2011年第4期。

党兴华、李雅丽、张巍:《资源异质性对企业核心性形成的影响研究——基于技术创新网络的分析》,《科学学研究》2010年第2期。

董保宝:《创业网络演进阶段整合模型构建与研究启示探析》,《外国经济与管理》2013年第9期。

董明涛、孙研、王斌:《科技资源及其分类体系研究》,《合作经济与科技》2014年第19期。

邸晓燕、张赤东:《基于产业创新链视角的智能产业技术创新力分析:以大数据产业为例》,《中国软科学》2018年第5期。

宫磊、陈强、常旭华、沈天添:《学术创业对高校教师科研产出的影响效应研究——知识探索的中介作用》,《科学学研究》2023年第1期。

高建、魏平:《新兴技术的特性与企业的技术选择》,《科研管理》2007年第1期。

高山行、范陈泽、江旭:《专利竞赛中的技术信息溢出模型研究》,《管理工程学报》2006年第2期。

高晟、王世权:《大学衍生企业:研究述评与展望》,《外国经济与管理》2020年第10期。

高茜滢、吴慈生、王琦:《基于合作竞争与协同创新的创新联合体研究》,《中国软科学》2022 年第 11 期。

葛宝山、高洋、杜小民:《公司创业下的机会开发与战略管理耦合研究》,《科学学与科学技术管理》2013 年第 2 期。

眭依凡:《大学的使命及其守护》,《教育研究》2011 年第 1 期。

郭必裕:《大学使命的选择与践行》,《现代教育科学》2007 年第 11 期。

胡海峰:《孵化、转移、回馈、联盟:大学衍生企业的创新发展路径——以威视股份公司为例》,《中国软科学》2010 年第 7 期。

胡静:《商业模式构建视角下学者型创业企业成长过程研究》,硕士学位论文,天津工业大学,2016 年。

胡望斌、张玉利:《新企业创业导向转化为绩效的新企业能力:理论模型与中国实证研究》,《南开管理评论》2011 年第 1 期。

韩可:《电商直播带货中用户购买意愿的影响因素研究》,硕士学位论文,浙江传媒学院,2021 年。

韩江波:《创新链与产业链融合研究——基于理论逻辑及其机制设计》,《技术经济与管理研究》2017 年第 12 期。

韩炜、杨俊、张玉利:《创业网络混合治理机制选择的案例研究》,《管理世界》2014 年第 2 期。

何郁冰:《产学研协同创新的理论模式》,《科学学研究》2012 年第 2 期。

何郁冰、张迎春:《网络嵌入性对产学研知识协同绩效的影响》,《科学学研究》2017 年第 9 期。

黄劲松:《由两种企业家观所想到的》,《探索与求是》1996 年第 12 期。

黄瑞雪、秦虹、王一任:《高校科技成果转化的困境与出路——〈基于促进科技成果转化法〉的视角》,《中国高校科技》2017 年第 4 期。

金雪军、朱玉成:《创新链产业链融合与实体经济转型升级》,

《国家治理》2021 年第 29 期。

赖馨正：《产学研技术创新战略联盟模式及运行研究》，硕士学位论文，中南大学，2008 年。

李长云：《新一代信息技术引致商业模式创新路径研究》，《商业研究》2012 年第 10 期。

李春成、郭海轩：《加强科技经济融合组织创新，建设创新联合体》，《安徽科技》2021 年第 1 期。

李福、赵放：《创新中心的形成：创新资源的集聚与利用模式》，《中国科技论坛》2018 年第 4 期。

李辉：《"创新联合体"是什么？怎么建？》，《华东科技》2022 年第 5 期。

李华晶、邢晓东：《学术创业：国外研究现状与分析》，《中国科技论坛》2008 年第 12 期。

李晋章、张虎翼、薛雷：《基于创新型领军企业建设创新联合体的模式探析》，《科技促进发展》2022 年第 3 期。

李靖华、黄继生：《网络嵌入、创新合法性与突破性创新的资源获取》，《科研管理》2017 年第 4 期。

李梅芳、齐海花、赵永翔：《考虑合作态度异质性与行业惩罚的产学研合作网络演化研究》，《福州大学学报》（哲学社会科学版）2018 年第 5 期。

李世超、苏竣：《大学变革的趋势——从研究型大学到创业型大学》，《科学学研究》2006 年第 4 期。

李文博：《集群情景下大学衍生企业创业行为的关键影响因素——基于扎根理论的探索性研究》，《科学学研究》2013 年第 1 期。

李雯、杜丽虹：《学术印记、网络惯例与大学衍生企业产业嵌入》，《科技进步与对策》2020 年第 8 期。

李雯、解佳龙：《创新集聚效应下的网络惯例建立与创业资源获取》，《科学学研究》2017 年第 12 期。

李雯、夏清华：《大学衍生企业的创业支持网络研究——构成要素及有效性》，《科学学研究》2013年第5期。

李雯、夏清华：《大学知识溢出驱动的双元创业能力构建研究——基于网络嵌入的视角》，《科学学研究》2016年第12期。

李新春：《高科技产业集群式创业的地区差异及其影响因素》，《南开学报》2004年第1期。

李兴腾：《学术衍生企业成长机制研究》，博士学位论文，中国科学技术大学，2021年。

廖述梅：《高校研发对企业技术创新的溢出效应分析》，《科研管理》2011年第6期。

连远强、刘俊伏：《成员异质性、网络耦合性与产业创新网络绩效》，《宏观经济研究》2017年第9期。

梁强、罗英光、谢舜龙：《基于资源拼凑理论的创业资源价值实现研究与未来展望》，《外国经济与管理》2013年第5期。

梁强、邹立凯、宋丽红、李新春、王博：《组织印记、生态位与新创企业成长——基于组织生态学视角的质性研究》，《管理世界》2017年第6期。

林静、杨蓉蓉、刘凤鸣：《创新联合体中高校的作用机制》，《现代职业教育》2021年第27期。

林森、苏竣、张雅娴、陈玲：《结构性失衡与战略技术联盟——资源配置视角中的科技成果产业化》，青年学术年会卫星会议，2001年。

刘凤朝、马荣康、姜楠：《基于"985高校"的产学研专利合作网络演化路径研究》，《中国软科学》2011年第7期。

刘家树、吴佩佩、菅利荣、洪功翔：《创新链集成的科技成果转化模式探析》，《科学管理研究》2012年第5期。

刘克寅、汤临佳：《基于异质性资源互补匹配的企业合作创新伙伴选择方法》，《科技管理研究》2016年第21期。

柳卸林、高雨辰、丁雪辰：《寻找创新驱动发展的新理论思维——基于新熊彼特增长理论的思考》,《管理世界》2017年第12期。

马文聪、叶阳平、徐梦丹、朱桂龙:《"两情相悦"还是"门当户对":产学研合作伙伴匹配性及其对知识共享和合作绩效的影响机制》,《南开管理评论》2018年第6期。

买忆媛、闫科:《大学衍生企业发展机制研究》,《当代经济》2006年第9期。

孟庆红、戴晓天、李仕明:《价值网络的价值创造、锁定效应及其关系研究综述》,《管理评论》2011年第12期。

庞文:《大学衍生企业的能力:概念及其特性》,《科技管理研究》2013年第13期。

庞文、丁云龙:《大学衍生企业创生及其成功的政策原则》,《科研管理》2014年第11期。

彭双、顾新、吴绍波:《技术创新链的结构、形成与运行》,《科技进步与对策》2012年第9期。

彭伟、符正平:《联盟网络、资源整合与高科技新创企业绩效关系研究》,《管理科学》2015年第3期。

钱强、张艳超:《应用型大学促进区域创新联合体演进研究——基于浙江低压电器产业的案例分析》,《教育发展研究》2022年第19期。

钱锡红、杨永福、徐万里:《企业网络位置、吸收能力与创新绩效——一个交互效应模型》,《管理世界》2010年第5期。

任浩、卞庆珍:《大学衍生企业:概念属性、创生动因与运行机制》,《南京社会科学》2018年第6期。

沈家文:《加快发展我国高技术产业创新联合体》,《中国经济评论》2021年第2期。

孙国强、张婧:《治理环境对网络治理的影响研究——基于环境作用机理的视角》,《科学决策》2014年第11期。

孙林波、陈劲：《学术商业化绩效分析——以中国重点大学为例》，《科学学研究》2018年第11期。

孙菁：《我国研究型大学参与区域创新的机制研究》，《中国人民大学教育学刊》2022年第1期。

孙继伟、池晨诗、白敏敏：《学者创业企业成长路径探索》，《科技管理研究》2022年第18期。

孙姝羽、薛伟贤、党兴华：《网络惯例情境下技术创新网络治理方式选择研究》，《科学学与科学技术管理》2017年第8期。

孙永波：《商业模式创新与竞争优势》，《管理世界》2011年第7期。

孙玉涛、张一帆：《产学研合作网络演化的异质性机制——以北京为例》，《科研管理》2020年第9期。

孙永磊、党兴华、宋晶：《基于网络惯例的双元能力对合作创新绩效的影响》，《管理科学》2014年第2期。

唐军、蓝志威：《融合"政产学研用金"各类要素 打造战略产业创新联合体》，《广东经济》2022年第12期。

陶秋燕、孟猛猛：《网络嵌入性、技术创新和中小企业成长研究》，《科研管理》2017年第S1期。

田莉、薛红志：《新技术企业创业机会来源：基于技术属性与产业技术环境匹配的视角》，《科学学与科学技术管理》2009年第3期。

吴冰、王重鸣、唐宁玉：《高科技产业创业网络、绩效与环境研究：国家级软件园的分析》，《南开管理评论》2009年第3期。

吴净：《国家技术转移示范机构能力结构与提升策略研究》，《科学管理研究》2019年第4期。

吴晓波、张馨月、沈华杰：《商业模式创新视角下我国半导体产业"突围"之路》，《管理世界》2021年第3期。

吴言波、邵云飞、殷俊杰：《战略联盟知识异质性对焦点企业突破性创新的影响研究》，《管理学报》2019年第4期。

吴玉鸣：《大学知识创新与区域创新环境的空间变系数计量分析》，《科研管理》2010年第5期。

汪欢吉、陈劲、李纪珍：《开放式创新的合作伙伴异质度对企业创新模式的影响》，《技术经济》2016年第6期。

王丹：《创业学习、环境动态性与新企业资源获取关系研究》，硕士学位论文，湖南工业大学，2021年。

王海军、王楠、陈劲：《组织模块化嵌入的研究型大学技术转移》，《科学学研究》2019年第5期。

王琴：《基于价值网络重构的企业商业模式创新》，《中国工业经济》2011年第1期。

王炜：《科技成果全生命周期管理研究——基于创新联合体的视角》，《今日科技》2021年第9期。

王巍、陈劲、尹西明、郭梦溪：《高水平研究型大学驱动创新联合体建设的探索：以中国西部科技创新港为例》，《科学学与科学技术管理》2022年第4期。

魏江、应瑛、刘洋：《研发网络分散化，组织学习顺序与创新绩效：比较案例研究》，《管理世界》2014年第2期。

魏龙、党兴华、闫海：《技术创新网络惯例复制及其对创新催化的影响：悖论整合的理论框架》，《南开管理评论》2023年第1期。

肖瑶、党兴华、谢永平：《关系能力对创新网络行为的影响——网络惯例的调节作用》，《中国科技论坛》2015年第10期。

熊立、杨勇、贾建锋：《"能做"和"想做"：基于内驱力的双元创业即兴对双创绩效影响研究》，《管理世界》2019年第12期。

谢更巧：《科技企业家群体的角色探讨》，《引进与咨询》2003年第2期。

辛德强、党兴华、薛超凯：《双重嵌入下网络惯例刚性对探索性创新的影响》，《科技进步与对策》2018年第4期。

许可：《高校科技成果转化的困境与出路》，《科技与金融》2021年第8期。

徐可、何桢、王瑞：《技术创新网络的知识权力、结构权力对网络惯例影响》，《管理科学》2014年第5期。

杨玲丽、万陆：《关系制约产业转移吗？——"关系嵌入—信任—转移意愿"的影响研究》，《管理世界》2017年第7期。

杨德林、汪青云、孟祥清：《中国研究型大学衍生企业活动影响因素分析》，《科学学研究》2007年第3期。

杨少华、李再扬：《网络外部性、研发激励与技术标准化：以激光视盘业为例》，《当代经济科学》2008年第1期。

杨子江：《科技资源内涵与外延探讨》，《科技管理研究》2007年第2期。

杨隽萍、蔡莉：《基于智力资本的科技型大学衍生公司价值形成机理的实证研究》，《技术经济》2008年第7期。

易朝辉、管琳：《学者创业角色、创业导向与大学衍生企业创业绩效》，《科研管理》2018年第11期。

易朝辉、罗志辉：《网络嵌入、技术能力与大学衍生企业绩效》，《科研管理》2015年第10期。

易朝辉、夏清华：《创业导向与大学衍生企业绩效关系研究——基于学术型创业者资源支持的视角》，《科学学研究》2011年第5期。

余桂玲：《构建企业创新联合体 提升创新资源配置效率的实践逻辑及政策建议》，《环渤海经济瞭望》2021年第10期。

余维新、熊文明：《知识生态系统稳定性及其关系治理机制研究——共生理论视角》，《技术经济与管理研究》2020年第6期。

俞欢：《基于企业资源理论的A公司智慧旅游"行+X"业务整合研究》，硕士学位论文，云南师范大学，2021年。

俞兆渊：《学术创业意愿形成机理的多视角整合研究》，博士学位论文，吉林大学，2022年。

张宝建、孙国强、裴梦丹、齐捧虎:《网络能力、网络结构与创业绩效——基于中国孵化产业的实证研究》,《南开管理评论》2015年第2期。

张赤东、彭晓艺:《创新联合体的概念界定与政策内涵》,《科技中国》2021年第6期。

张春雨、郭韬、刘洪德:《网络嵌入对技术创业企业商业模式创新的影响》,《科学学研究》2018年第1期。

张红娟、谭劲松:《联盟网络与企业创新绩效:跨层次分析》,《管理世界》2014年第3期。

张其香、姜先策:《大学衍生企业创业能力提升及大学促进机制研究——国外文献综述》,《科技进步与对策》2016年第14期。

张学文、陈劲:《使命驱动型创新:源起、依据、政策逻辑与基本标准》,《科学学与科学技术管理》2019年第10期。

张玉利、龙丹、杨俊、田莉:《新生技术创业者及其创业过程解析——基于CPSED微观层次随机抽样调查的证据》,《研究与发展管理》2011年第5期。

赵晨:《母体组织对学术衍生企业的影响机制研究》,博士学位论文,中国科学技术大学,2022年。

赵胜超、曾德明、罗侦:《产学研科学与技术合作对企业创新的影响研究——基于数量与质量视角》,《科学学与科学技术管理》2020年第1期。

赵伟、赵奎涛、彭洁、胡克:《科技资源的价值及其价值表现分析》,《科学学研究》2008年第3期。

赵文红、李秀梅:《资源获取,资源管理对创业绩效的影响研究》,《管理学报》2014年第10期。

郑永平、党小梅、於林峰:《国家科技创新体系下研究型大学的技术转移模式探讨》,《研究与发展管理》2008年第4期。

钟佳涛:《采用信息技术手段提升科技成果转化中技术资源的

有效利用》,《现代工业经济和信息化》2016年第16期。

周春彦:《大学—产业—政府三螺旋创新模式——亨利·埃茨科维兹〈三螺旋〉评介》,《自然辩证法研究》2006年第4期。

周社育:《浙江地方高校科技成果供给:困境与出路》,《企业技术开发》2018年第5期。

周岩、赵希男、冯超:《基于横纵技术溢出的创新联合体合作研发博弈分析》,《科技管理研究》2021年第17期。

朱瑞博:《推进上海战略性新兴产业发展对策研究》,《科学发展》2010年第12期。

朱秀梅、费宇鹏:《关系特征、资源获取与初创企业绩效关系实证研究》,《南开管理评论》2010年第3期。

朱秀梅、李明芳:《创业网络特征对资源获取的动态影响——基于中国转型经济的证据》,《管理世界》2011年第6期。

朱雪忠、李闯豪:《AUTM的新发展及其对我国构建高校技术转移信息平台的启示》,《科技管理研究》2016年第16期。

张悦、梁巧转、范培华:《网络嵌入性与创新绩效的Meta分析》,《科研管理》2016年第11期。

周元、梁洪力、王海燕:《论中国创新悖论:"两张皮"与"76%"》,《科学管理研究》2015年第3期。

中华人民共和国教育部:《关于加强大学生文化素质教育的若干意见》,http://www.moe.edu.cn,2007-12-04。

二 外文文献

Aaboen, L., Laage-Hellman, J., Lind, F., Öberg, C., Shih, T., "Exploring the Roles of University Spin-offs in Business Networks", *Industrial Marketing Management*, Vol. 59, 2016, pp. 157–166.

Abootorabi, H., Wiklund, J., Johnson, A. R., Miller, C. D.,

"A Holistic Approach to the Evolution of an Entrepreneurial Ecosystem: An Exploratory Study of Academic Spin-offs", *Journal of Business Venturing*, Vol. 36, No. 5, 2021, pp. 106 – 143.

Abreu, M., Grinevich, V., "The Nature of Academic Entrepreneurship in the UK: Widening the Focus on Entrepreneurial Activities", *Research Policy*, Vol. 42, No. 2, 2013, pp. 408 – 422.

Acs, Z. J., Audretsch, D. B., Lehmann, E. E., "The Knowledge Spillover Theory of Entrepreneurship", *Small business economics*, Vol. 41, No. 4, 2013, pp. 757 – 774.

Acs, Z. J., Autio, E., Szerb, L., "National Systems of Entrepreneurship: Measurement issues and policy implications", *Research Policy*, Vol. 43, No. 3, 2014, pp. 476 – 494.

Adams, P., Fontana, R., Malerba, F., "User-Industry Spinouts: Downstream Industry Knowledge as a Source of New Firm Entry and Survival", *Organization Science*, Vol. 27, No. 1, 2016, pp. 18 – 35.

Adizes, I., *Corporates Life cycles: How and Why Corporations Grow and Die and What to Do About it*, New York: Prentice Hall, 1989.

Ahuja, G., "The Duality of Collaboration: Inducements and Opportunities in the Formation of Interfirm Linkages", *Strategic Management Journal*, Vol. 21, No. 3, 2000, pp. 317 – 343.

Aldrich, H. E., "The Emergence of Entrepreneurship as an Academic Field: A Personal Essay on Institutional Entrepreneurship", *Research Policy*, Vol. 41, No. 7, 2012, pp. 1240 – 1248.

Alvarez, S. A., Barney, J. B., Anderson, P., "Forming and Exploiting Opportunities: the Implications of Discovery and Creation Processes for Entrepreneurial and Organizational Research", *Organization Science*, Vol. 24, No. 1, 2013, pp. 301 – 317.

Amiot, C. E., Sablonniere, R., Smith, L. G., Smith, J. R.,

"Capturing Changes in Social Identities Over Time and How They Become Part of the Self-Concept", *Social and Personality Psychology Compass*, Vol. 9, No. 4, 2015, pp. 171 – 187.

Anicich, E. M., Hirsh, J. B., "The Psychology of Middle Power: Vertical Code-switching, Role Conflict, and Behavioral Inhibition", *Academy of Management Review*, Vol. 42, No. 4, 2017, pp. 659 – 682.

Ashkanasy, N. M., "Emotion and Performance: A Special Issue of 'Human Performance'", *Human Performance*, Vol. 17, No. 2, 2009, pp. 137 – 144.

Audretsch, D. B., Belitski, M., "Entrepreneurial Ecosystems in Cities: Establishing the Framework Conditions", *The Journal of Technology Transfer*, Vol. 42, No. 5, 2017, pp. 1030 – 1051.

Audretsch, D. B., Hulsbeck, M., Lehmann, E. E., "Regional Competitiveness, University Spillovers, and Entrepreneurial Activity", *Small Business Economics*, Vol. 39, No. 3, 2012, pp. 587 – 601.

Autio, E., Levie, J., "Management of Entrepreneurial Ecosystems", *The Wiley handbook of entrepreneurship*, 2017.

Autio, E., Nambisan, S., Thomas, L. W., Wright, M., "Digital Affordances, Spatial Affordances, and the Genesis of Entrepreneurial Ecosystems", *Strategic Entrepreneurship Journal*, No. 12, 2018, pp. 72 – 95.

Baron, R. M., Kenny, D. A., "The Moderator-mediator Variable Distinction in Social Psychological Research: Conceptual, Strategic, and Statistical Considerations", *Journal of personality and social psychology*, Vol. 51, No. 6, 1986, pp. 1173 – 1182.

Bartel, C. A., Wiesenfeld, B. M., "The Social Negotiation of Group Prototype Ambiguity in Dynamic Organizational Contexts", *Acad-*

emy of Management Review, Vol. 38, No. 4, 2013, pp. 503 – 524.

Bartunek, J. M., Rynes, S. L., "Academics and Practitioners Are Alike and Unlike The Paradoxes of Academic-Practitioner Relationships", *Journal of Management*, Vol. 40, No. 5, 2014, pp. 1181 – 1201.

Becker, S. O., Ekholm, K., Robert, J., Marc-Andreas, M., "Location Choice and Employment Decisions: A Comparison of German and Swedish Multinationals", *Kiel Working Papers*, Vol. 141, No. 4, 2005.

Bercovitz, J., Feldman, M., "Academic Entrepreneurs: Organizational Change at the Individual Level", *Organization Science*, Vol. 19, No. 1, 2008, pp. 69 – 89.

Bertels, S., Howard-Grenville, J., Pek, S., "Cultural Molding, Shielding, and Shoring at Oilco: The Role of Culture in the Integration of Routines", *Organization Science*, Vol. 27, No. 3, 2016, pp. 573 – 593.

Bian, Y. J., "Bringing Strong Ties Back in: Indirect Ties, Network Bridges, and Job Searches in China", *American Sociological Review*, Vol. 62, No. 3, 1997, pp. 366 – 385.

Bonardo, D., Paleari, S., Vismara, S., "Valuing University-based Firms: The Effects of Academic Affiliation on IPO Performance", *Entrepreneurship Theory and Practice*, Vol. 35, No. 4, 2011, pp. 755 – 776.

Brown, R., Mason, C., "Looking Inside the Spiky Bits: A Critical Review and Conceptualization of Entrepreneurial Ecosystems", *Small Business Economics*, Vol. 49, No. 1, 2017, pp. 11 – 30.

Brubacher, J., Rudy, W., *Higher Education in Transition*, New York: Harper and Row, 1976.

参考文献

Brush, C. G., Greene, P. G., Hart, M., "From Initial Idea to Unique Advantage: the Entrepreneurial Challenge of Constructing a Resource Base", *Academy of Management Executive*, Vol. 15, No. 1, 2001, pp. 64 – 78.

Burton, M., Beckman, M., "Leaving a Legacy: Position Imprints and Successor Turnover in Young Firms", *American Sociological Review*, Vol. 72, No. 2, 2007, pp. 239 – 266.

Cacciotti, G., Hayton, J. C., Mitchell, J. R., Giazitzoglu, A., "A Reconceptualization of Fear of Failure in Entrepreneurship", *Journal of Business Venturing*, Vol. 31, No. 3, 2016, pp. 302 – 325.

Carter, M. J., Marony, J., "Examining Self-Perceptions of Identity Change in Person, Role, and Social Identities", *Current Psychology*, Vol. 40, No. 1, 2021, pp. 253 – 270.

Chang, Y. C., Yang, P. Y., Chen, M. H., "The Determinants of Academic Research Commercial Performance: Towards an Organizational Ambidexterity Perspective", *Research Policy*, Vol. 38, No. 6, 2009, pp. 936 – 946.

Chang, Y. C., Yang, P. Y., Martin, B. R., Chi, H. R., Tsai-Lin, T. F., "Entrepreneurial Universities and Research Ambidexterity: A Multilevel Analysis", *Entrepreneurship and Technology Management*, Vol. 54, No. 8, 2016, pp. 7 – 21.

Chavez, R., Yu, W., Jacobs, M., Fynes, B., Wiengarten, F., Lecuna, A., "Internal Lean Practices and Performance: The Role of Technological Turbulence", *International Journal of Production Economics*, Vol. 160, 2015, pp. 157 – 171.

Chen, Y. S., Shih, C. Y., Chang, C. H., "Explore the New Relationship between Patents and Market Value: a Panel Smooth Transition Regression (PSTR) Approach", *Scientometrics*, Vol. 98, No. 2,

2014, pp. 1145 – 1159.

Chesbrough, H. W., *Open Innovation: The New Imperative for Creating and Profiting from Technology*, Brighton: Harvard Business Press, 2003.

Chrisman, J. J., Bauerschmidt, A., Hofer, C. W., "The Determinants of New Venture Performance: An Extended Model", *Entrepreneurship Theory and Practice*, Vol. 23, No. 1, 1998, pp. 5 – 29.

Christensen, C., Raynor, M., "The Innovator's Solution: Creating and Sustaining Successful Growth", *Harvard Bussiness Review Press*, 2013.

Clausen, T. H., Rasmussen, E., "Parallel Business Models and the Innovativeness of Research-based Spin-off Ventures", *Journal of Technology Transfer*, Vol. 38, No. 6, 2013, pp. 836 – 849.

Colombo, M. G., Piva, E., "Firms' Genetic Characteristics and Competence-Enlarging Strategies: A Comparison between Academic and Non-Academic High-tech Start-ups", *Research Policy*, Vol. 41, No. 1, 2012, pp. 79 – 92.

Conceicao, O., Faria, A. P., Fontes, M., "Regional Variation of Academic Spinoffs Formation", *Journal of Technology Transfer*, Vol. 42, No. 3, 2017, pp. 654 – 675.

Conti, A., Gaule, P., "Is the US Outperforming Europe in University Technology Licensing? A New Perspective on the European Paradox", *Research Policy*, Vol. 10, No. 1, 2011, pp. 123 – 135.

Corsi, C., Prencipe, A., "Improving Innovation in University Spinoffs: The Fostering Role of University and Region", *Journal of Technology Management & Innovation*, Vol. 11, No. 2, 2016, pp. 13 – 21.

D'Este, P., Mahdi, S., Neely, A., "Inventors and Entrepreneurs in Academia: What Types of Skills and Experience Matter?",

Technovation, Vol. 32, No. 5, 2012, pp. 293 – 303.

Darabi, F., Clark, M., "Developing Business School/SMEs Collaboration: The Role of Trust", *International Journal of Entrepreneurial Behaviour and Research*, Vol. 18, No. 4, 2012, pp. 1355 – 2554.

Davey, T., Rossano, S., van der Sijde, P., "Does Context Matter in Academic Entrepreneurship? The Role of Barriers and Drivers in the Regional and National Context", *Journal of Technology Transfer*, Vol. 41, No. 6, 2016, pp. 1457 – 1482.

De Fuentes, C., Dutrénit, G., "Best Channels of Academia-Industry Interaction for Long-Term Benefit", *Research Policy*, Vol. 41, No. 9, 2012, pp. 1666 – 1682.

Delmar, F., Scott, S., "Legitimating First: Organizing Activities and the Survival of New Ventures", *Journal of Business Venturing*, Vol. 19, No. 3, 2004, pp. 385 – 410.

Derek Bok, *Beyond the Ivory Tower*, Cambridge: Harvard University Press, 1982.

Dheer, R., Lenartowicz, T., "Multiculturalism and Entrepreneurial Intentions: Understanding the Mediating Role of Cognitions", *Entrepreneurship Theory and Practice*, Vol. 42, No. 3, 2018, pp. 426 – 466.

Diez-Vial, I., Montoro-Sanchez, A., "How Knowledge Links with Universities May Foster Innovation: The Case of a Science Park", *Technovation*, Vol. 50 – 51, 2016, pp. 41 – 52.

Dixon, S., Meyer, K., Day, M., "Building Dynamic Capabilities of Adaptation and Innovation: A Study of Micro-foundations in a Transition Economy", *Long Range Planning*, Vol. 47, No. 4, 2014, pp. 186 – 205.

Ellemers, N., "Identity, Culture, and Change in Organizations:

A Social Identity Analysis and Three Illustrative Cases", *Social Identity at Work: Developing Theory for Organizational Practice*, 2003.

Ensley, M. D., Hmieleski, K., "A Comparative Study of New Venture Top Management Team Composition, Dynamics and Performance between University-based and Independent Start-ups", *Research Policy*, Vol. 34, No. 7, 2005, pp. 1091 – 1105.

Ethier, K. A., Deaux, K., "Negotiating Social Identity When Contexts Change: Maintaining Identification and Responding to Threat", *Journal of Personality and Social Psychology*, Vol. 67, No. 2, 1994, p. 243.

Etzkowitz, H., "Entrepreneurial Scientists and Entrepreneurial Universities in American Academic Science", *Minerva*, Vol. 21, No. 2/3, 1983, pp. 198 – 233.

Etzkowitz, H., Webster, A., Gebhardt, C., Terra, B. R. C., "The Future of University and the University of Future: Evolution of Ivory Tower to Entrepreneurial Paradigm", *Research Policy*, Vol. 29, No. 2, 2000, pp. 313 – 330.

Fauchart, E., Gruber, M., "Darwinians, Communitarians, and Missionaries: The Role of Founder Identity in Entrepreneurship", *Academy of Management Journal*, Vol. 54, No. 5, 2011, pp. 935 – 957.

Fernandez-Alles, M., Camelo-Ordaz, C., Franco-Leal, N., "Key Resources and Actors for the Evolution of Academic Spin-offs", *Journal of Technology Transfer*, Vol. 40, No. 6, 2015, pp. 976 – 1002.

Ferreira, J. J., Ferreira, F. A., Fernandes, C. I., Jalali, M. S., Raposo, M. L., Marques, C. S., "What Do We [not] Know about Technology Entrepreneurship Research?", *International Entrepreneurship and Management Journal*, Vol. 12, No. 3, 2016, pp. 713 – 733.

Fini, R., Fu, K., Mathisen, M. T., Rasmussen, E., Wright,

M., "Institutional Determinants of University Spin-off Quantity and Quality: a Longitudinal, Multilevel, Cross-country Study", *Small Business Economics*, Vol. 48, No. 2, 2017, pp. 361 – 391.

Fini, R., Grimaldi, R., Marzocchi, G. L., Sobrero, M., "The Determinants of Corporate Entrepreneurial Intention Within Small and Newly Established Firms", *Entrepreneurship Theory and Practice*, No. 3, 2012, pp. 387 – 414.

Fini, R., Grimaldi, R., Santoni, S., Sobrero, M., "Complements or Substitutes? The Role of Universities and Local Context in Supporting the Creation of Academic Spin-offs", *Research Policy*, Vol. 40, No. 8, 2011, pp. 1113 – 1127.

Fini, R., Toschi, L., "Academic Logic and Corporate Entrepreneurial Intentions: A Study of the Interaction between Cognitive and Institutional Factors in New Firms", *International Small Business Journal*, Vol. 34, No. 5, 2016, pp. 637 – 659.

Fisher, G. G., "Work/Personal Life Balance: A Construct Development Study", *Bowling Green State University*, 2001.

Fisher, R. T., "Role Stress, the Type A Behavior Pattern, and External Auditor Job Satisfaction and Performance", *Behavioral Research in Accounting*, Vol. 13, No. 1, 2011, pp. 143 – 170.

Gebreeyesus, M., Mohnen, P., "Innovation Performance and Embeddedness in Networks: Evidence from the Ethiopian Footwear Cluster", *World Development*, Vol. 41, 2013, pp. 302 – 316.

Geenhuizen, M. V., "Social Networks and Competitive Growth: A Tale of Two Contrasting Cities", *Tijdschrift Voor Economische En Sociale Geografie*, Vol. 100, No. 2, 2009, pp. 198 – 209.

George, G., Jain, S., Maltarich, M. A., "Academics or Entrepreneurs? Entrepreneurial Identity and Invention Disclosure Behavior of

University Scientists", *SSRN Electronic Journal*, No. 9, 2005, pp. 1 – 47.

Gereffi, G., "International Trade and Industrial Upgrading in the Apparel Commodity Chain", *Journal of International Economics*, Vol. 48, No. 1, 1999, pp. 37 – 70.

Ghoshal, S., C. A. Bartflett, "The Multinational Corporation as an Interorganizational Network", *Academy of Management Review*, Vol. 15, No. 4, 1990, pp. 77 – 104.

Gilbert, M., Cordey-Hayes, M., "Understanding the Process of Knowledge Transfer to Achieve Successful Technological Innovation", *Technovation*, Vol. 16, No. 6, 1996, pp. 301 – 312.

Gimmon, E., Levie, J., "Founder's Human Capital, External Investment, and the Survival of New High-technology Ventures", *Research Policy*, Vol. 39, No. 9, 2010, pp. 1214 – 1226.

Giuri, P., Munari, F., Pasquini, M., "What Determines University Patent Commercialization? Empirical Evidence on the Role of IPR Ownership", *Industry and Innovation*, Vol. 20, No. 5, 2013, pp. 488 – 502.

Giuliani, E., Arza, V., "What Drives the Formation of 'Valuable' University-Industry Linkages?: Insights from the Wine Industry", *Research policy*, Vol. 38, No. 6, 2009, pp. 906 – 921.

Goldfarb, B., Henrekson, M., "Bottom-up Versus Top-down Policies Towards the Commercialization of University Intellectual Property", *Research Policy*, Vol. 32, No. 4, 2003, pp. 639 – 658.

Granovetter, M., *The Strength of Weak Ties: A Network Theory Revisited*, 1982.

Grant, R. M., "The Resource Based Theory of Competitive Advantage: Implications for Strategy Formulation", *California Manage-*

ment Review, Vol. 33, No. 3, 1991, pp. 114 – 135.

Grimaldi, R., Kenney, M., Siegel, D. S., Wright, M., "30 Years after Bayh-Dole: Reassessing Academic Entrepreneurship", Research Policy, Vol. 40, No. 8, 2011, pp. 1045 – 1057.

Gronum, S., Verreynne, M., Kastelle, T., "The Role of Networks in Small and Medium-sized Enterprise Innovation and Firm Performance", Journal of Small Business Management, Vol. 50, No. 2, 2012, pp. 257 – 282.

Guan, J. C., Chen, K. H., "Measuring the Innovation Production Process: A Cross-region Empirical Study of China's High-tech Innovations", Technovation, Vol. 30, No. 5 – 6, 2010, pp. 348 – 358.

Gulati, R., Nohria, N., Zaheer, A., "Strategic Networks", Strategic Management Journal, Vol. 21, No. 3, 2000, pp. 203 – 215.

Gulbrandsen, M., Smeby, J. C., "Industry Funding and University Professors' Research Performance", Research policy, Vol. 34, No. 6, 2005, pp. 932 – 950.

Gusberti, T. D. H., Ludvig, V., Zuanazzi, G., Wolff, B., Peretti, A., Vasconcellos, C., Scherer, R., Dewes, M. F., "A market for Ideas Intermediator Framework for Academic Spin-off Companies: Expanding Understanding of the Commercialization of Technology", Small Enterprise Research, Vol. 25, No. 2, 2018, pp. 137 – 151.

Habersetzer, A., "Spinoff Dynamics beyond Clusters: Pre-entry Experience and Firm Survival in Peripheral Regions", Entrepreneurship and Regional Development, Vol. 28, No. 9 – 10, 2016, pp. 791 – 812.

Hanna, V., Walsh, K., "Small Firm Networks: A Successful Approach to Innovation?", R&D Management, Vol. 32, No. 3, 2008, pp. 201 – 207.

Haslam, C., Holme, A., Haslam, S. A., Iyer, A., Jetten, J.,

Williams, W. H., "Maintaining Group Memberships: Social Identity Continuity Predicts Well-being after Stroke", *Neuropsychological Rehabilitation*, Vol. 18, No. 5 – 6, 2008, pp. 671 – 691.

Haslam, S. A., Eggins, R. A., Reynolds, K. J., "The ASPIRe Model: Actualizing Social and Personal Identity Resources to Enhance Organizational Outcomes", *Journal of Occupational and Organizational Psychology*, Vol. 76, No. 1, 2003, pp. 83 – 113.

Haslam, S. A., O'Brien, A., Jetten, J., Vormedal, K., Penna, S., "Taking the Strain: Social Identity, Social Support, and the Experience of Stress", *British Journal of Social Psychology*, Vol. 44, No. 3, 2005, pp. 355 – 370.

Haslam, S. A., Reicher, S., "Stressing the Group: Social Identity and the Unfolding Dynamics of Responses to Stress", *Journal of Applied Psychology*, Vol. 91, No. 5, 2006, pp. 1037 – 1052.

Hayter, C. S., "A Trajectory of Early-stage Spinoff Success: the Role of Knowledge Intermediaries within an Entrepreneurial University Ecosystem", *Small Business Economics*, Vol. 47, No. 3, 2016, pp. 633 – 656.

Hayter, C. S., "Constraining Entrepreneurial Development: A Knowledge-based View of Social Networks among Academic Entrepreneurs", *Research Policy*, Vol. 45, No. 2, 2016, pp. 475 – 490.

Helmsing, B. E., "Learning and Governance: New Perspectives on Local Economic Development", *Development and Change*, Vol. 32, No. 2, 2000, pp. 277 – 308.

Herman, D. R., Bigley, G. A., Steensma, H. K., Hereford, J. F., "Combined Effects Of Organizational And Professional Identification On The Reciprocity Dynamic For Professional Employees", *Academy of Management Journal*, Vol. 52, No. 3, 2009, pp. 506 – 526.

Hewitt-Dundas, N., "Research Intensity and Knowledge Transfer

Activity in UK Universities", *Research Policy*, Vol. 41, No. 2, 2012, pp. 262 – 275.

Hirsh, J. B., Kang, S. K., "Mechanisms of Identity Conflict: Uncertainty, Anxiety, and the Behavioral Inhibition System", *Personality & Social Psychology Review*, Vol. 20, No. 3, 2016, pp. 223 – 244.

Hogg, M. A., "Managing Self-Uncertainty Through Group Identification", *Psychological Inquiry*, Vol. 20, No. 4, 2009, pp. 221 – 224.

Hogg, M. A., Terry, D. I., "Social Identity and Self-Categorization Processes in Organizational Contexts", *Academy of Management Review*, Vol. 25, No. 1, 2000, pp. 121 – 140.

Hsu, D. K., Wiklund, J., Anderson, S. E., Coffey, B. S., "Entrepreneurial Exit Intentions and the Business-Family Interface", *Journal of Business Venturing*, Vol. 31, No. 6, 2016, pp. 613 – 627.

Huggins, R., Thompson, P., "Entrepreneurial Networks and Open Innovation: the Role of Strategic and Embedded Ties", *Industry and Innovation*, Vol. 24, No. 4, 2017, pp. 403 – 435.

Huyghe, A., Knockaert, M., Obschonka, M., "Unraveling the 'Passion Orchestra' in Academia", *Journal of Business Venturing*, Vol. 31, No. 3, 2016, pp. 344 – 364.

Iyer, A., Jetten, J., Tsivrikos, D., Postmes, T., Haslam, S. A., "The More (and the more compatible) the Merrier: Multiple Group Memberships and Identity Compatibility as Predictors of Adjustment after Life Transitions", *British Journal of Social Psychology*, Vol. 48, No. 5, 2009, pp. 707 – 733.

Jain, S., George, G., Maltarich, M., "Academics or Entrepreneurs? Investigating Role Identity Modification of University Scientists

Involved in Commercialization Activity", *Research Policy*, Vol. 38, No. 6, 2009, pp. 922 – 935.

Jetten, J., Spears, R., Manstead, A. S., "Intergroup Norms and Intergroup Discrimination: Distinctive Self-categorization and Social Identity Effects", *Journal of Personality & Social Psychology*, Vol. 71, No. 6, 1996, pp. 1222 – 1233.

Jonkers, K., Sachwald, F., "The Dual Impact of 'Excellent' Research on Science and Innovation: the Case of Europe", *Science and Public Policy*, Vol. 45, No. 2, 2018, pp. 159 – 174.

Kafouros, M., Wang, C., Piperopoulos, P., Zhang, M., "Academic Collaborations and Firm Innovation Performance in China: The Role of Region-specific Institutions", *Research Policy*, Vol. 44, No. 3, 2015, pp. 803 – 817.

Karnani, F., "The University's Unknown Knowledge: Tacit Knowledge, Technology Transfer and University Spin-offs Findings from an Empirical Study Based on the Theory of Knowledge", *Journal of Technology Transfer*, Vol. 38, No. 3, 2013, pp. 235 – 250.

Kathoefer, D. G., Leker, J., "Knowledge Transfer in Academia: An Exploratory Study on the Not-Invented-Here Syndrome", *Journal of Technology Transfer*, Vol. 37, No. 5, 2012, pp. 658 – 675.

Kenney, M., Patton, D., "Entrepreneurial Geographies: Support Networks in Three High-technology Industries", *Economic Geography*, Vol. 81, No. 2, 2005, pp. 201 – 228.

Kieser, A., Leiner, L., "Why the Rigour-Relevance Gap in Management Research Is Unbridgeable", *Journal of Management Studies*, Vol. 46, No. 3, 2009, pp. 516 – 533.

Klofsten, M., Fayolle, A., Guerrero, M., Mian, S., Urbano, D., Wright, M., "The Entrepreneurial University as Driver for Economic Growth and Social Change-key Strategic Challenges", *Technological Forecasting and Social Change*, Vol. 141, 2019, pp. 149 – 158.

Knockaert, M., Ucbasaran, D., Wright, M., Clarysse, B., "The Relationship between Knowledge Transfer, Top Management Team Composition and Performance: The Case of Science-based Entrepreneurial Firms", *Entrepreneurship Theory and Practice*, Vol. 35, No. 4, 2011, pp. 777 – 803.

Korschun, D., "Boundary-spanning employees and relationships with external stakeholders: A social identity approach", *Academy of Management Review*, Vol. 40, No. 4, 2015, pp. 611 – 629.

Kreiser, P. M., "Entrepreneurial Orientation and Organizational Learning: The Impact of Network Range and Network Closure", *Entrepreneurship Theory and Practice*, Vol. 35, No. 5, 2011, pp. 1025 – 1050.

Kuratko, D. F., Fisher, G., Bloodgood, J. M., Hornsby, J. S., "The Paradox of New Venture Legitimation within an Entrepreneurial Ecosystem", *Small Business Economics*, Vol. 49, No. 1, 2017, pp. 119 – 140.

Lahey, B. B., "Public Health Significance of Neuroticism", *American Psychologist*, Vol. 64, No. 4, 2009, pp. 241 – 256.

Landry, R., Amara, N., Cloutier, J. S., Halilem, N., "Technology Transfer Organizations: Services and Business Models", *Technovation*, Vol. 33, No. 12, 2013, pp. 431 – 449.

Larsen, M. T., "The Implications of Academic Enterprise for Public Science: An Overview of the Empirical Evidence", *Research Policy*, Vol. 40, No. 1, 2011, pp. 6 – 19.

Larson, A., Starr, J. A., "A Network Model of Organization Formation", *Entrepreneurship Theory and Practice*, Vol. 17, No. 2,

1993, pp. 5 – 15.

Libaers, D., Wan, T., "Foreign-born Academic Scientists: Entrepreneurial Academics or Academic Entrepreneurs?", *R&D Management*, Vol. 42, No. 3, 2012, pp. 254 – 272.

Liefner, I., Kroll, H., "Peighambari A. Driven or Party-promoted? Factors Affecting Patent Applications of Private Small and Medium-sized Enterprises in China's Pearl River Delta", *Science and Public Policy*, Vol. 43, No. 6, 2016, pp. 849 – 858.

Link, A. N., Siegel, D. S., Bozeman, B., "An Empirical Analysis of the Propensity of Academics to Engage in Informal University Technology Transfer", *Industrial and Corporate Change*, Vol. 16, No. 4, 2007, pp. 641 – 655.

Lockett, A., Wright, M., "Resources, capabilities, risk capital and the creation of university spin-out companies", *Research Policy*, Vol. 34, No. 7, 2005, pp. 1043 – 1057.

Louis, K. S., Blumenthal, D., Gluck, M. E., Stoto, M. A., "Entrepreneurs in Academe: An Exploration of Behaviors Among Life Scientists", *Administrative science quarterly*, Vol. 31, No. 1, 1989, pp. 110 – 131.

Lyytinen, K., Yoo, Y., Jr, R. J. B., "Digital Product Innovation within Four Classes of Innovation Networks", *Information Systems Journal*, Vol. 26, No. 1, 2016, pp. 47 – 75.

Mack, E., Mayer, H., "The Evolutionary Dynamics of Entrepreneurial Ecosystems", *Urban Studies*, Vol. 53, No. 10, 2016, pp. 2118 – 2133.

Macpherson, A., Herbane, B., Jones, O., "Developing Dynamic Capabilities through Resource Accretion: Expanding the Entrepreneurial Solution Space", *Entrepreneurship and Regional Development*,

Vol. 27, No. 5-6, 2015, pp. 259-291.

Mansfield, E., "Academic Research and Industrial Innovation", *Research Policy*, Vol. 21, No. 3, 1991, pp. 295-296.

Mariano, S., Casey, A., "The Dynamics of Organizational Routines in a Startup: The Ereda Model", *European Management Review*, Vol. 13, No. 4, 2016, pp. 251-274.

Mariani, G., Carlesi, A., Scarfò, A. A., "Academic Spinoffs as a Value Driver for Intellectual Capital: the Case of the University of Pisa", *Journal of Intellectual Capital*, Vol. 19, No. 1, 2018, pp. 202-226.

Markuerkiaga, L., Errasti, N., Igartua, J. I., "Success Factors for Managing an Entrepreneurial University: Developing and Integrative Framework", *Industry and Higher Education*, Vol. 28, No. 4, 2014, pp. 233-244.

Markman, G. D., Siegel, D. S., Wright, M., "Research and Technology Commercialization", *Journal of Management Studies*, Vol. 45, No. 8, 2008, pp. 1401-1423.

Mathisen, M. T., Rasmussen, E., "The Development, Growth, and Performance of University Spin-offs: A Critical Review", *The journal of technology Transfer*, Vol. 44, No. 6, 2019, pp. 1891-1938.

Mazzucato, M., "Mission-oriented Innovation Policies: Challenges and Opportunities", *Industrial and Corporate Change*, Vol. 27, No. 5, 2018, pp. 803-815.

Mcgregor, I., Prentice, M., Nash, K., "Approaching Relief: Compensatory Ideals Relieve Threat-Induced Anxiety by Promoting Approach-Motivated States", *Social Cognition*, Vol. 30, No. 6, 2012, pp. 689-714.

Meagher, K., Rogers, M., "Network Density and R&D Spillovers", *Journal of Economic Behavior and Organization*, Vol. 53, No. 2,

2004, pp. 237 – 260.

Miller, D. J., Acs, Z. J., "The Campus as Entrepreneurial Ecosystem: the University of Chicago", *Small Business Economics*, Vol. 49, No. 1, 2017, pp. 75 – 95.

Miller, K. D., Pentland, B. T., Choi, S., "Dynamics of Performing and Remembering Organizational Routines", *Journal of Management Studies*, Vol. 49, No. 8, 2012, pp. 1536 – 1558.

Miranda, F. J., Chamorro, A., Rubio, S., "Re-thinking University Spin-off: a Critical Literature Review and a Research Agenda", *Journal of Technology Transfer*, Vol. 43, No. 4, 2018, pp. 1007 – 1038.

Mok, A., Morris, M. W., "Cultural Chameleons and Iconoclasts: Assimilation and Reactance to Cultural Cues in Biculturals' Expressed Personalities as a Function of Identity Conflict", *Journal of Experimental Social Psychology*, Vol. 45, No. 4, 2009, pp. 884 – 889.

Moran, P., Ghoshal, S., "Markets, Firms and the Process of Economic dDevelopment", *Academy of Management Review*, Vol. 24, No. 3, 1999, pp. 390 – 412.

Morris, M. H., Webb, J. W., Fu, J., Singhal, S., "A Competency-Based Perspective on Entrepreneurship Education: Conceptual and Empirical Insights", *Journal of Small Business Management*, Vol. 51, No. 3, 2013, pp. 352 – 369.

Motoyama, Y., Knowlton, K., "From Resource Munificence to Ecosystem Integration: The Case of Government Sponsorship in St Louis", *Entrepreneurship & Regional Development*, Vol. 28, No. 5, 2016, pp. 448 – 470.

Moutinho, R., Au-Yong-Oliveira, M., Coelho, A., Manso, J. P., "Determinants of Knowledge-based Entrepreneurship: an Exploratory Approach", *International Entrepreneurship & Management Journal*,

Vol. 12, No. 1, 2016, pp. 171 – 197.

Mueller, C., Westhead, P., Wright, M., "Formal Venture Capital Acquisition: Can Entrepreneurs Compensate for the Spatial Proximity Benefits of South East England and 'Star' Golden-Triangle Universities?", *Environment and Planning A*, Vol. 44, No. 2, 2012, pp. 281 – 296.

Muscio, A., "University-industry Linkages: What are the Determinants of Distance in Collaborations?", *Papers in Regional Science*, Vol. 92, No. 4, 2013, pp. 715 – 739.

Nambisan, S., Sawhney, M., "Orchestration Processes in Network-Centric Innovation: Evidence From the Field", *Academy of Management Perspectives*, Vol. 25, No. 3, 2011.

Ndonzuau, F. N., Pirnay, F., Surlemont, B., "A Stage Model of Academic Spin-off Creation", *Technovation*, Vol. 22, No. 5, 2002, pp. 281 – 289.

Newbert, S. L., Tomikoski, E. T., Quigley, N. R., "Exploring the Evolution of Supporter Networks in the Creation of New Organizations", *Journal of Business Venturing*, Vol. 28, No. 2, 2013, pp. 281 – 298.

Nicolaou, N., Birley, S., "Social Networks in Organizational Emergence: The University Spinout Phenomenon", *Management Science*, Vol. 49, No. 12, 2003, pp. 1702 – 1725.

Nylund, P. A., Cohen, B., "Collision Density: Driving Growth in Urban Entrepreneurial Ecosystems", *International Entrepreneurship and Management Journal*, Vol. 13, No. 3, 2017, pp. 757 – 776.

O'shea, R. P., Allen, T. J., O'gorman, C., Roche, F., "Universities and Technology Transfer: A Review of Academic Entrepreneurship Literature", *Irish Journal of Management*, Vol. 25, No. 2, 2004, pp. 11 – 29.

O'Shea, R. P. , Chugh, H. , Allen, T. , "Determinants and Consequences of University Spinoff Activity: a Conceptual Framework", *The Journal of Technology Transfer*, Vol. 33, No. 6, 2008, pp. 653 – 666.

Olson-Buchanan, J. B. , Boswell, W. R. , "Blurring Boundaries: Correlates of Integration and Segmentation between Work and Nonwork", *Journal of Vocational Behavior*, Vol. 68, No. 3, 2006, pp. 432 – 445.

Ortin-Angel, P. , Vendrell-Herrero, F. , "University Spin-offs vs. other NTBFs: Total Factor Productivity Differences at Outset and Evolution", *Technovation*, Vol. 34, No. 2, 2014, pp. 101 – 112.

Parcel, T. L. , "Differentiation between Social Groups: Studies in the Social Psychology of Intergroup Relations", *American Journal of Sociology*, Vol. 86, No. 5, 1978, pp. 1193 – 1194.

Parmentola, A. , Ferretti, M. , "Stages and Trigger Factors in the Development of Academic Spin-offs: An Explorative Study in Southern Italy", *European Journal of Innovation Management*, Vol. 21, No. 3, 2018, pp. 478 – 500.

Patzelt, H. , Shepherd, D. A. , "Strategic entrepreneurship at universities: Academic entrepreneurs' assessment of policy programs", *Entrepreneurship Theory and Practice*, Vol. 33, No. 1, 2009, pp. 319 – 340.

Payne, J. W. , Bettman, J. R. , Luce, M. F. , "When Time Is Money: Decision Behavior under Opportunity-Cost Time Pressure", *Organizational Behavior & Human Decision Processes*, Vol. 66, No. 2, 1996, pp. 131 – 152.

Penrose, E. , *The Theory of the Growth of the Firm*, London: Oxford University Press, 1959.

Pentland, B. T., "Towards an Ecology of Inter-organizational Routines: A Conceptual Framework for the Analysis of Net-enabled Organizations", *Proceedings of the 37th Hawaii International Conference on System Sciences*, Vol. 8, No. 1, 2004, p. 80264a.

Pentland, B. T., Feldman, M., Becker, M., "Dynamics of Organizational Routines: A Generative Model", *Journal of Management Studies*, Vol. 49, No. 8, 2012, pp. 1484 – 1508.

Pentland, B. T., Harem, T., "Organizational Routines as Patterns of Action: Implications for Organizational Behavior", *Annual Review of Organizational Psychology and Organizational Behavior*, Vol. 2, 2015, pp. 465 – 487.

Perkmann, M., Tartari, V., McKelvey, M., et al., "Academic Engagement and Commercialization: A Review of the Literature on University-industry Relations", *Research Policy*, Vol. 42, No. 2, 2013, pp. 423 – 442.

Poon, J. M. L., Ainuddin, R. A., Junit, S. H., "Effects of Self-concept Traits and Entrepreneurial Orientation on Firm Performance", *International Small Business Journal-Researching Entrepreneurship*, Vol. 24, No. 1, 2006, pp. 61 – 82.

Powers, J., Mcdougall, P., "Policy Orientation Effects on Performance with Licensing to Start Ups and Small Companies", *Research Policy*, Vol. 34, No. 7, 2005, pp. 1028 – 1042.

Puhl, A. A., Reinhart, C. J., Doan, J. B., McGregor, M., Injeyan, H. S., "Relationship Between Chiropractic Teaching Institutions and Practice Characteristics Among Canadian Doctors of Chiropractic: A Random Sample Survey", *Journal of Manipulative & Physiological Therapeutics*, Vol. 37, No. 9, 2014, pp. 709 – 718.

Radosevich, R., "A Model for Entrepreneurial Spin-offs from

Public Technology Sources", *International Journal of Technology Management*, Vol. 10, No. 7 - 8, 2014, pp. 879 - 893.

Ramarajan, L., "Past, Present and Future Research on Multiple Identities: Toward an Intrapersonal Network Approach", *Academy of Management Annals*, Vol. 8, No. 1, 2014, pp. 589 - 659.

Rasmuseen, E., Mosey, S., Weight, M., "The Evolution of Entrepreneurial Competencies: A Longitudinal Study of University Spin-off Venture Emergence", *Journal of Management Studies*, Vol. 48, No. 6, 2011, pp. 1314 - 1345.

Rasmussen, E., Borch, O. J., "University Capabilities in Facilitating Entrepreneurship: A Longitudinal Study of Spin-off Ventures at Mid-range Universities", *Research Policy*, Vol. 39, No. 5, 2010, pp. 602 - 612.

Rasmussen, E., Mosey, S., Wright, M., "The Transformation of Network Ties to Develop Entrepreneurial Competencies for University Spin-offs", *Entrepreneurship and Regional Development*, Vol. 27, No. 7 - 8, 2015, pp. 430 - 457.

Reay, T., "Family-Business Meta-Identity, Institutional Pressures, and Ability to Respond to Entrepreneurial Opportunities", *Entrepreneurship Theory and Practice*, Vol. 33, No. 6., 2009, pp. 1265 - 1270.

Richter, A. W., West, M. A., Dick, R. V., Dawson, J. F., "Boundary Spanners' Identification, Intergroup Contact, and Effective Intergroup Relation", *Academy of Management Journal*, Vol. 49, No. 6, 2006, pp. 1252 - 1269.

Rijnsoever, F. J., "Meeting, Mating, and Intermediating: How Incubators Can Overcome Weak Network Problems in Entrepreneurial Ecosystems", *Research Policy*, Vol. 49, No. 1, 2020, pp. 1 - 15.

Rizzo, J. R., Lirtzman, H. S. I., "Role Conflict and Ambiguity in Complex Organizations", *Administrative Science Quarterly*, Vol. 15, No. 2, 1970, pp. 150 – 163.

Roberts, E. B., *Entrepreneurs in high technology lessons from MIT and beyond*, Oxford: Oxford Press, 1991.

Roberts, E. B., Malonet, D. E., "Policies and Structures for Spinning off New Companies from Research and Development Organizations", *R&D Management*, Vol. 26, No. 1, 1996, pp. 17 – 48.

Roper, S., Hewitt-Dundas, N., "Developing an Open Innovation Centre for Northern Ireland", *Department of Enterprise*, Trade and Investment, 2012.

Rothaermel, F. T., "Complementary Assets, Strategic Alliances, and the Incumbent's Advantage: An Empirical Study of Industry and Firm Effects in the Biopharmaceutical Industry", *Research policy*, Vol. 30, No. 8, 2001, pp. 1235 – 1251.

Rothaermel, F. T., Agung, S. D., Lin, J., "University Entrepreneurship: A Taxonomy of the Literature", *Industrial and Corporate Change*, Vol. 16, No. 4, 2007, pp. 691 – 791.

Rothwell, R., "Successful Industrial Innovation: Critical Factors for the 1990s", *R&D Management*, Vol. 22, No. 3, 1992, pp. 221 – 240.

Roundy, P. T., "'Small Town' Entrepreneurial Ecosystems", *Journal of Entrepreneurship in Emerging Economies*, Vol. 9, No. 3, 2017, pp. 238 – 262.

Roundy, P. T., Bradshaw, M., Brockman, B. K., "The Emergence of Entrepreneurial Ecosystems: A Complex Adaptive Systems Approach", *Journal of Business Research*, Vol. 86, 2018, pp. 1 – 10.

Roundy, P. T., Brockman, B. K., Bradshaw, M., "The Resilience of Entrepreneurial Ecosystems", *Journal of Business Venturing In-*

sights, Vol. 8, 2017, pp. 99 – 104.

Salipante, P., Aram, J. D., "Articles Managers as Knowledge Generators: The Nature of Practitioner-Scholar Research in the Nonprofit Sector", *Nonprofit Management and Leadership*, Vol. 14, No. 2, 2003, pp. 129 – 150.

Sani, F., Herrera, M., Bowe, M., "Perceived Collective Continuity and Ingroup Identification as Defence Against Death Awareness", *Journal of Experimental Social Psychology*, Vol. 45, No. 1, 2009, pp. 242 – 245.

Sani, F., Bowe, M., Herrera, M., "Perceived Collective Continuity and Social Well – being: Exploring the Connections", *European Journal of Social Psychology*, Vol. 38, No. 2, 2008, pp. 365 – 374.

Santoro, M. D., Bierly, P. E., "Facilitators of Knowledge Transfer in University-Industry Collaborations: A Knowledge-based Perspective", *IEEE Transactions on Engineering Management*, Vol. 53, No. 4, 2006, pp. 495 – 507.

Schmitz, A., Urbano, D., Dandolini, G. A., De Souza, J. A., Guerrero, M., "Innovation and Entrepreneurship in the Academic Setting: A Systematic Literature Review", *International Entrepreneurship and Management Journal*, Vol. 13, No. 2, 2017, pp. 369 – 395.

Scholten, V., Omta, O., Kemp, R., Elfring, T., "Bridging Ties and the Role of Research and Start-up Experience on the Early Growth of Dutch Academic Spin-offs", *Technovation*, Vol. 45 – 46, 2015, pp. 40 – 51.

Scuotto, V., Beatrice, O., Valentina, C., Nicotra, M., Briamonte, M. F., "Uncovering the Micro-foundations of Knowledge Sharing in Open Innovation Partnerships: An Intention-based Perspective of Technology Transfer", *Technological Forecasting and Social Change*,

Vol. 152, No. C, 2020.

Semrau, T., Werner, A., "How Exactly Do Network Relationships Pay Off? The Effects of Network Size and Relationship Quality on Access to Start-Up Resources", *Entrepreneurship Theory and Practice*, Vol. 38, No. 3, 2014, pp. 501 – 525.

Shamsuzzoha, A., Helo, P., "Virtual Enterprise Architectural Framework: Collaboration for Small and Medium Enterprises", *A SME Manufacturing Science and Engineering Conference*, 2013.

Shane, S., *A General Theory of Entrepreneurship: the Individual-opportunity Nexus*, UK: Edward Elgar, 2003.

Shane, S., Cable, D., "Network Ties, Reputation, and the Financing of New Ventures", *Management Science*, Vol. 48, No. 3, 2002.

Shane, S., Stuart, T., "Organizational Endowments and the Performance of University Start-ups", *Management Science*, Vol. 48, No. 1, 2002, pp. 154 – 170.

Shapiro, D. L., Kirkman, B. L., Courtney, H. G., "Perceived Causes and Solutions of the Translation Problem in Management Research", *The Academy of Management Journal*, Vol. 50, No. 2, 2007, pp. 249 – 266.

Shepherd, D., Haynie, J. M., "Family Business, Identity Conflict, and an Expedited Entrepreneurial Process: A Process of Resolving Identity Conflict", *Entrepreneurship Theory and Practice*, Vol. 33, No. 6, 2009, pp. 1245 – 1264.

Shepherd, D., Wiklund, J., "Are We Comparing Apples with Apples or Apples with Oranges? Appropriateness of Knowledge Accumulation Across Growth Studies", *Entrepreneurship Theory and Practice*, Vol. 33, No. 1, 2009, pp. 105 – 123.

Sigahi, T. F. A. C., Saltorato, P., "Academic Capitalism: Distinguishing without Disjoining through Classification Schemes", *Higher Education*, Vol. 80, 2020, pp. 95 – 117.

Simsek, Z., Jansen, J. J. P., Minichilli, A., Escriba-Esteve, S., "Strategic Leadership and Leaders in Entrepreneurial Contexts: A Nexus for Innovation and Impact Missed?", *Journal of Management Studies*, Vol. 52, No. 4, 2015, pp. 463 – 478.

Singh, S. K., Gupta, S., Busso, D., "Top Management Knowledge Value, Knowledge Sharing Practices, Open Innovation and Organizational Performance", *Journal of Business Research*, Vol. 128, 2021, pp. 788 – 798.

Sirmon, D. G., Hitt, M. A., Ireland, R. D., Gilbert, B. A., "Resource Orchestration to Create Competitive Advantage: Breadth, Depth, and Life Cycle Effects", *Social Science Electronic Publishing*, Vol. 37, No. 5, 2011, pp. 1390 – 1412.

Slotte-Kock, S., Coviello, N., "Entrepreneurship Research on Network Processes: A Review and Ways Forward", *Entrepreneurship Theory and Practice*, Vol. 34, No. 1, 2010, pp. 31 – 57.

Soetanto, D., Geenhuizen, M., "Getting the Right Balance: University Networks' Influence on Spin-offs' Attraction of Funding for Innovation", *Technovation*, Vol. 36 – 37, 2015, pp. 26 – 38.

Soetanto, D., Jack, S., "The Impact of University-based Incubation Support on the Innovation Strategy of Academic Spin-offs", *Technovation*, Vol. 50, 2016, pp. 25 – 40.

Spigel, B., "Examining the Cohesiveness and Nestedness Entrepreneurial Ecosystems: Evidence from British FinTechs", *Small Business Economics*, Vol. 59, No. 4, 2022, pp. 1381 – 1399.

Spigel, B., Harrison, R., "Towards a Process Theory of Entrepreneurial Ecosystems", *Strategic Entrepreneurship Journal*, Vol. 12, No. 1,

2018, pp. 151 – 168.

Steffensen, M., Rogers, E. M., Speakman, K., "Spin-offs from Research Centers at a Research University", *Journal of Business Venturing*, Vol. 15, No. 1, 2000, pp. 93 – 111.

Steinmo, M., Rasmussen, E., "The Interplay of Cognitive and Relational Social Capital Dimensions in University-industry Collaboration: Overcoming the Experience Barrier", *Research Policy*, Vol. 47, No. 10, 2018, pp. 1964 – 1974.

Stephan, H., Viktor, S., "Parent Universities and the Location of Academic Startups", *Small Business Economics*, Vol. 42, No. 1, 2014, pp. 1 – 15.

Sternberg, R., "Success Factors of University spin-offs: Regional Government Support Programs Versus Regional Environment", *Technovation*, Vol. 34, No. 3, 2014, pp. 137 – 148.

Sternberg, R., Krauss, G., "Introduction: On the Relationship between Entrepreneurship and Creativity", *Handbook of Research on Entrepreneurship and Creativity*, 2014.

Stinchcombe, A., *Social Structure and Organisations*, 1965.

Sullivan, D. M., Ford, C. M., "How Entrepreneurs Use Networks to Address Changing Resource Requirements During Early Venture Development", *Entrepreneurship Theory and Practice*, Vol. 38, No. 3, 2014, pp. 551 – 574.

Szulanski, G., "Exploring Internal Stickiness: Impediments to the Transfer of Best Practice Within the Firm", *Strategic Management Journal*, Vol. 17, No. S2, 1996, pp. 27 – 43.

Tajfel, H. E., *Differentiation between Social Groups: Studies in the Social Psychology of Intergroup Relations*, Academic Press, 1978.

Tajfel, H. E., Billig, M. G., Bundy, R. P., Flament, C., "Social Categorization and Intergroup Behaviour", *European Journal of Social Psychology*, Vol. 1, No. 2, 1971, pp. 149 – 178.

Tajfel, H., Turner, J., "An Integrative Theory of Intergroup Conflict", *Social Psychology of Intergroup Relations*, Vol. 33, 1979, pp. 94 – 109.

Tartari, V., Perkmann, M., Salter, A., "In Good Company: The Influence of Peers on Industry Engagement by Academic Scientists", *Research Policy*, Vol. 43, No. 7, 2014, pp. 1189 – 1203.

Terziev, V., Bogdanova, M., "The Academic Capitalism and the New Business Model of the Universities", *International E-Journal of Advances in Education*, Vol. 5, No. 15, 2020, pp. 286 – 292.

Thoits, P. A., "Mechanisms Linking Social Ties and Support to Physical and Mental Health", *Journal of Health and Social Behavior*, Vol. 52, No. 2, 2011, pp. 145 – 161.

Tiwana, A., *Platform Ecosystems: Aligning Architecture, Governance, and Strategy*, Morgan Kaufmann Publishers Inc., 2014.

Tomenendal, M., Raffer, C., Stockklauser, S., Kirch, J., "Introducing the T-shaped Model of Cluster Competence-an Integrative Framework and First Empirical Evidence from the German Craftsmen Sector", *Industry and Innovation*, Vol. 25, No. 2, 2018, pp. 144 – 166.

Trevelyan, R., "Entrepreneurial Attitudes and Action in New Venture Development", *The International Journal of Entrepreneurship and Innovation*, Vol. 10, No. 1, 2009, pp. 21 – 32.

Tsung Jen, C., "The Influence of Conflict Centrality and Task Interdependency on Individual Performance and Job Satisfaction", *International Journal of Conflict Management*, Vol. 24, No. 2, 2013, pp. 126 – 147.

Turner, J. C. , Oakes, P. J. , Haslam, S. A. , McGarty, C. , "Self and Collective: Cognition and Social Context", *Personality and Social Psychology Bulletin*, Vol. 20, No. 5, 1994, pp. 454 – 463.

Uzzi, B. , "Social Structure and Competition in Interim Networks", *Administrative Science Quarterly*, Vol. 42, No. 1, 1997, pp. 37 – 69.

Vanaelst, I. , Clarysse, B. , Wright, M. , Lockett, A. , Moray, N. , S'Jegers, R. , "Entrepreneurial Team Development in Academic Spinouts: An Examination of Team Heterogeneity", *Entrepreneurship Theory and Practice*, Vol. 30, No. 2, 2006, pp. 249 – 271.

Visintin, F. , Pittino, D. , "Founding Team Composition and Early Performance of University-based Spin-off Companies", *Technovation*, Vol. 34, No. 1, 2014, pp. 31 – 43.

Vohora, A. , Wright, M. , Lockett, A. , "Critical Junctures in the Development of University High-tech Spinout Companies", *Research Policy*, Vol. 33, No. 1, 2004, pp. 147 – 175.

Wang, M. , Soetanto, D. , Cai, J. , et al. , "Scientist or Entrepreneur? Identity Centrality, University Entrepreneurial Mission, and Academic Entrepreneurial Intention", *The Journal of Technology Transfer*, Vol. 47, No. 1, 2021, pp. 119 – 146.

Wennberg, K. , Wiklund, J. , Wright, M. , "The Effectiveness of University Knowledge Spillovers: Performance Differences between University Spinoffs and Corporate Spinoffs", *Research Policy*, Vol. 40, No. 8, 2011, pp. 1128 – 1143.

Wong, P. K. , Singh, A. , "University Patenting Activities and Their Link to the Quantity and Quality of Scientific Publications", *Scientometrics*, Vol. 83, No. 1, 2010, pp. 271 – 294.

Wouter, S. , Souren, A. , Tom, E. , "Social Capital of Entrepreneurs and Small Firm Performance: A Meta-analysis of Contextual and Methodological Moderators", *Journal of Business Venturing*, Vol. 29, No. 1, 2014, pp. 152 – 173.

Wright, M., Clarysse, B., Mosey, S., "Strategic Entrepreneurship, Resource Orchestration and Growing Spin-offs from Universities", *Technology Analysis & Strategic Management*, Vol. 24, No. 9, 2012, pp. 911 – 927.

Zahra, S. A., "Entrepreneurial Risk Taking in Family Firms", *Family Business Review*, Vol. 18, No. 1, 2005, pp. 23 – 40.

Zeidner, M., Zevulun, A., "Mental Health and Coping Patterns in Jewish Gay Men in Israel: The Role of Dual Identity Conflict, Religious Identity, and Partnership Status", *Journal of Homosexuality*, Vol. 65, No. 7, 2018, pp. 947 – 968.

Zhang, H., Mo, Y., Wang, D., "Why Do Some Academic Entrepreneurs Experience Less Role Conflict? The Impact of Prior Academic Experience and Prior Entrepreneurial Experience", *International Entrepreneurship and Management Journal*, Vol. 17, No. 4, 2021, pp. 1521 – 1539.

Zhang, L., Choi, Y. R., Zhao, H., Acs, Z. J., Audretsch, D. B., "Stereotypes about Academic Entrepreneurs and Their Negotiation Counterparts' Collaborative Behavior", *Small Business Economics*, Vol. 57, No. 1, 2020, pp. 1269 – 1284.

Zheng, Y., Liu, J., George, G., "The Dynamic Impact of Innovative Capability and Inter-firm Network on Firm Valuation: A Longitudinal Study of Biotechnology Start-ups", *Journal of Business Venturing*, Vol. 25, No. 6, 2010, pp. 593 – 609.

Zhu, C., Li, X. T., Chen, Y. E., "Did the Chinese Bayh-Dole Act Encourage the Activities of Technology Transfer? An Answer from a Legal System", *Asian Journal of Technology Innovation*, Vol.

29, No. 2, 2021, pp. 196 – 212.

Zollo, M., Reuer, J. J., Singh, H., "Interorganizational Routines and Performance in Strategic Alliances", *Organization Science*, Vol. 13, No. 6, 2002, pp. 701 – 713.